中国妇女儿童博物馆 编

中国妇女儿童博物馆

China National Museum of Women and Children

论丛

文物出版社

图书在版编目（CIP）数据

中国妇女儿童博物馆论丛 ／ 中国妇女儿童博物馆编.
－－ 北京 ： 文物出版社，2020.12
ISBN 978－7－5010－6791－6

Ⅰ．①中… Ⅱ．①中… Ⅲ．①妇女工作－中国－文集
②少年儿童－工作－中国－文集③博物馆学－文集 Ⅳ．
①D442.6-53②D432.5-53③G260-53

中国版本图书馆CIP数据核字(2020)第168449号

中国妇女儿童博物馆论丛

编　　者：中国妇女儿童博物馆

责任编辑：张晓曦
封面设计：程星涛
责任印制：张道奇

出版发行：文物出版社
地　　址：北京市东直门内北小街2号楼
邮　　编：100007
网　　址：http://www.wenwu.com
邮　　箱：web@wenwu.com
印　　刷：北京荣宝艺品印刷有限公司
经　　销：新华书店
开　　本：889mm×1194mm　1/16
印　　张：8
版　　次：2020年12月第1版
印　　次：2020年12月第1次印刷
书　　号：ISBN 978－7－5010－6791－6
定　　价：138.00元

序　言

习近平总书记指出："中国各类博物馆不仅是中国历史的保存者和记录者，也是当代中国人民为实现中华民族伟大复兴的中国梦而奋斗的见证者和参与者。"中国妇女儿童博物馆保存着中国妇女儿童历史文化发展的根脉与历程，记录着中国妇女解放运动与妇女儿童事业发展的艰辛与成就。

自 2010 年 1 月 10 日开馆至今，在党和国家的亲切关怀下，在社会各界的鼎力支持下，在全国妇联和各级妇联组织的不懈努力下，中国妇女儿童博物馆秉承服务大局、服务社会、服务妇女儿童和家庭的主旨，发挥收藏、展览和研究妇女儿童类文物，促进妇女儿童事业发展和为广大妇女儿童服务的功能，在做好基本陈列宣传讲解的基础上，举办了一系列主题突出、内涵丰富、寓教于乐的展览与活动，用博物馆语言，讲好中国妇女和中国儿童故事，传承中华优秀传统文化与优良的家教家风，培育和践行社会主义核心价值观，坚定文化自信，成为公共文化服务的窗口、爱国主义教育的基地和对外文化交流的平台。

中国妇女儿童博物馆高度重视科研工作，组织全馆工作人员结合馆藏与工作实践，积极开展学术交流与科研工作，积累了一批具有专业性与学术性的研究成果。全馆工作人员积极探索，开展研究，努力提升学术水平，公开发表了不少有质量、有价值的学术论文。

为促进中国妇女儿童历史文化学术交流与研究，激励科研创新，服务博物馆长远发展，我们汇总编辑了本馆人员公开发表的学术论文 28 篇，集结出版，供大家学习借鉴，交流参考。不足之处敬请读者见谅，望提出宝贵意见，我们将认真吸取，加以改进。

论丛出版得到博物馆领导的高度重视和全馆同志的积极响应，文物出版社给予大力支持，在此一并致谢！

编者

2020 年 12 月

目　录

社教观点

馆员天地

制约女性领导干部领导力提升的主要因素及解决策略

曾　祝

摘要：本文从女性在参政中的现状引入制约女性领导干部领导力提升的社会、传统和女性自身的因素，重点提出了提升女性领导干部领导力的策略，以期使女性领导干部自身领导力得到提高，更多地参与主流决策，使妇女的问题和声音能更多地得到认同和解决，以促进男女平等的逐步实现。
关键词：女性领导　领导力

本文主要从制约女性领导干部领导力提升的因素、主客观和参政评价的标准、舆论宣传与研究的缺失以及制度上的缺失等方面分析了传统观念和社会环境的制约因素，从女性自卑和依附性心理及自责和嫉妒心理强、自控和承受力差等方面分析了女性领导干部自身障碍的因素。

基于有制约因素就应有相应策略的思路，提出了针对传统和社会观念应该采取的策略，即完善公共政策的制定、创造良好的舆论和理论环境、加强教育培训和实践锻炼；针对女性领导干部自身的障碍，提出提高领导能力和处理好人际关系有一定的操作性和指导意义。

随着社会的进步和时代的发展，大批女性走上了领导岗位，在各个领域起着不可替代的作用。但由于家庭和社会环境的影响，以及女性自身能力的制约，女性领导在高层决策层仍处于短缺状态，在执行层面女性领导处于边缘化，如多为副职或非主流部门的正职。主流决策层面难以真正听到或体会到女性群体的需求和声音，为男女平等的实现制造了瓶颈。

一　制约女性领导干部领导力提升的主要因素

（一）传统观念因素的制约

从主观上看，"男主外，女主内"的传统观念制约着女性领导干部的参政意识，阻碍了女性领导干部领导能力的提升。"男人以社会为主，女人以家庭为主"的传统观念导致女性领导干部容易强化在家庭中的作用，淡化参政意识，忽视领导力的提升。当事业与家庭发生冲突时，往往选择家庭，把事业和前途系在丈夫、子女身上，甚至在夫妻都有机会晋升时，常常选择牺牲自己保全丈夫，甘愿自我牺牲，放弃追求；有的女性领导干部由于受传统观念的影响，低估自身的社会价值和能力，常常是"要我参政"，缺乏"我要参政"的主动意识。这些观念使女性领导干部错过了锻炼和提升的机会，也压抑了自身的才华，能力的发展受到了限制，增

大了女性进入政治、经济、文化等社会主导领域的难度，更限制了女性领导力的提升。

从客观上看，女性承担着繁衍后代的任务，使女性先天在政治、经济、文化等各个领域占有的资源少于男性，导致在安排深造、推荐后备干部选配班子人选或到基层锻炼时，都可能因为女性的生育和照顾孩子而被边缘化。有的领导受传统观念的影响，对女性能力不信任，不敢压重担，致使许多女性领导干部工作经历单一，缺乏多岗位工作经验，无法与男性在同一起跑线上竞争。此外，社会对妇女参政的意义没有完全真正认识，所以在个别地方把培养选拔女干部当成任务，存在"应付"和"凑数"的现象，把中央要求"各级领导班子至少要有一名女干部"规定，变成"至多有一个女干部"，且往往是无党派、知识分子、少数民族女性的代表，这也在一定程度上制约了女性领导干部的成长，阻碍了女性领导力的提升。

（二）社会环境因素的制约

参政评价的双重标准和舆论的苛刻要求，制约了女性领导干部领导力的提升。在现实生活和舆论宣传中，人们对于具有开拓精神、领导素质高的男性更宽容、更赞许、更鼓励，社会倾向于为他们提供更多的机会和资源，而对于具有远见卓识和敢冒风险的女性，则求全责备，难以包容，倾向于用传统女人的标准来评价和要求她们。由于社会对男女参政评价的双重标准和舆论的苛刻要求，使许多女性领导干部对参政失去信心，对更高领导岗位望而却步，造成女性领导干部失去了提升的机会，领导力就更无法得到锻炼和提高。

理论界对女性领导干部缺乏专题的研究，使女性领导力的提升缺乏更多的理论支持和指导。由于女性领导干部占领导干部总数的比例少、基数小，女性领导参政没有形成庞大的群体，因此，理论界关注很少。目前，国内几乎没有有关女性领导干部领导力提升的理论专著，致使女性领导干部在成长过程中会走更多的弯路，遇到更多的困

难，这也制约了女性领导干部的成长和女性领导干部领导力的提升与发展。

在制度上缺乏全面考核女性领导干部领导能力的机制。一是长效机制。由于女性从政基数小，培养和选拔女性领导干部往往是为了应付领导班子中的性别指数，多为突击提拔、应急配备、阶段性选配，致使女性领导干部的整体素质在起步时就受到影响和限制。二是机会不均等。与男性相比女性领导干部多为副职、虚职和一般岗位，在很大程度上影响了女性领导干部领导能力的提升。三是相关制度不完善。如挂职锻炼、干部培训等，不能充分考虑女性的特殊需求，政策效果不明显。存在重比例轻规划，平时没有专门的培养女性干部的规划和有效措施，临渴掘井；重"硬件"轻"软件"，即比较注重年龄、专业、文化等硬指标，而对领导水平、驾驭全局的能力、开拓进取精神等方面考察不够；重调配轻培养，不能做到人尽其才，有的还没有作好充分准备就匆忙上阵，因而影响了女性领导干部的岗位适应和组织决策能力的提高。

（三）女性自身因素的制约

女性自卑和依附心理，制约了女性领导干部的创新意识和独立工作能力的发展。自卑和依附心理是在传统文化模式和旧观念的影响下，千百年来夫权社会积淀而形成的。在现实生活中，表现为女性缺乏创新意识和独立思考的主动性，喜欢寻求稳定、安于现状、不愿冒尖、恐找是非、成就动机偏低，奋斗目标不明确，且易自满，有的对自己要求不严，工作无建树，更谈不上工作能力尤其是领导力的提升和追求。

有人说，女性领导要有所作为，得比男性领导多付出"三分汗水、五分刃气、七分毅力、十二分艰辛"。这话的确道出了中国女性领导干部成长的艰难。社会对女性提出了多重角色的要求，导致了女性的价值观念的多元，她们常常因角色身份处理不当而顾此失彼，陷入事业和家庭的两难。在工作中，她们与男性一样奋力拼搏，要求自己做出比男性更优异的成绩，以求得社会对自身价值的认可；在生活中，又极力使自己成为贤妻良母，为家庭尽职尽责。于是，在多重角色的冲突中，女性领导干部产生了内疚和自责心理。这可以说是制约女性领导干部成长和领导力提升的关键因素之一。

女性自控力和承受力差，制约了女性领导干部自我形象的树立。女人是"感情的动物"，感性化是女性的一大特征，凭心境和情绪处理问题时遇到不顺心或不如意的事情，缺乏自控力，有时会对工作产生影响。女性领导干部还因过于追求完美，有时过于畏惧人言，在工作中偶遇上级领导的批评、群众的议论等人际关系的羁绊或某项工作目标的失败，尤其是当良好的主观动机产生不好的客观后果或被误解时，缺乏一定的承受力，常产生畏难情绪，收

缩羽翼，不敢前行，有时或怨声载道，或抑郁不振，或产生过激言行。这是女性领导干部比较大的一个心理障碍和问题，影响着女性自身形象的树立。

二 提升女性领导干部领导力的主要策略

（一）传统观念和社会环境制约因素方面的策略——完善公共政策

在制定公共政策时，适当从性别差异角度考虑和分析对女性发展造成影响的公共政策，充分体现男女平等原则。明确规定，不因性别差异而造成男女同工不同酬、不平等晋升、不同龄退休的现象。应完善对女性领导干部招聘、培养和选拔制度，坚持公开、公平、公正的竞争原则。应推进岗位交流体制，把女性领导干部交流到不同岗位锻炼。公正提拔，把那些在改革和现代化建设中做出成绩的优秀女性干部提拔到上一级领导岗位工作；对那些比较成熟的女性干部，要敢于放到党政正职领导岗位上；对缺乏全面领导工作经验的女性干部，可根据需要，先安排担任常务副职进行锻炼，成熟后再提拔到正职领导岗位上来；对少数在下一级党委领导班子正职岗位上工作几年，政绩突出，特别优秀的女性干部可直接选拔到上一级党政正职岗位。在目前我国普遍实施从高等院校选调优秀应届毕业生到基层锻炼制度中，可以适当增加女性比例。

创造良好的舆论和理论研究的环境。社会舆论尤其媒体应该大力宣扬、提倡两性平等，改变两性角色分工的刻板印象，在新的社会条件下重新认识女性的能力和价值。具体地说，应该宣传马克思主义妇女观；宣传党和政府有关保护妇女合法权益的法律法规及方针政策；宣传在新的历史条件下中央对新时期培养选拔女性领导干部，发展女党员工作的整体部署和要求；宣传培养和选拔女性领导干部好的典型；宣传女性在人口再生产中的贡献，承认生育、抚育孩子所付出的劳动是社会总劳动的一部分，使社会承认女性的劳动价值；宣传女性从政对实现男女平等，促进社会主义民主和政治文明发展的重要意义。理论界应加强对女性从政的研究，为女性领导力的提升提供理论依据和可借鉴的实践案例，形成一定的研究风气和氛围。

加强教育培训和实践锻炼。一是要充分利用党校、高校等培训阵地，对女性领导干部进行长期地、有计划地培训，重点培养理论水平，锤炼其政治谋略，提高领导力。二是要加强工作实践的锻炼。如岗位锻炼。各级组织应敢于把女性领导干部放在重要岗位上，为她们提供能干大事、敢干大事、善干大事的机会，不断增强女性领导干部的领导能力。又如挂职锻炼。为了培养女性领导干部中的人才，可采取上挂或下派任职进行实际工作能力的锻炼，在实践中增强领导能力，尤其是选派女性领导干部到基层挂职锻炼，以提高她们的领导决策能力、组织能力和协调

能力。再如轮岗交流。这是提高女性领导干部领导力的重要途径，一方面有利于保持女干部的工作热情，拓宽工作领域；另一方面有利于锻炼女性领导干部领导各方面工作的能力。总之，通过多岗位、多层次、多领域的锻炼，丰富女干部的工作经历和阅历，提高领导力，使她们在工作中逐步走向成熟。

（二）克服女性自身障碍因素的策略

1. 提高驾驭权力的能力

一是要制定明确的发展目标，充分授权。一旦目标确定，就充分相信女属下，学会放权，让被领导者能够相对独立、自主地去开展工作。二是要注意抓关键环节，不必事必躬亲。学会用80%的时间去完成20%的重点和关键的工作，而一定不要事必躬亲。宓子贱："事不躬亲，无为而治"；巫马子期："事必躬亲，忙碌不治"。事不躬亲，是使用人才，任人而治；事必躬亲，是使用力气，伤力不治。闲蚂蚁理论说明：领导者应该不屑于杂务而长于辨别方向。只有懒于杂务，才有可能勤于动脑，也才能想大事，做领导者最应该做的事情是，既不"缺位"，又不"越位"。

2. 提高科学决策的能力

一是要培养大局意识。"不谋全局者，不足以谋一域；不谋万世者，不足以谋一时"。正确处理全局与局部、眼前与长远利益的关系，既要照顾局部利益、眼前利益，更要看到全局利益和长远利益，这是科学决策的第一步，也是女性领导干部容易忽略的一步。二是要增强预测的本领。在领导活动过程中，预测和决策是密不可分的，决策要以预测提供的信息为先导和依据，因此，预测是决策的前提。预测可以避免决策的片面性，提高其可行性；预测可以避免贻误时机，提高决策的及时性；预测有利于决策的科学性、严密性和相对稳定性，所以必须提高预测的本领。对女性领导干部来说，懂得预测是轻松工作、用脑子工作的前提。三是要掌握好决策的准则。即选择"令人满意的准则"，而不是"最优化"的原则，决策最重要的原则是给出满意的标准并排序，而不是最优最佳。绝对完美的决策追求容易使领导者在犹豫徘徊中失去发展的优势和机遇。要学会追求满意而不追求最佳的决策理念。这一点对于喜欢追求完美的女性领导来说是非常重要和必要的。

3. 提高知人善任的能力

一是要处理好德与才的关系。德才兼备，不求全责备。鲁迅说过，"倘要完全的人，天下配活的人也就很有限"。求"德"，要看大节，赦小过；求才，要看其是否能胜任组织的工作，以及他是否比同层次的其他可选人员更胜一筹。二是要处理好长与短的关系。列宁说过："人们的缺点多半是同人们的优点相联系的。"许多事实表

明，世上少有无才之人，只有用非其才的混乱管理。用其所长，领导者顺手，被领导者舒畅，工作效率自然提高；强人所难，领导者头痛，被领导者别扭，摩擦内耗必定丛生。因此，领导者用人一定要用人之长，扬长避短。唐太宗李世民说："人之行能，不能兼备，朕常弃其所短，取其所长。"魏徵也说："因其材以取之，审其能以任之，用其所长，掩其所短。"清代诗人顾嗣协《杂兴》诗云："骏马能历险，犁田不如牛。坚车能载重，渡河不如舟。舍才以辟短，资高难为谋。生材贵适用，勿复多苛求。"古人尚且如此，作为现代的领导者更应该如此。即使对于同样的要素，如果采取不同的组合方式，也会产生截然不同的整体效果，而好的整体效果，来自于要素上的职能互补，各取其长。

4. 提高开拓创新的能力

一是要打破思维定势。常见的思维定势是按权威、习惯和经验去依照一定的方向去思维，这是领导最愿意和最喜欢接受的方式，如果打破思维定势，在某种程度上就是对领导自身的挑战，这是需要勇气和能力的。二是要培养创新思维。面对生活里那些看似不可思议的东西，只要调整一下自己的思维，换一个思考的角度，跳出习惯的思维框架，就会得出异乎寻常的答案。这就是创新思维。如1+1=1，2+1=1，3+4=1，4+9=1，5+7=1，6+18=1，这从常规的算式来看是怎么也不可能，但我们为什么不跳出我们的习惯思维，想一想与我们日常生活相关的事物，再来看看我们的等式呢？1（里）+1（里）=1（公里），2（月）+1（月）=1（季度），3（天）+4（天）=1（周），4（点）+9（点）=1（点）即13点、5（月）+7（月）=1（年）、6（小时）+18（小时）=1（天），这就是创新思维，也可以说是逆向思维或叫求异思维。这是领导者必须要提升的能力。

（三）提升女性领导干部处理人际关系的能力

1. 有效地处理好与上级关系

一是应该注意克服四种错误的态度，即哄上、媚上、惧上、傲上。要做到对上级领导尊重而不奉迎，服从而不盲从，融洽而不依附，自尊而不傲慢。二是维护领导尊严。做到不要抖落领导的隐私，不让领导感到不如你，不要轻易顶撞领导。三是到位不越位。做到决策不越位，表态不越位，社交不越位。四是要善于多加请示。做到关键事情，在合适的地方、恰当的时间、找到合适的理由、用合适的方式向领导请示和汇报，这一点很多领导者掌握不好，也运用不好，尤其是有的埋头苦干的领导，有时还认为工作都忙不过来还请示汇报什么？实际上已经失去了方向，这是工作中的大忌。

2. 有效地处理好与同级关系

一是把握两个关键。做到尊重同事，不自傲，"敬人者，人恒敬之"；坦诚待人，不虚伪。二是坚持三项原

则。即信任的原则、支持的原则、宽容的原则。林则徐说："海纳百川，有容乃大"。三是注意四大禁忌。一忌小肚鸡肠，做到不责人小过，不发人隐私，不念人旧恶；二忌言而无信；三忌贪功推过；四忌相互猜疑。

3. 有效地处理好与下属关系

一是要注意尊重。要从"人"的角度去看待每一个下属，只是分工不同，机遇不同，千万不要高高在上。二是要关心爱护。《晏子春秋·内谏篇上》："饱而知人之饥，温而知人之寒，逸而知人之劳。"三是要经常赞扬。这是做领导比较需要掌握的一点，要在合适的时间，合适的场合，做合适的工作，进行合适的表扬。四是要善于批评。批评下属要掌握方法，要指出问题的所在，同时也要告诉改进的方向，不要仅凭心境去处理和对待下属。

4. 有效地处理好与男性同事的关系

一是个人品行要端正，能够洁身自好。做事大方，得体，处事要出于公心，不要过于关心某一人。二是要注意与男性同事保持一定的空间距离。不要与男性同事关系过于紧密和亲热，尤其是女性领导干部要注意与男性同事接触的时间和谈话场合。三是与男性同事的夫人友善相处，最好与男性同事的夫人有所接触，并保持一定的联系。四是要学习男性同事优秀的工作品质。如敢于表达、敢于负责、不拘小节、开拓创新、心中有数、不情绪化。

5. 有效地处理好与家人尤其是丈夫的关系

一是善于转变角色，切不要把在单位"我说了算"的"阳刚之气"带回家，一定回到家中找到做女儿、妻子、母亲的角色，否则很容易引起家人的不满。二是不要把工作中的痛苦带回家。这容易引起家人的连带情结，既影响家庭生活，有时又会影响工作的决策。三是勇于承担家务。把做家务当作自己生活中的必需的组成部分，这既利于身心的健康，又利于家庭的团结和睦。四是不要成为疯狂的"事业女性"。不管工作多忙都要给家人留出一点时间，回家看老人、和家人一起旅游、一起用餐、一起做饭、一起交谈等。五是要给丈夫留出一定的空间。尤其是亲朋好相聚时，女性尤其是女性领导者们一定要给丈夫留足面子，不要数落或看不起他。这是女性领导应该练就的一项本领和心态，对自身工作的开展和家庭关系的稳定是十分有益的。六是要学会优化家务管理环境。无论是家务劳动社会化，还是社会怎样提倡男女共担家务，女性由于历史和生理的原因，都要承担较多的家务劳动，"家务劳动繁重"往往成为困扰女性领导者的一大烦恼，因此，女性领导者必须学会科学地管理家务，向管理要时间、要效率，把复杂的家务劳动简单化，用较少的时间和力气，取得较大的家务劳动效益，这必将为女性领导者换来更多的时间，使其有更大的可能走上成功之路。

在中国要真正实现男女平等，让社会性别意识进入主流，不要因为性别而在读书、分配、就业、提拔、晋升等方面受到歧视和不公，笔者认为必须要从女性自身抓起，从女性领导干部领导力的提升抓起，从而来改变社会和家庭对女性的偏见，推动政策和理念的改变，以期妇女真正参与到民主决策，分享权利的历史中去。

（原载于中共中央直属机关党校编著：《理论·实践·思考——中共中央直属机关党校2013年秋季学期学员论文（调研报告）选》，华文出版社，2014年）

参考文献

[1] 刘炳香：《领导力新观点》，中共中央党校出版社，2013 年。

[2] 张国庆：《公共行政学》，北京大学出版社，2007 年。

[3] 李兴山：《现代管理学》，中共中央党校出版社，2007 年。

[4] 徐仁辉、杨永年、张昕：《公共组织行为》，北京大学出版社，2006 年。

[5] 冯秋婷：《新编领导科学简明教程》，中共中央党校出版社，2001 年。

[6]《领导干部决策大参考——中国妇女发展报告》，社会科学文献出版社，2008 年。

[7] 郑鹏、陈栋、王金圣：《浅谈女性管理者领导力的提升》，《福建论坛》（社科教育版）2009 年第 8 期。

[8] 刘玉瑛：《怎样提升女干部领导魅力》（讲稿），中央党校建教研部。

[9] 刘玉瑛：《提升女领导干部的决策与执行力》（讲稿），中央党校建教研部。

[10] 刘炳香：《领导干部的决策力与执行力》（讲稿），中共中央党校。

[11] 戚翠莲：《女领导干部心理素质与修养》（讲稿），天津行政学院。

论唐群英"天下兴亡，人皆有责"的思想内涵

李晓哲

摘要： 唐群英是辛亥革命时期杰出的女权运动领袖，为中国妇女的解放做出了巨大的贡献。她的"天下兴亡，人皆有责"的思想，体现了女性主体意识的觉醒和女性追求人格平等的诉求。"天下兴亡，人皆有责"作为唐群英一生坚守的信念，至今仍闪烁着理性的光辉。

关键词： 唐群英　天下兴亡，人皆有责　妇女解放

唐群英是辛亥革命时期杰出的女权运动领袖，为中国妇女的解放运动做出了巨大的贡献。她终生坚守的"天下兴亡，人皆有责"的信念，包含了她为妇女解放而奋斗的全部生活的意义，是她对男女平等的新的审视和理解。

一　"天下兴亡，人皆有责"实质是女性主体意识的觉醒

1904年，唐群英就明确提出了"天下兴亡，人皆有责"[①]的表述。在唐群英看来"天下兴亡，匹夫有责"的提法有"男主女从"的性别观念痕迹，而"人皆有责"表述的是"天下兴亡"面前人人平等。无论男女，都要以天下为己任，迈出了从"匹妇"到"人"的这一步，可以更清晰地表达这一时期以唐群英为代表的先进女性对女性独立人格的执着追求以及对女性作为"人"的社会价值的思考。

唐群英和辛亥革命时期知识女性一样，把自身解放看成是民族解放的一部分。唐群英认为，女子是国民一分子，就要和男子一样尽一份义务。唐群英大声疾呼："女界同胞，正宜当此国家多难，危急存亡，厄在眉睫之秋，与男子奋抉争先，共担义务，同尽天职。"[②]"国亡而不能补救，则匹夫与匹妇，皆与有罪；国将亡而思救，则匹夫与匹妇皆与有责"[③]。她呼吁女界加入救亡行列，她本人则以"安排先自把躯捐"，"斩尽奴恨死也眠"[④]的英雄气概，投身到辛亥革命战争中，表明冲击封建专制的决心。唐群英等先进知识女性不仅举起了1903年金天翮提出

的国家兴亡，"匹妇亦与有责焉耳"的思想旗帜[⑤]，而且以实际行动肩起民族革命的重任。这一方面说明"作为国民的'匹夫''匹妇'，在对国家负有救亡责任这一点上是完全平等的"，而这种观点和行为本身就"包含男女平权的思想"[⑥]。另一方面知识女性要以"和男子共赴国难"的实际，来"争得完整意义上的人格重塑"[⑦]。"独立自主意识"，"积极追求自我价值的实现，谋求女性的自由和解放"[⑧]的自立精神是这一时期知识女性的突出特点。

这时唐群英等知识女性对男女平等的问题思考，没有特别强调妇女特殊的权利要求，但却十分强调妇女与男子一样的社会责任意识和社会主体的地位。这与历史上宣扬的女性的爱国精神和民族立场，是有本质区别的历史行为，因为历史上的女性活动是由男性主导的，是在维护封建统治和男权世界，不存在女性主体意识觉醒的社会内涵。唐群英等知识女性的爱国行为，是女性自己主导的自主的历史行为，矛头直指束缚女性人格和个性的封建礼教，是对几千年来"男主外，女主内"的男权世界的历史定位的挑战。所以，唐群英的女性自觉主动地参与行为，实质内涵是女性追求自我独立的女性主体意识的觉醒。

唐群英把女性积极参与民族解放斗争，看作是女性为争取自身解放的历史契机和平台。她们"以推翻帝制为实现男女平等的途径"[⑨]，是近代中国妇女争取解放的时代特色。正如唐群英明确地说："今日恢复女权，还我自由之声遍天下。女界同胞……与男子奋袂争光，共担义务，同尽天职，则不失天职，即能得自由之先声。今日义务，即

① 蒋薛、唐存正著：《唐群英评传》，湖南出版社，1995年，第45、263页。
② 《留日女学会杂志》，《辛亥革命时期期刊介绍》第3集，人民出版社，1983年，第682页。
③ 同上。
④ 唐群英：《绝句八章》，《中国妇女运动历史资料1840—1918》，中国妇女出版社，1991年，第431～432页。
⑤ 金天翮著，陈雁编校《女界钟》，上海古籍出版社，2003年，第3页。
⑥ 乔以钢、刘堃：《"女国民"的兴起：近代中国女性主体身份与文学实践》，《南开学报》2008年第4期。
⑦ 蒋美华：《略论辛亥革命时期知识妇女群的解放心态》，《江海学刊》1998年第6期。
⑧ 江百炼：《辛亥革命时期女性自主意识的觉醒及其原因》，湖南工业大学学报（社会科学版）2008年第1期。
⑨ 蒋代谦：《辛亥革命时期的妇女解放新潮》，《文史杂志》2006年第2期。

他日权利之张本，可断言也。"①就是说女子以独立的社会角色出现在民族解放的社会舞台上，不单单是为国家、民族、社会和男子，更重要的这是为妇女"能得自由之先声"，是为女子"他日权利之张本"。说明"随着她们的自我解放意识日渐增强，"女性"开始思考如何通过自己的力量去谋求自身的解放"②。所以，唐群英呼吁，妇女应"破其自卑之感"，养成"独立精神"，不应"妇颜婢膝，任人驱使"，而要"绝其依赖之心"，"勿云巾帼无能，但须娥眉有志"③。要有自尊、自强、独立自主的人格意识，要自己去解放自己，在一定意义上体现了当代女性要求个性独立的现代意识。

从上述唐群英她们的言行可以清晰看到，当时女性主体意识觉醒包含两个重要含义：一是她们对所立足的时代的状况以及面临的困难的理解和冲击封建专制的社会责任精神，这是一种觉醒。第二是对时代机遇的把握和女性开始独立思考自身解放问题，表明女性的性别意识的觉醒。这两个含义说明中国近代妇女解放运动进入到女性自觉自救的新的发展阶段，从而"在理论和实践两方面"为民国初年的"妇女参政运动做了思想准备和组织准备。"④

二 "天下兴亡，人皆有责"前提是女性人格平等的诉求

1927年与毛泽东会晤时，唐群英说："'天下兴亡，匹夫有责'的提法欠全面。天下兴亡，人皆有责，没有妇女参加的革命，断难成功，我们女子在革命中也责无旁贷啊！"毛泽东认为，"天下兴亡，人皆有责"这个提法，将人类天职提到一个平衡、恰当的新角度来认识，是突破，是真知灼见，必将在历史上产生深远的影响⑤。唐群英的这一表述，作为对女性的社会处境和作为独立的"人"的意义的重新审视和新的理解，表明随着西方"天赋人权"思想在中国的进一步传播，她的妇女解放思想由男女平等跃升到男女平权的新阶段。所以，"天下兴亡，人皆有责"作为女性主体意识觉醒的理性表述，辛亥革命后凸显了对女性人格地位和个性价值的关注，内涵更具体更丰富，其实践指向就是强调女性的人权平等和通过女子参政

实现女性作为"人"的社会价值。

"天下兴亡，人皆有责"首先强调的是男女人格地位平等。男女人格平等诉求在思想本质上必然是反传统的，批判性的。唐群英认为"天下兴亡，匹夫有责"的提法欠全面，没有把男女人格放在"平衡"的位置上。而"人皆有责"强调是天下兴亡，男子"有责任"，女子"也责无旁贷"，男女两性人格平等。就其现实意义就是要求男女权利平等、争取女性的基本人权。

唐群英以"天赋人权"论证了女性的独立人格，妇女的平等权利的合理性。她说："各种之私权公权等，实天赋人之原权，无论男女人人本自有之，无待他人之畀予或吝予也。故非个人本身或有抛弃之意思，或为能力所欠缺，或因行为生障碍，均可为充分之取得。"⑥在创办《女子白话报意见书》中亦明确指出："平等也，自由也，此人类之初生，天所畀赋者也，自呱呱坠地之时，至奄奄垂死之日，无男无女，皆立于平等。"⑦女子之此种权力不能被任何魔力所破证。她主持起草的《湖南女界联合会之宣言》中亦明确列举了女子应享有人权的四条依据："一、确信人权由于天性，女子真有天性，应有人权；二、确信人权是人类生活，女子有生活，即有人权；三、确信人权平等，中国男女权力不平等，所以要恢复女子人权；四、确信人权互相维系，现在讲求社会协助，所以要恢复女子人权。"⑧既然人权"天赋"，权利是天生的自然的，男女人格天生平等，男女平等是天经地义的，所以，女性的人格平等和人权的诉求，不是女性的格外的要求，而是女性本就应有独立人格的地位，也是社会理应承认和尊重的。

唐群英还进一步以女子投身革命，创立民国之事实为依据，论证了女性在人格上不仅有天赋之权，而且女子有能力以与男子平等的独立人格和社会主体资格参与社会、政治、经济的活动。在南京组织女子参政同盟会的集会上，唐群英等明确说道："推翻专制政体，建立共和，宁惟彼男子之力，我女子亦实有造于国家。"⑨"女子之义务，既不稍逊于男子，则权利何得独不与男子同享？"⑩在与参议院议长吴景濂辩论时，唐群英说："当民军起义时代，女子充任秘密侦探组织炸弹队，种种危险女子等牺牲生命财产与男同功。"⑪孙中山也说："女界多才，其入同

① 《留日女学会杂志》，《辛亥革命时期期刊介绍》第 3 集，人民出版社，1983 年，第 682 页。
② 畅引婷：《中国近代知识女性自身解放意识的觉醒》，《妇女研究论丛》1998 年第 3 期。
③ 同①，第 682～688 页。
④ 刘巨才著：《中国近代妇女运动史》，中国妇女出版社，1987 年，第 329、355 页。
⑤ 姚子珩、文热心、曾衡林：《"一代女魂"唐群英》，《湖南日报》2011 年 10 月 3 日。
⑥ 《女子参政同盟会参政请愿书》，《中国近代妇女运动历史资料 1840—1918》，中国妇女出版社，1991 年，第 602、605 页。
⑦ 唐群英：《创办女子白话报意见书》，《女子白话旬报》第 1 期。
⑧ 《女子周刊》第 13 号。
⑨ 《爱国报》1912 年 12 月 11 日。
⑩ 同⑥。
⑪ 同⑧。

盟会奔走国事百折不回者，已与各省志士媲美。"①总之，"同担责任，同尽义务"，"这是近代女权运动一个重要的思想资源和论证女权正当性的基础"②。为"天下兴亡，人皆有责"的男女人格权利平等奠定了现实的基础。

然而"天下兴亡，人皆有责"对女性人格独立的诉求和价值理念，必遭男尊女卑的文化传统和"男强女弱""男主女从"的性别观念的阻击。在辛亥革命胜利前，革命战争面前人人平等，战争把所有革命者无论男女都被置于对等地位，这时"男主女从"的性别观念没有发酵的土壤，乃至同盟会纲领承认"男女平等"也是理所当然的。而革命成功了，在"参战"中"淡化"的男权意识、"男主女从"的心理便膨胀了。所以，当经历战火洗礼的先进知识女性群体第一次用女性的视角，为展现女性的人格价值，发起以"男女平等，实行参政"为宗旨的女子参政运动时，却遭遇了昔日男性"战友"和守旧势力的疯狂反对。这时在他们眼里，妇女不仅文化水平低，缺乏政治、法律的素养，没有"参政历史"，没有"议政之才"。他们把所有的历史污水便都泼向昔日女性战友，疯狂阻止女子参政。

为维护女性人格尊严，决心挑战中国几千年存在的男尊女卑思想。唐群英说：女子无权无地位，没有独立的人格，倍遭压迫和凌辱，"实我国数千年重男轻女之习俗使然。""自天高地卑乾健坤顺之说也，瞽儒陋士肆其邪焰，以女子无才为美德，以服役男子为天职，积非胜是，长夜漫漫，坤维不张，女权遂剥"。"自三从四德之学说中于人心，于是一般男子以有德无才为女子之天职，有耳而聋，有目而瞆，有口而喑，有手而骈，有足而刖，有心而茅，起居服食仰给男子"③。唐群英她们还抨击了"女子程度不及"等等否定女性人格的谬论，指出"女子程度不及"是教育不平等造成的，如果男女都受同等的教育，那么男女之程度"必不再有轩轾，即男女法律上之地位，不宜再有异同"④。所以，唐群英认为，问题并非是男女程度差异问题，乃是人权问题，是对女性人格的歧视。唐群英呼吁二万万女同胞要"同心一志"，把"这四千年之积毒"，彻底"割除而剔灭之"，"夺回我女权"，"复其固有之平等自由，大同博爱之地位"。并坚信"不患不有

夺回我女权之一日"⑤，表明女权运动的反传统的决心。

唐群英她们"勇敢地从封建桎梏中冲杀出来，要求同男子分享政治上的权利，……反映了中国妇女权利意识的觉醒"，不仅"符合历史潮流"⑥，也是中国女性第一次作为社会群体要求与男性平等的人格地位和基本人权。

三 "天下兴亡，人皆有责"核心是女性人格价值的实现

"天下兴亡，人皆有责"作为完整的思想，强调的是人格平等和人格价值统一，人格价值的实现是人格平等的最真实的保障和基础，所以，是"天下兴亡，人人有责"的核心内涵。在唐群英看来，女性人格价值实现的内容和路径非常广泛，但具有最重要意义的是参政。参政是女性作为"人"存在的现实意义，是解决妇女问题的先导，是女性人格价值实现的最重要标志。唐群英认为要保障女性的人的身体、财产等，"全恃法律上之公权"，而"尤以选举权被选举权为重要"。女子"无选举资格，便是无人权，既无人权，便称不得是人"⑦，是对女性人格地位、尊严、价值和人权的剥夺，赋予女子参政权只是恢复其天赋之权。"女子参政权的争取……，反映出中国女性已由争取人格平等、性别平等发展到争取政治权利平等的新高度"⑧。在现实中不断地深化的"天下兴亡，人皆有责"的思想内涵，代表了当时最先进的妇女解放思想。

女子参政运动表明中国女性踏上了试图通过自己的力量去谋求自身的解放的实践征途。"欧美妇女参政是对男权制下妇女从属地位的一种历史性觉醒与反抗"⑨，唐群英她们的参政运动，作为"一种历史性觉醒"的实践必然也有"反抗"的本性。在腥风血雨的战火中，唐群英等知识女性用自己的智慧与生命体认了女性的人格价值：推翻专制，建立共和，她们发挥了极大的社会作用。辛亥革命成功后，她们不甘忍受女性的从属地位，要求实现女性的人格权利，掀起了女子参政运动。但男权把持的参议院否决了女子参政权。她们决心抗争，主动去索取自己应得的权利。她们说："义务者，权利之对待也，女子之义务，既不稍逊于男子，则权利何得独不与男子同享？"⑩女子尽

① 《孙中山全集》第2卷，中华书局，1982年，第52～53页。
② 乔以钢、刘堃：《"女国民"的兴起：近代中国女性主体身份与文学实践》，《南开学报》2008年第4期。
③ 《民国新闻》1912年9月4～13日。
④ 《女界代表唐群英等上参议院书》，《申报》1912年2月26日。
⑤ 《女子参政同盟会代表唐群英宣言书》，《中国近代妇女运动历史资料1840—1918》，中国妇女出版社，1991年，第596、599页。
⑥ 唐亚辉著：《中国妇女百年奋斗史》，湖南师范大学出版社，1999年。
⑦ 《女子参政同盟会成立志盛》，《女子白话旬报》第2期。
⑧ 江百炼：《辛亥革命时期女性自主意识的觉醒及其原因》，湖南工业大学学报（社会科学版）2008年第1期。
⑨ 刘爱华：《欧美女权运动的历史和现状》，内蒙古大学学报（人文社会科学版）2003年第5期。
⑩ 同⑤，第602、605页。

到了义务就要分享权利，并非为非分之要求。参政权"为男子份所应担，亦即为女子份所应得，无待于要求；今日所以不得不出于要求者，则以四千年来此权被彼男子窃夺"[1]。她们上书孙中山，提出"欲求社会之平等，必先求男女之平权；欲求男女之平权，必非先与女子以参政权不可"[2]。并表示"一次争不到手，二次再争；二次争不到，三次四次至无量数次，不达目的是万万不能止的"[3]，坚决要求在法律上确认女子参政权。"在这股热潮中，……在斗争中最有生气，最激进的妇女参政团体是"唐群英领导的"女子参政同盟会"[4]。中国共产党早期妇女运动领袖向警予评价说："中国女子参政运动随辛亥革命成功而发轫，其时颇有组织，有领袖，有行动……"是"新苗之嫩芽"[5]，揭示中国女性参政运动真正触及到了男女平等的实质问题，在中国是一次前所未有的自下而上的由女性主体有组织有领导的自觉的女权运动。

在女子参政运动的同时，唐群英也意识到并进一步强调男女平等包括平等地参与社会生活、教育、参政、就业和家庭地位，拓展了女性人格价值的内涵。在这里，她不仅考虑妇女的不平等的状况，而且更重视对妇女的从属地位的社会的经济的文化的根源的思考。她主持起草的《女子参政同盟会政纲》制定了实行男女权利均等；实行普及女子教育；提倡女子实业等十一条政纲。在《湖南女界联合会之宣言》中，唐群英明确提出女权运动的目标不仅在于争取选举权与被选举权，还应包括财产权、就业权、教育权和婚姻自主权。她还在报刊上撰文指出："女子须取得财产均分权，不受经济压迫；须取得公民选举权、被选举权，得参（与）政治的创造；须取得教育同等权，以求智能的发达；须取得职业对等权，减少依赖的生活；需取得婚姻自决权，破除专制的陋习。"[6]这里"从内容看，

显然已超出了要求参政权的范畴，而是全面勾画了妇女解放的蓝图。"[7]唐群英试图通过女性参与在政治、经济、文化、社会、家庭等各个领域的活动，完成女性人格从传统的依赖型向独立型的现代角色变迁，设计了一个从女性的权利要求到女性人格全面发展的带有乌托邦色彩的理想路径，反映了唐群英"天下兴亡，人皆有责"思想对女性角色认识的深刻性。

"每个了解一点历史的人也都知道，没有妇女的酵素就不可能有伟大的社会变革。"[8]女子参政运动失败，使唐群英意识到，没有广大妇女的觉醒，"欲为女界二万万同胞谋无疆之幸福，"但"多见其无效也"[9]。说明"如果广大妇女不具备参政意识，即使女权运动为妇女争取了参政权利，也没有实际意义"[10]。而1927年时唐群英明确强调"没有妇女参加的革命，断难成功"[11]，说明这时唐群英女权思想的视域已突破知识女性的狭小的框框，"人皆有责"的视域指向了广大的社会成员，包括广大的妇女的自觉主动参与。可以说唐群英在某种意义上意识到辛亥革命和女子参政运动的不彻底性，表明她的女权思想达到了一个新的思想高度。

总之，唐群英等知识女性"不仅产生了参政意识，而且进行了激烈的斗争，掀起了中国妇女参政的第一次高潮。……这表明妇女对本身应有权利，本身的价值，认识越来越全面深刻，表现妇女作为一个独立'人'的完全意义的觉醒"[12]。"她们的心态已超越了传统女性的既定模式，""已具备了多项近代化的因子，它昭示出了女界思想意识的伟大变革，并为此后妇女运动的全面升华奠定了心理基础"[13]。所以，唐群英的妇女解放思想路径中很多合理的思想，作为"天下兴亡，人皆有责"的内涵至今闪烁着理性的光辉。

（原载于《妇女研究论丛》2013年第1期）

① 张莲波著：《中国近代妇女解放思想行程：1840—1921》，河南大学出版社，2006年，第11页。
② 《女界代表唐群英等上参议院书》，《申报》1912年2月26日。
③ 《女子参政同盟会成立志盛》，《女子白话旬报》第2期。
④ 刘巨才著：《中国近代妇女运动史》，中国妇女出版社，1987年，第329、355页。
⑤ 《中国最近妇女运动》（1923年7月），《向警予文集》，湖南人民出版社，1980年，第87页。
⑥ 《神州日报》1912年4月11日。
⑦ 同①，第214、218页。
⑧ 马克思：《致路·库格曼》（1868年12月12日），《马克思恩格斯选集》第4卷，人民出版社，1986年第2版，第586页。
⑨ 蒋薛、唐存正著：《唐群英评传》，湖南出版社，1995年，第45、263页。
⑩ 潘敏：《评近代中国女权主义运动观》，《妇女研究论丛》2001年第4期。
⑪ 姚子珩、文热心、曾衡林：《"一代女魂"唐群英》，《湖南日报》2011年10月3日。
⑫ 同⑦。
⑬ 蒋美华：《略论辛亥革命时期知识妇女群的解放心态》，《江海学刊》1998年第6期。

儿童与儿童教育的概念

王 瑞

摘要： 本文通过对儿童和儿童教育的概念进行中外对比和深入阐述，系统梳理了国内外儿童教育的主要观点，总结了国内外目前在博物馆儿童教育理念方面的理论探索，为深入认识和探讨博物馆儿童教育提供理论参考。

关键词： 儿童　教育　博物馆儿童教育

一　国际上关于儿童和儿童教育的概念

关于儿童的年龄界定，国内外并没有统一的标准。1989年11月20日第44届联合国大会通过的联合国《儿童权利公约》，是历史上规范儿童权利内容最丰富、最为国际社会广泛认可的一项国际公约，是第一部有关保障儿童权利且具有法律约束力的国际性约定。它阐述了儿童的基本权利——生存权、受保护权、发展权和参与权。1990年8月，中国政府正式签署该公约。1992年4月1日，联合国《儿童权利公约》对中国生效。截至2015年10月，缔约国为196个。

联合国《儿童权利公约》将"儿童"界定为"18岁以下的任何人"。公约强调，各国应确保其管辖范围内的每一个儿童均享受公约所载的权利。公约规定，缔约国确认儿童有受教育的权利。教育儿童的目的，首先要最充分地发展儿童的个性、才智和身体心理各项能力。不仅要培养儿童对人权、对基本自由的尊重。还要培养对儿童的父母及其自身的文化认同、语言和价值观、儿童所居住国家的民族价值观、其原籍国以及不同于其本国的文明的尊重。要培养儿童本着各国人民、族裔、民族和宗教群体以及原为土著居民的人之间谅解、和平、宽容、男女平等和友好的精神，在自由社会里过有责任感的生活，培养对自然环境的尊重[①]。

在国际上，对儿童教育的研究经历了漫长的过程。其中近现代儿童教育家的思想理论至今还在影响着我们，其中代表人物主要有皮亚杰、蒙台梭利、瓦龙、杜威等。他们对儿童的年龄界定和各个时期的发展特征，也有着不同的描述。

瑞士著名儿童心理学家让·皮亚杰创立了儿童认知发展理论，他将儿童的认知发展过程分为四个阶段[②]：

（1）感知运动阶段（0～2岁）。这一阶段是婴儿的认知能力初步发展的时期，婴儿靠感觉与动作认识周围的世界。

（2）前运算阶段（2～7岁）。这一阶段的儿童开始学习并逐渐能够熟练地运用符号象征事物，并用符号从事简单的思考活动。

（3）具体运算阶段（7～12岁）。这一阶段发展最典型的标志就是儿童能够运用符号进行有逻辑的思考活动。

（4）形式运算阶段（12～15岁）。形式运算阶段的典型特征是抽象思维的发展与完善。这时青少年开始运用抽象的概念，能提出合理的假设并进行验证，知道事物的发生有多种可能性，从而使他们的思维具有更大的弹性和复杂性。

意大利儿童早期教育学家玛丽亚·蒙台梭利通过多年的观察实践总结出，儿童从新生儿到发展成熟需要经过四大阶段，从而成为一个生理、情绪和智力都足够使他们能够独立的成人[③]。这四大阶段需要经历24年的时间，每一个阶段为6年（0～6岁，6～12岁，12～18岁，18～24岁）。每一个阶段的儿童都具有一定的特征。蒙台梭利还认为，不同的个体有不同的发展节律，教育要与儿童发展的敏感期吻合，就必须用不同的教育来适应不同的成熟节律，因此她十分强调个别教学，让儿童各按自己的需要自由活动，使个性得到充分发展。

法国儿童心理学家瓦龙·亨利主张按照"儿童时期的年龄"（即儿童的心理年龄）来划分"儿童的年龄"（即儿童的生长年龄）[④]。瓦龙将儿童心理的发展水平分为四个时期，即动作的发展时期（0～3岁）、主观或个性时期（3～5、6岁）、客观性时期（5、6～11、12岁）和青少年时期（12、13岁以后）。瓦龙认为，应当强调儿童的智力发展与整个人格或个性发展以及儿童的社会性的密切关系。

① 《儿童权利公约》，联合国儿童议题网。
② 刘长城、张向东：《皮亚杰儿童认知发展理论及对当代教育的启示》，《当代教育科学》2003年第1期。
③ 霍力岩：《试论蒙台梭利的儿童观》，《比较教育研究》2000年第6期。
④ 赵恒泰：《简论瓦龙的心理学理论与方法》，《天津师范大学学报》1993年第3期。

二　中国关于儿童和儿童教育的概念

在中国，2006年12月29日第十届全国人民代表大会常务委员会第二十五次会议修订的《中华人民共和国未成年人保护法》中第二条规定：本法所称未成年人是指未满十八周岁的公民。

《现代汉语词典》第七版给"儿童"的定义是：较幼小的未成年人（年纪比"少年"小）。其中"少年"指"人十岁左右到十五六岁的阶段"。医学界以0～14岁的儿童为儿科的研究对象，中国的儿童组织少先队的队员要求年龄在14岁以下，而共青团员的入团年龄为14岁以上。

20世纪初的中国正饱受外国列强蹂躏，在此民族危亡之际，作为伟大的民族革命家和教育家的蔡元培，为开启民智，从"教育救国"出发，在中国现代教育史上第一次把"美育"确立为国家教育方针。他指出，可以从家庭教育、学校教育、社会教育三个方面实施美育。儿童的家庭美育应该从胎教抓起。儿童从进入幼稚园开始，就由家庭教育过渡到学校教育。幼儿园有舞蹈、唱歌、手工等课程，中小学有音乐、图画、文学、运动等很多美育课程，直到大学有艺术专科如音乐、图画、建筑、戏剧等，应以此来培养他们对美的兴趣[1]。蔡元培还指出，教育的场所并不专在学校，普及社会美育还要包括专设的机构，包括美术馆、美术展览会、历史博物馆、古物学陈列所等。

陶行知是中国教育史上最著名的教育家之一，他始终将美育放在教育活动的重要位置。陶行知在美国留学师从于教育思想家与实用主义哲学家的杜威。在杜威看来，学校并不是专门去学习知识或技能的一个场所；学校自身就是社会的一类，也可以说就是社会生活的缩影。"学校即社会""教育即生活"是两个不可分离的杜威教育哲学中的警语。陶行知在杜威教育思想的基础上，提出了生活教育的三大原理[2]，分别是："生活即教育""社会即学校""教学做合一"。

1949年中华人民共和国成立，儿童成为"新中国的小主人"。中国政府高度重视儿童教育工作。国家大力发展教育事业，坚持教育优先发展战略，制定完善教育法规政策，保障儿童受教育的权利，提高儿童教育质量，增强儿童的综合素质。时至今日，中国教育发展百年，成绩斐然，教育学理念和实践得到更加充足的发展。

2011年国务院颁布的《中国儿童发展纲要（2011—2020年）》，从儿童健康、教育、法律保护和环境四个领域提出了儿童发展的主要目标和策略措施。在儿童教育方面的主要目标之一就是：保障所有儿童享有公平教育。具体措施包括：促进基本公共教育服务均等化；保障儿童享有更高质量的教育；落实教育优先发展战略；全面推进素质教育等。特别提到，要利用科技类博物馆、科研院所等科普教育基地和青少年科技教育基地等资源，为儿童提供科学实践的场所和机会[3]。

三　美国研究者关于博物馆儿童教育的理念

从1683年英国牛津大学的阿什莫林博物馆成为世界上第一个对公众开放的博物馆开始，博物馆的公共教育就成为博物馆重要的职能之一。2007年，国际博物馆协会将博物馆的最新定义修改为："博物馆是一个为社会及其发展服务的、向公众开放的非营利性常设机构，为教育、研究、欣赏的目的征集、保护、研究、传播并展出人类及人类环境的物质及非物质遗产。"相比2001年的博物馆定义，已经将博物馆的教育职能放到博物馆业务地位的第一位，反映了国际博物馆界对博物馆教育的重视。

在美国，几乎所有的博物馆都在章程中规定了它所承担的公共教育的义务。如纽约大都会艺术博物馆在1870年建馆之初就规定，博物馆要为了推动艺术的通识教育，并为大众提供相应的指导。成立于1870年的波士顿美术馆主张通过博物馆的讲解、专业图书馆的资料以及具有实践能力的团体等各项设置，为绘画、油画、素描、设计的发展以及艺术在实践中的应用提供有效的指导。

博物馆教育是社会教育的重要组成部分，是学校教育的重要补充。儿童是博物馆教育最重要的受众。据统计，21世纪初，美国就有70%的博物馆设有专人负责教育项目[4]，88%的馆提供从幼儿到高中生的教育项目。70%的博物馆在过去5年中增加了面向学校、教师和学生的服务，而且还有300多座儿童博物馆，平均每2万名儿童就拥有一座博物馆[5]。

史密斯学会在1988年成立史密森早教中心，第一次尝试用博物馆服务儿童。早教中心创始人、早期教育和博物馆教育专家Sharon Shaffer在美国史密森学会工作的24年中，通过不断的创新尝试，从儿童早期发展理论基础上发展，创造了儿童博物馆的教育模式。既关注了儿童的生理和心理特点，又包含了博物馆公众教育的特殊属性。其主要观点是：

1. 感知与参与

孩子的学习必须让他们主动去参与其中，让孩子有更

① 李景隆：《蔡元培美育思想及其现代意义》，《青海民族大学学报》2010年第3期。
② 孟丽：《陶行知生活美育思想研究》，山东大学博士研究生学位论文，2018年。
③ 《中国儿童发展纲要》（2010—2020年），人民出版社，2010年。
④ 张和清：《美国博物馆的管理与运作》，《中国文化报》2008年10月22日。
⑤ 段勇：《当代美国博物馆》，科学出版社，2003年，第99页。

多身体和精神的互动投入到学习的过程中，从而和身边的物理世界有更多的连接。孩子通过感受他们的世界，去理解周边的世界。

2. 游戏与探索

游戏是博物馆教育的重要内容。通过游戏，孩子们可以探索发现、想象创造。通过游戏来实现所有重要的认知和社交技能。

3. 问答式交互

博物馆教育者主动与孩子进行交互提问，或者通过开放性的问题，来鼓励孩子的发散性思维和创意想法。这种提问方式，不是罗列问题的逐一提问，而是通过与孩子的一问一答，形成一个交互过程。孩子可以通过观察和思考，和这些展品建立起个人的联系，也可以通过语言或肢体动作相互交流、相互分享。还可以通过想象，把自己想象成为这个艺术家，在空气当中用手画出各种形状。这就是儿童早期的审美培育[1]。

Sharon Shaffer 指出，博物馆儿童教育的具体案例可以包括如下类型：传统展厅内的儿童教育活动、亲子探索区（儿童奇妙乐园）、专门的儿童展览、教育活动室、探索自然活动、故事讲述活动、角色扮演等。技术和社交媒体已经成为现代孩子生活的一部分。如何利用新的技术如VR、3D影像等和社交媒体来让孩子更好地学习，有更加投入的体验，也是儿童教育工作者应该关注的内容。

四　中国研究者关于博物馆儿童教育的理念

我国2015年起颁发的《博物馆条例》，是我国博物馆行业的一部全国性的法规文件，《博物馆条例》规定："本条例所称博物馆，是指以教育、研究和欣赏为目的，收藏、保护并向公众展示人类活动和自然环境的见证物，经登记管理机关依法登记的非营利组织。"[2]条例明确把教育放在了首位，这表明，过去从以物为中心的博物馆的中心已经转到以人为中心，其间发生的变化是巨大的。不仅使博物馆的功能从收藏、研究转变为公共教育、公众服务，更是关于博物馆观念的转向。

复旦大学陆建松教授认为，根据儿童心理学家让皮亚杰提出的儿童认知发展理论，儿童对客观世界的认识是以探究式的活动为中介，要鼓励孩子去思考和探索，儿童教育要顺应孩子的好奇心。博物馆儿童学习的理论和实践

契合了这一儿童教育的理念，即儿童教育要顺应和满足孩子的好奇心，鼓励孩子们在博物馆里思考和探索，要以满足儿童需求和兴趣为使命，以激发儿童好奇、探索和学习兴趣为目的，尊重儿童的兴趣、生理、心智和能力，强调"感知、探索、合作、欢乐"，通过提供儿童行为上、情感上、精神上的参与性或体验式的展示项目、教育项目及社教活动，培养儿童对自然、科学和艺术等方面的好奇心，从而激发儿童主动学习的热情。还要培养儿童全方位探索的兴趣，启发儿童在感官、情感、艺术和社会化等各个方面的潜能[3]。

河北博物院的张晓鹏认为，博物馆儿童教育与儿童早期教育专家蒙台梭利的教育理念有相一致的地方。蒙台梭利教育理念的核心观点是：儿童是在"导师"的引导下，在"有准备的环境"中通过自主"工作"激发儿童的"内在生命潜力"，使其身心得到"自由"发展。博物馆的儿童教育可以在没有任何功利性的条件下，充分尊重儿童的"内在生命潜力"，使其充分享受学习带来的快乐，这也是博物馆儿童教育施行蒙台梭利教育法的优势[4]。

复旦大学的周婧景把博物馆儿童教育分为三种实践模式[5]：即创办专门面向儿童的儿童博物馆、博物馆内设立儿童利用的空间、博物馆内开设儿童教育项目。她和陆建松教授通过对6～7、11～12岁儿童心理学研究，针对不同年龄的儿童提出儿童教育活动的建议，如在博物馆里设置看文物讲故事、复述、演讲比赛等语言类学习项目，让孩子们参与博物馆公益服务活动，开设互动探索区，策划儿童集体策展活动等[6]。

上海科技馆忻歌等人对中美儿童博物馆的教育展示进行对比分析，认为：我国在开展教育活动时应该注重科学、艺术和人文三者的融合，不仅关注儿童的认知发展，也关注儿童社会责任等情感方面的发展；在进行儿童展品设计时，应确保内容和展示形式具有开放性，时刻保持与教育机构以及学校教育的紧密结合；同时，应该注意教育活动项目的互动性，使其形式生动有趣，更具吸引力[7]。

广东省博物馆魏峻认为，不同于青少年群体，儿童更多的是需要兴趣的激发，由好奇引导来探索他们的世界。在他们小的时候让他们喜欢上博物馆，自然而然博物馆就会成为他们的"第二个家"。我们需要创造出适合儿童参观的博物馆环境，把展览做得有趣、简单易懂，既能引起

---

① 《史密森学会如何发展儿童早期教育？》，弘博网2018年7月16日。
② 王兆：《放下架子解决公共教育"短板"》，《中国艺术》2018年第7期。
③ 陆建松：《简评〈博物馆儿童教育——儿童展览与教育项目的双重视角〉》，《中国博物馆》2018年第2期。
④ 张晓鹏：《蒙台梭利教育理念下的博物馆儿童教育活动设计》，《中国博物馆》2018年第2期。
⑤ 周婧景：《博物馆儿童教育实践模式初探》，《博物馆研究》2011年第1期。
⑥ 周婧景、陆建松：《博物馆6、7-11、12岁儿童教育指南初探》，《中国博物馆》2015年第1期。
⑦ 忻歌、宋娴、吴为昊：《美国儿童博物馆教育功能的发展与演变》，《外国中小学教育》2011年第1期。

儿童的兴趣，同时也能让陪同的家长或者老师可以更好地引导孩子。

国家博物馆黄琛认为，博物馆不是学校的第二课堂，博物馆里针对青少年开展的教育活动的重点不是知识教育和技能教育，应该从情感、态度、价值观的角度开展。儿童教育课程可从内容上划分为以下四类：志趣课针对3～8岁的孩子，主要开展绘本形式的课程，方式是引进一些戏剧教学，重点让孩子们感受和体验，在学中体验快乐。认知课主要针对小学6～10岁的孩子，通过博物馆老师的引领，调动孩子所有的感官去看、听、嗅、触，去发现他能够迅速捕捉到的信息。博悟课，主要是针对9～13岁小学高年级的孩子，就是通过博的过程来悟和分享，设定任务单元，分组或个人到展厅自主学习、发现，找到解决办法，悟出它的原理。养成课主要针对初中、高中甚至大学年龄段的青少年，成立小组，给孩子们提供一些方向指导，类似于课题指南，用一年或两年的时间，在博物馆和学校老师共同的引导下，完成一个主题研究[1]。

复旦大学郑奕认为，各馆不仅要做好展览，还要围绕和配套展览，开展一系列延伸教育和拓展服务，如示范表演、探索活动、专题讲座、视听欣赏、动手做、研习活动、知识竞赛、知性旅游、学术讨论会、出版刊物、咨询服务等，以丰富观众的学习体验，实现博物馆教育效能的最大化[2]。

尤里卡教育创始人，缪斯博物联合创始人，剑桥大学教育硕士张晓扬把博物馆儿童教育的目标确定为：

1. 塑造孩子对人类文明的参与感。
2. 为孩子的思维模式发展增加可能性。
3. 发展孩子对中华文明"基于理解的热爱"[3]。

五 我们能为博物馆里的儿童教育做什么

中国儿童博物馆研究中心张旎指出，关于教育目标和教育手段，哈佛大学霍华德·加德纳教授举过一个非常精彩的例子：历史课可以培养出四种不同的人，一种是历史档案记录员，能够熟记所有的年代、人物及事件；一种是政治家，学习历史是为了创造历史；一种是"说书"的，能把历史故事演绎得绘声绘色，充满趣味；一种是合格公民，能够通过对历史事件的思考指导今天的行为。要想培养不同的人（教育目标），历史老师需要采用不同的教授方法（教育手段），历史老师通常把他们教授历史的主要目标定为培养更多合格的公民（毕竟另外三种是少数人的职业选择），而他们采用的却往往是培养档案记录员的方法。在博物馆中，我们经常能看到目标和方法错位的现象。一个博物馆是想培养能够记住物件年代、材质和故事的人，还是想培养能够欣赏、思考和创造的人？很多时候，博物馆设定的目标是后者，但采用的展览和教育方式却是前者[4]。

教育一词的英文是educate，来源自拉丁文educare，意思是引出。其实，教育的终极目的，也许就是"引出潜藏在孩子内心的智能"。

当今作为文化中枢的博物馆，是儿童教育的阵地，是沟通传统与未来的桥梁。现在，我们已经能够达成共识：博物馆要为儿童提供体验、感知、探索的环境，通过这种"互动"激发他们的想象力和创造力，让他们在互动、感知中体会、学习、思考、成长，让科学和艺术的种子在他们心中生根发芽，让历史和文化的熏陶在他们的意识里潜移默化。但是，我们却经常在博物馆里看到，一个个以成人视角讲述却以儿童视觉方式呈现的"儿童"展览，一个个说教式灌输式背诵式的社教培训课程，一个个问卷式答题式的展览社教活动，一个个以旅游或猎奇为目的的游学项目……作为博物馆人，我们是不是能够静下心来，听听孩子们的心声，听听他们想要什么样的活动、展览、课程，然后从儿童教育学、心理学的角度，从儿童视角和儿童心理出发，去策划、设计、实施真正的儿童教育活动、展览、课程呢？

关于博物馆的儿童教育，我们到底能做些什么？

（原载于《博物院》2019年第3期）

---

① 黄琛：《博物馆教育如何开展》，《美术报》2017年4月29日。
② 郑奕：《博物馆要重"展"更要重"教"》，《东南文化》2012年第5期。
③ 张晓扬：《从"带孩子逛博物馆"到"博物馆教育"，如何为儿童设计博物馆里的学习体验？》，芥末堆。
④ 张旎：《博物馆儿童教育的十大问题》，文博圈。

从权利与义务的视角浅析唐代家庭中妻的地位*

李 红

摘要: 在唐代"以礼入法"的礼教与法律束缚下,并且受当时开放包容的社会习俗的影响,唐代家庭中的妻既"与夫同体",又被视为卑幼,既享有离婚改嫁权、财产权、家政权等权利,同时又须履行主中馈、承血脉、参与祭祀等义务,在复杂的宗法家庭由卑而尊的身份演变中处于一个相对稳定的平衡点上,国家则通过制度层面对于家庭尊卑秩序进行调整,维护统治秩序,实现社会稳定。

关键词: 权利 义务 妻

唐代尤其是唐初,由于统治阶级政治上的开明,少数民族"胡化"之风盛行等原因,社会风气较为开放,与前代或后代相比,都是封建礼教相对松弛的一个时期,唐代女性的地位也表现出不同于中国古代社会其他朝代的社会风貌,本文试图从权利与义务的视角浅析唐代家庭中妻的角色定位,对唐代妻的地位进行探讨。

权利语言源于西方,用来表达诉求、实践理性要求。中国虽然没有西方那种与生俱有的绝对权利观念,但中国古代法律渊源于礼制规范,古代社会重视宗法伦理,在家庭中人与人之间存在着包括权利与义务等内容的伦理亲情关系,用以维持血缘以及婚姻关系中具有自身特征的秩序。在伦理关系中,每个家庭内部的成员都有由其自然身份所规定的权利。同时,也必须承担相对于国家、组织或其他社会个体的法律义务。法律义务的履行,往往会受到国家强制力的驱动。在中国古代的宗法社会中,礼制规范是立法和司法的灵魂和依据,伦理道德观念重于法律,立法原则与礼教伦理精神基本一致,《唐律》就是以礼教为准则制定的法规。《钦定四库全书提要·唐律疏议解》有:"论者谓,唐律一准于礼以为出入,得古今之平,故宋世多采用之。"

一 权利与义务的制度前提

一夫一妻多妾制是唐代社会基本的婚姻形态。"妻"需明媒正娶,也即妻权利与义务成立的前提条件。中国古代婚姻极其讲究门当户对,即"良贱不婚",男子娶妻一般都选择与自家门第相对般配的人家的女子,正妻出身一般较好,拥有一定的身份、地位或权力。正妻必须根据一定的程序进行正式迎娶。"妻者,传家事,承祭祀,既具六礼,则取二仪。"[①]明媒正娶的仪式要求有"六礼",即纳采、问名、纳吉、纳征、请期、亲迎,礼成则婚姻成立。古代婚姻法承认妻的地位,必须经"六礼"的程序娶进门的才称为妻,所以叫"娶妻"。一个男子只能有一个妻,有妻再娶即构成重婚。"诸有妻更娶者,徒一年;女家,减一等。若欺妄而即者,徒一年半;女家不坐。各离之。"[②]

娶妻是家族行为,妻家和夫家是一种姻亲关系,互相依存。灭三族,灭的是父族、母族和妻族,可见,妻家和夫家的地位相当。唐代社会初期,尤其是上层社会的婚姻,由于受魏晋南北朝门第婚姻的影响,门第观念极强,一般以士族婚和新士族官宦婚为主,注重门当户对,夫妻两人的结合也是两个家族的结合,女性本家的地位与夫家相当,对于女性来说,其在夫家所受到的待遇也可以有一定的保障。

唐律对妻妾的差别也做出了规定,不能把妾扶正当做妻,"以妾及客女为妻,以婢为妾者,徒一年半。各还正之",除了刑罚之外,法律还令妻妾各归其位,从而保证了正妻的地位。而且,唐代社会遵循嫡长子继承制,否定了妾母凭子贵,使妾不会影响到正妻的地位。《唐律疏议·户婚》:立嫡者,本拟承袭。嫡妻之长子为嫡子,不依此立,是名"违法",合徒一年。"即嫡妻年五十以上无子者",谓妇人年五十以上,不复乳育,故许立庶子为嫡。……依令:"无嫡子及有罪疾,立嫡孙;无嫡孙,以次立嫡子同母弟;无母弟,立庶子;无庶子,立嫡孙同母弟;无母弟,立庶孙。曾、玄以下准此。"而且,妾子也要以正妻为母,"官僚士大夫若有封荫之典,皆归正妻,

---

* 教育部人文社会科学研究规划基金项目"唐代法律案例分类辑录与研究"阶段性研究成果,项目批准号:13YJA770019。
① (唐)长孙无忌等:《唐律疏议》卷一三,中华书局,1983年。
② 同上。

媵妾无份"，妾虽为亲生母亲，仍被剥夺了享受孩子荣誉的权利，只有当正妻去世，丈夫没有再娶才有机会母凭子贵，得到封赏。由此也可以看出，在唐代家庭中，正妻在丈夫所有女人中具有绝对权威。

二　妻的权利

作为夫背后的一分子，唐代家庭中的妻因身份的原因而取得不同的权利，包括离婚权、财产权、家长权等。但封建道德权利核心的三纲五常和维护男权的思想贯穿于礼法规范的始终，而礼法规范又指导法律的制定，为女性享有这些权利进行了种种限制。

1. 离婚与再嫁权

已婚女性在家庭中有无离婚改嫁权，是显示她们在家庭生活中有无人身自由和婚姻自主权的具体表现。一般情形下，中国古代女子是无权主动提出离婚的，但在唐代，《唐律疏议》中除了沿用自汉代就有的"七出"[1]之外，又增加了"义绝"和"和离"，唐律《户婚》篇有："若夫妻不相安谐而和离者不坐"。和离由夫妻双方提出皆可，而且是出于自愿原则提出的。和离妻子保留一定的离婚权。从敦煌资料发现的"放妻书"来看，双方的离婚还是以和为主。

在唐代，有不少女性从维护个人权益出发，提出与丈夫离异的事件。如《太平广记》卷二四二《李眅》条记载：唐殿中侍御史李逢年妻，郑氏，婚后因与丈夫"情志不合，去之"。这是因与丈夫"情志不合"而离婚者。还有因丈夫贫穷而请求离婚者，此类离婚多见于民间妇女。据《云溪友议》卷一记载：唐颜真卿为临川内史时，境内有秀才杨志坚，嗜学而居贫，其妻王氏即以"资给不充，索书求离"。此外还有，文宗大和年间，呼延冀官授忠州司户，携妻赴官途中，遇盗财物尽失。忠州（今四川忠州一带）地处僻壤，呼延冀不得已将妻安顿在路旁一小户人家，准备到官后即来相迎。不料到任不久，即收到妻离书一封。上面写到："君以妾身，弃之如屣，留于荒郊，不念孤独。思量薄情，妾又奚守贞洁哉？有一少年子，深慕妾，妾已归之矣。"因不堪忍受丈夫的冷落，忠州司户呼延冀之妻主动提出离异，重新找到了自己的幸福。上述事例反映出唐代为人妻的女性，在个人感情或权益受到侵害时，敢于通过离婚改嫁的方式，寻求个人自由和幸福生活。

唐代妇女离婚与再嫁相对自由，唐代公主的婚姻在这方面尤具有典型性。在《隋唐五代社会生活史》中，李斌城等学者根据《新唐书》卷八三诸帝公主传的记载统计，从高宗至昭宗的212名公主中，除了婚姻情况不明或早薨者，初嫁者104名，二嫁者25名，三嫁者仅2名。安乐公主就曾下嫁武崇训，崇训死后又嫁崇训胞弟武延秀[2]。上层统治阶级尚且如此，庶民百姓之家的女性离异再嫁，也就不足为奇了。

《唐律》对妻无"七出"和"义绝"之状，或虽犯"七出"而属"三不去"者，不准其夫擅自提出离婚，否则处一年有期徒刑。这无疑对夫权是一个限制，对妇女利益是一种保护。另外，对妇女离婚改嫁和夫死再嫁，法律也没有约束和限制，这就从法律上为婚姻的相对自由制造了一定的条件。从史实来看，唐代离婚再嫁是较为容易的。但是离婚还是由夫方提出离异者为多，女子年老色衰或是男子一朝发迹，都有可能弃妻再娶。

为了维护夫权的统治地位，唐朝妇女拥有的离婚自主权只是相对的。为防止女子不经离婚而逃跑，唐律规定，如女性"心乖唱和，意在分离，背夫擅行，有怀他志"，从而无故出夫，将判其重刑[3]。也就是说，只有夫出妻之理，而妻无弃夫之道。唐律还规定："妻妾擅去者徒二年，因而改嫁者加二等"，但是，如果"室家之敬亦为难久，帷薄之内能无忿争，相慎暂去，不同此罪"。唐律对协议离婚的规定，总体上说并不很严苛，为妇女自主离婚提供了宽松的条件。

2. 财产权与继承权

判断一个家庭中妻的地位如何，一个重要的标准是经济地位，具有财产权将为其他权利的取得以及地位的获得奠定必要的物质基础，并将保证女性在婚姻家庭生活中保持相对独立的人格，根据段塔丽老师《从夫妻关系看唐代妇女家庭地位的变化》[4]，唐代家庭中的妻拥有一定的家庭财产继承权，并分为在本家继产和在夫家继产两个部分[5]。而在本家继产，主要是指出嫁女娘家所陪送的嫁资，以及娘家在父母兄弟身亡、无子嗣继立门户的情况下，出嫁女可依法继承本家财产。

按照唐代法律规定，唐代的妻，母家所陪送的陪嫁物品在法律性质上是属于其个人私有财产的，既不属于夫妻共同财产，也有别于夫家共同财产的。开元《户令》云："诸应分田宅及财物者，兄弟均分，妻家所得之财，不在分限。"[6]在分家析产时，妻子从娘家所带过来的财产不

---

① 一无子，二淫佚，三不事舅姑，四口舌，五盗窃，六妒忌，七恶疾。
② 李斌城、李锦绣、张泽咸等著：《隋唐五代社会生活史》，中国社会科学出版社，1998年。
③ 陈顾远著：《中国婚姻史》，上海书店，1984年，第243页。
④ 段塔丽：《从夫妻关系看唐代妇女家庭地位的变化》，《兰州大学学报（社会科学版）》2001年第6期。
⑤ 段塔丽著：《唐代妇女地位研究》，人民出版社，2000年，第40页。
⑥ ［日］仁井田升：《唐令拾遗·户令第九》，东方文化学院东京研究所刊印，第245页。

作为夫家共同财产参与分割，妻之陪嫁物品，在性质上不属于家庭共有财产，而是作为她们个人的私有财产保留下来，并可享受国家法律上的保护。

出嫁女在本家"户绝"的情况下继承家产，"自今后，如百姓及诸色人死绝，无男空有女，已出嫁者，令文合得资产"①。这是以国家法令的形式，肯定了作为妻的出嫁女在本家拥有财产继承权。

除此之外，唐代的妻还可以在夫亡后继承夫家财产。如《开元·户令》中规定："诸应分田宅及财物者……子承父分，寡妻无男者，承夫分。"这个规定，对当时社会各阶层无子的寡居之妻合法继承夫家财产提供了法律依据。此后，到唐文宗大和五年（831年），又进一步对死商之妻的继产权作了确认，"死商财物，其死商父母嫡妻及男……便任受管财物"②。这些记载说明，唐代的妻在家庭中享有一定的财产继承权。

虽然唐代的妻享有从夫家继承财产的法律权利，但同时为了维护夫权，唐律《户令》规定："寡妻妾无男者，承夫份；若夫兄弟皆亡，同一子之份（有男者，不别得分，谓在夫家守志者）。若改适，其现在部曲、奴婢、田宅不得费用，皆应分人均分。"所以唐律虽然承认寡妻妾有继承夫产的权利，但前提是她必须守节不改嫁，如果改嫁，分得的财产应当归还夫家，由原来的应分人平均分配。但事实上，唐代的寡妻即使招进后夫，寡妻仍为户主，有权经营和处理田产，官府一般很少过问。根据《名公书判清明集·户婚门》的规定，寡妻招纳后夫，官府要与寡妻订立契约，寡妻所得田宅，只能收租课，不得将田宅转卖，擅自转卖者，杖一百，田业还原主。可见，唐朝寡妻对从夫家继承的遗产享有较为完整的所有权和支配权。无论是男到女家成亲，还是寡妻对夫家财产的支配权，都表明唐朝妇女在习惯上享有一定财产权利。

3. 食封继承权

唐代的妻拥有一定的财产权，这使她们在家庭中与丈夫处于相对平等的地位，即使夫亡后，守寡的母亲对子女仍然拥有颇大的权威，她们不仅是家政的实际掌管者，而且处于丈夫生前所拥有的"养尊处优"的地位。如《唐律·斗讼律》中规定："诸子孙违反教令及供养有缺者，徒二年。"按教养子孙，祖父母、父母等均有同等义务。反之，子女长大后，报答长辈的养育之恩时，母亲同父亲一样均有被子女供养的权利。如《唐律疏议·户婚》"子孙别籍异财则"条中规定："诸祖父母、父母在，子孙别籍异财者，徒三年。"就寡母而言，此条律例仍具同等效用。事实上，传统社会中寡母的权利和地位，恰在丈夫亡后才得以凸显。

寡母在儿子长大成人之后，其社会身份地位取决于儿子所取得的成就和名望，即所谓"母以子贵"，《唐律·名例律》有："诸妇人有官品及邑号，不得荫亲属。"《疏议》曰："妇人有官品者，依令，妃及夫人，郡、县、乡、君等是也。……妇人官品既因夫、子而授，故不得荫亲属。"

食封和封爵一样是可以继承的。封爵的爵名是不可分割的，除了有被封为多种爵位的以外，只能单独继承，而食封属于经济利益，允许分割继承。根据唐朝法律的规定，唐代妇女享有一定的食封继承权。

《唐六典》规定："食封人殁以后，所封物随其男数为分，承嫡者加与一分。若子亡者，即男承父份。寡妻无男承夫份。若非承嫡房，至玄孙即不在此限，其封物总入承嫡房，一依上法为分。其非承嫡房，每至玄孙准前停。其应得分房无男有女在室者，准当房分得数与半，女虽多更不加。若有男，其姑、姊、妹在室者，亦三分减男之二。若公主食食封，则公主薨乃停。"食封继承既不同于爵位继承，又与财产继承不完全相同。它确认了男儿均分继承，但又不是绝对的平均继承，其中嫡长子可以多继承一份，并且承认了女子的有限额的继承权。女子的限额继承有两种情况：其一，应得分房没有男人的，同房在室的女子可以继承占男子应继份额一半的封物，这个数额是固定的，不能因同房在室的女子多少而有所增减，一个人继承那么多，三个人也是那么多，只好三个人再均分。其二，即使同房有男儿的，在室的姑、姊、妹也可以继承一点封物，但其数额只能占男子的三分之一。

4. 家政管理权

在对家庭共有财产的支配问题上，由于妻子有主中馈的职责与义务，意味着妻子担负着对于家庭事务的管理权，包括管理钥匙的权力。中国传统社会中"男主外，女主内"这个"内"就包括此管钥权。《旧唐书》卷一六一《李光进传》记载："（弟）光颜先娶妻，其母委以家事。母卒，（兄）光进始娶。光颜使其妻奉以管钥、家籍、财物，归于其姒。"婆婆将家事大权委以媳妇，授其"管钥"，弟媳妇则让嫂子主管家庭的经济大权。

夫亡之后，尽管礼教中有"从子"之说，但身为人母，在实际生活中却成为家庭财产的实际掌管者，其家庭地位比处于卑幼的子女来说较高。儿子在未成家立业之前虽是法定财产继承人，却很少有权主管和经营家产。韩愈所撰《息国夫人墓志铭》云："元和二年，李公（栾）为户部尚书，薨。夫人遂专家政。公之男五人，女二人，而何氏出者二男一女。夫人教养嫁娶如一。……御僮仆，治居第生产，皆有条序。居卑尊间，无不顺适。"③《太平广记》卷一二一"崔尉子"条亦

---

① 《宋刑统·户绝资产》卷一二，天一阁本。
② 同上。
③ 马其昶校注，韩愈：《韩昌黎文集校注》卷六，上海古籍出版社，1986年。

载：天宝中，有清河崔氏家居荥阳，"母卢氏，干于治生，家颇富"。有子授吉州大和县尉。其母恋故产，不愿从子赴官。于是，"为子娶太原王氏女，与财数十万，奴婢数人赴任"。上述记载说明，唐代寡母在家庭中拥有财政管理权。不仅如此，寡母作为家长掌管家庭经济大权，在唐代还受到法律上的保护。如《唐律疏议·户婚》云："凡同居之内，必有尊长，尊长既在，子孙无所自专。"同时还规定："同居卑幼私辄用财者，十匹笞十，十匹加一等，罪止杖一百。"显示出家长在管理家庭财产方面具有极大的权利。

由于寡母的家政管理权，从而在对卑幼的教育惩戒、婚姻和抚育等方面具有更大的权利。

中国古代宗法社会，对子孙的教育与惩戒权，是作为家长的父亲的一种特权。母亲有抚养、教育子女的权利，而很少拥有惩戒权。但当父亲亡故之后，作为家长的母亲便承担起抚育和管教子女的双重责任。

在科举制兴盛的唐代，进士及第成为人们步入仕途、坐至公卿的主要途径，从而可以光宗耀祖。因此，当时的社会各阶层都十分重视文化教育。自幼丧父，由寡母独撑门户的家庭中，尤其如此。中唐诗人元稹，八岁丧父，其母郑夫人贤明识礼，"家贫，为稹自教书"[1]。唐工部侍郎张诚死后，诸子尚幼，妻陆氏"勤求衣食，亲执诗书，讽而导之，咸为令子"[2]。这些身为人母的寡妇在教育子女习学读书的同时，也很重视子女的品德教育和各种礼仪规范。如有子女违反教令，不遵约束，寡母可行使威权，加以惩戒。《唐律疏议·斗讼》"子孙违犯教令"条中规定："祖父母、父母有所教令，于事合宜，即须奉以周旋，子孙不得违犯。"否则，要徒刑二年。而且，家长对子孙的笞责不仅限于儿童，子孙成年后仍旧没有自主权，《资治通鉴》卷二四八"武宗会昌六年九月条"记载："初，（李）景让母郑氏，性严明，早寡。家贫，居于东都，诸子皆幼，母自教之。……三子景让、景温、景庄皆举进士及第。景让官达，发已斑白，小有过，不免捶楚。"成年后的子女凡事仍需遵从父母家长的意志，否则仍不能避免被惩戒。

在家族意识极为浓厚的中国古代社会，婚姻的目的主要是"上以事宗庙，下以继后世"。因此，婚姻大事完全取决于"父母之命"，而非儿女本身的意愿。唐代婚姻法规中，对于子女的婚姻，家长可以全权处理，并对子女嫁娶违律负责。丈夫去世后，寡母代行家长职责，对儿女的婚姻嫁娶方面，寡母既可以凭借个人意志指定子女与他人结婚，也可以解除子女与配偶的婚姻关系。《太平广记》卷一五九"武殷"条记载：邺郡人武殷，曾欲娶姨表妹郑氏，郑氏"亦愿从之，因求为婿"，已立有婚约。不

久，武殷迫于知己所荐，欲赴京应举，"期以三年，从母许之"。时有富家子郭绍，听说郑氏貌美，遂"纳聘以求其婚"。郑母于是不顾女儿反对，将女许嫁富家子郭绍。唐代寡母处理儿女的婚姻大事时，并不考虑儿女的意愿，同样，对于儿女们已缔结的婚姻，母亲若不称意，或娶妻时事先未征求母亲意见而擅自成婚者，寡母仍有权拆散。《太平广记》卷六三"崔书生"条记载有：有崔书生，在东州某地见到一美貌女子，遂通名向女子求婚，女从之，择吉日成婚。当书生携妻面见寡母时，母以子"不告而娶"大为恼怒，并以新妇"妖媚无双""必是狐鬼之辈"为由，加以强行拆散。

除了上述权利，夫亡后寡妻的地位与权利不可侵犯。丈夫在世时，出嫁女性因丈夫的身份而获得在夫家与夫一体的地位，但也正因如此，夫活着，妻就生活在夫的阴影之中，位同卑幼。在同居共财的家庭中，围绕夫家家产，妻虽然有不可被侵犯的权利，但是其本人是不存在处分权的，夫死亡后，妻就取代了夫的地位，继续保持着包括原来属于夫的东西，妻变成寡妇时，在夫之宗所享有的永久祭祀的地位被确定下来。寡妇若一辈子守节，会受到极高的评价，朝廷还有可能对其旌表。女性结婚后，因妻的身份被列入夫家之确定序列之中，只要她甘愿忍受种种礼教的压迫与束缚，不出意外的话，她就将安定度过一生并享有一定权力，其作为妻的权利与地位就是相对稳固的。

三 妻的职责与义务

唐代家庭中的妻虽然有一定的权利，但是其承担的义务远多于权利，传统意义上妻的职责与义务主要有主中馈、参与祭祀、承血脉等，除此之外，作为妻，还对夫负有同居、守贞、服丧等义务。

1. 主中馈

《说文》妻的解释为"从女从工，又持事妻职也"，可见妻是为帮助丈夫处理家庭内部事务的人。宋代张齐贤的《洛阳搢绅旧闻记·张相夫人始否终泰》中有"及为中馈也，善治家，尤严整"。甚至将中馈代指妻室。《颜氏家训·治家》有云："妇主中馈，唯事酒食衣服之礼耳。"古时把女性为家人烹饪等劳动称为"主中馈"，而古代的贤淑女子在出嫁前就要以烹饪为必修课，为以后在夫家主持中馈作准备，这也是古代女性的闺教之一。曾国藩还把家中女性中馈与家庭兴旺联系到一起，在信中引《周易·家人卦》："六二：无攸遂，在中馈，贞吉。"因此，中馈是古代家庭中妻对于家庭的职责所在，无论世家大族还是平民百姓，它是每个家庭中的妻子在相夫教子

[1] 《旧唐书》卷一六六《元稹传》，中华书局，1975年。
[2] 白居易：《唐赠尚书工部侍郎吴郡张公神道碑铭》，《白居易集》卷四一，中华书局，1979年。

之外，必须掌握的本领。

2. 参与祭祀

自周朝始，在国家祀典中，就已确立了"天子亲耕南郊，皇后亲蚕北郊"的祭祀格局。于是就有了"亲蚕"，也称为"亲桑"。在唐代，一些大型的祭祀活动一般皇后都要参与。有没有在家中主持祭祀的权力是区别女人身份的一个标志。在《唐代墓志汇编》就有很多唐代家庭中妻子进行常年的岁时祭祀活动的记载，"每至岁时祭祀，必视其备物之蠲洁，躬授于摄事者，斋庄抵栗，如亲承焉"[1]。女性通过婚姻进入夫之宗，服制上就将妻作为夫族的一个成员来对待了。从中国古代传统来看，自祖先到子孙是一种人格连续的祭祀关系，而在这种关系之中，妻是和夫一起祭祀夫的祖先并和夫并列享受夫的子孙祭祀的人。所以，对女性来说，结婚绝不仅仅是与丈夫个人的结合，而是与夫一起成为其宗族秩序中的一个环节，是与夫所占据的宗族地位的合并。结婚意味着女性开始取得对人生来说不可缺少的与宗族之间的所属关系，女性因结婚才找到了自己生死期间承认其为成员的家。

相对于男性一出生就自然地被保证给予祭祀与被祭祀关系的坚定的地位来说，女性会因结婚而被纳入这种关系之中，作为妻与夫一起负有祭祀夫之祖先的义务。《礼记·祭统》有："夫祭也者、必夫妇亲之"，《唐律疏议·户婚》："妻者，传家事，承祭祀，"[2]同时，妻与夫死后也会共同接受夫之子孙的祭祀。女性只有在出嫁后，才能体现出自己在宗族延续方面的意义，也正因为如此，才能称作"夫妻一体"，并被夫的后代祭祀。

3. 承血脉

《礼记·昏礼》中有"昏（婚）礼者，将合二姓之好，上以事宗庙，而下以继后世也，故君子重之"。妻子上负有祭祀的职责，以事宗庙，下负有传承血脉，以承后世的义务，承血脉是妻子的重要义务。按照古代的宗法制度，嫡妻所生的嫡子才能上事宗庙，下继香火，有嫡子的情况下，妾生的庶子是没有这个待遇的。法令甚至规定："其妻无子而不娶妾，斯则自绝，无以血食祖父，请科不孝之罪。"对于妻子来说，无后是可以被列为"七出"之一而被休弃的。唐代法律规定有"七出"，其中，"无子"被列在第一位[3]。这反映了唐代社会对后嗣的特别重视[4]。所以，唐代对有关

"无子"的法律执行比较严格，有些判例甚至表明在现实执行中的处理比在成文法律中更为严重。

虽然唐律明确地规定判定"无子"的年龄限制。"诸妻无七出及义绝之状"条，"律疏"云："'妻年五十以上无子，听立庶以长。'即是四十九以下无子，未合出之。"[5]这种年龄的限制在《礼记·内则》郑玄注中也有提到：妇人"五十始衰，不能孕也。"[6]但是，这种年龄的限制在实际生活中并没有完全遵守[7]。《云溪友议》中有"三史严灌夫，因游彼，遂结姻好"，"经十余秋，无胤嗣。灌夫乃拾其过，而出妻，令归二浙"[8]。因为与妻结婚十余年而无子就出妻。总之，如果妻在家族中不能完成生产后嗣的任务，对她的处罚将会很严格地执行，此时法律对她的保护并不生效。

4. 其他义务

除了必须履行的主中馈、参与祭祀、承血脉等职责外，妻对夫的单方面还负有同居的义务。未经夫同意，妻不得擅自背离夫出走，违者，处徒刑二年；因此而改嫁，则加重二等处罚。疏议中有："妇人从夫，无自专之道，虽见兄弟，送迎尚不逾阈。若有心乖唱和，意在分离，背夫擅行，有怀他志，妻妾合徒二年。因擅去而改嫁者，徒三年，故云'加二等'。"[9]而丈夫却可以不受限制地任意外出，而不受时间限制。妻对夫负有守贞义务，妻如与他人通奸，丈夫就有权将其休弃，而且不受"三不去"的限制[10]。妻子的这种守贞义务，不仅存在于丈夫生前，而且延续于丈夫死后三年。妻在丈夫死后三年内改嫁，法律视为犯罪，要给予刑法处罚。除此之外，妻还负有相夫教子、隐匿、服丧等义务，而夫则没有这些义务，这些义务都是妻对夫的单方面义务。

三 结论

通常情况下，享受权利越多，所应承担的义务就越多，负担就越大。而唐代家庭中的妻处于一个相对中间、平衡的位置。她既不会是家庭的最底层，受所有人的压迫，没有一点主动权，也不必因为拥有很多权利而要承担太多社会和家庭压力，只要做好自己分内的事情就可以了。这也正是

① 《唐许州民长葛县尉郑君亡室乐安孙氏墓志铭》，《唐代墓志汇编》，第 1959 页，上海古籍出版社，1992 年。
② 萧榕主编：《世界著名法典选编·中国古代法卷·唐律疏议》，中国民主法制出版社，1997 年。
③ "七出者，依令："一无子，二淫……"，《唐律疏议》卷一四《户婚》"诸妻无七出及义绝之状"条，中华书局，1983 年，第 267 页。
④ 高世瑜：《唐律：性别制度的法典化》，荣新江主编：《唐研究》（第十卷），北京大学出版社，2004 年，第 340 页。
⑤ 《唐律疏议》卷一四《户婚》，中华书局，1983 年，第 267 页。
⑥ 《礼记集解》卷二六《内则》，中华书局，1989 年，第 760 页。
⑦ 与此相关，金眉提到"无子"的年龄限制没有严格遵守。参见金眉：《从"无子"出妻看唐代"七出三不去"离婚制度的实践》，《史学月刊》1993 年第 2 期。
⑧ 《云溪友议》卷上《毗陵出》，《唐五代笔记小说大观》，上海古籍出版社，2000 年，第 1262～1263 页。
⑨ 《唐律疏议·户婚律》"义绝离之"条中华书局，1983 年。
⑩ 刘玉堂、陈绍辉：《论唐代的离婚立法——以"七出"之制为中心》，《江汉论坛》2004 年第 2 期。

唐代妇女中的妻的角色定位，在中国古代家庭中的特别位置，谨慎而本分地遵守种种封建束缚下的一种从卑幼到尊长的历程，"多年的媳妇熬成婆"，这一历程使得所有不公平的卑幼的待遇变得可以忍耐。在严格恪守族规、家法后成为这种宗族礼法制度下家庭中的新的家长。因此，妻所处的地位，是在复杂的中国古代家庭中的一个相对平衡点。究其形成原因，可以从三方面加以探究。

首先，这是中国传统礼法的规定性要求。唐初统治者在制定《唐律》时，依照"以礼入法"的原则将汉以来中国传统的"男尊女卑"封建统治思想，特别是儒家礼教中的"三从四德，三纲五常"等伦理纲常纳入了法律条文中，称"夫者，妇之天"，从而使得妇女在法律上的规定性地位明显低于现实生活中的地位。这不仅是道义上的要求，也是法律调整和处理夫妻关系的基本原则。传统儒家礼教的要求"男主外，女主内"，男性作为一家之主承担维持家庭生活的义务，保护家庭成员的安全。法律确认家庭为国家统治下的基本单元，并强制保护家庭内部的伦理凝聚力，要求其内部成员承担一定的连带责任，授予并维护家长的绝对专制，从而在处理家族中的纠纷方面起到重要的作用，通过家庭尊卑有序实现社会稳定。

其次，这是妻的地位的稳定性需求。在家庭尊卑有序的宗法血缘结构中，每一个人都具有与其亲属身份相对应的位置。随着时间的推移，这种亲属伦理关系自然更替，"先为人妻，后为人母"，原先处于卑幼地位的人由于自然因素而获得尊长身份。法律承认这种自然演变，并同样保护新尊长的特权地位。由于儒家礼教的原因，女性由妻子到母亲，每个阶段都笼罩在夫权之下，所获得的宗法家族的某些权利也是由于身份的变换而取得，妻也通过实现种种义务，而获得礼所规定的在儒家学说为核心的主流价值观下很重要的夫妻一体身份和与夫一起被祭祀的资格，并因而享受家庭共同体所提供的利益或利益期待，并形成有利于家庭存在和发展的稳定关系。除此之外，在家长权的保护之下，由家长代表家庭承担社会责任与法律义务。女性被视同老小、卑幼与从属者，作为从属者有"从坐"之法，作为卑下者在家庭斗讼中处于不利地位。但作为卑弱者又受到与家人同犯时免罪、刑事处罚比照男子减半、免于流刑等宽减刑罚的待遇等。

最后，唐代妻地位的形成受时代特征的影响，在实际生活中，由于唐代社会的开放，特别是在习俗文化方面长期受北朝社会遗风的影响，女性所受礼法约束较小。生活氛围相对宽松，加上女性群体在当时社会上地位较高，反映在家庭内部，长期以来受压迫最重的"妻"的角色，在与男权社会不断抗争中，获得了较多的人身自由。唐代大量"妒妇"的出现，也表现出妻的地位相对较高。除此之外，唐代婚俗中还出现了"从妻居"现象，即男到女家成婚。敦煌文书《大唐吉凶书仪》中有："近代之人，多不亲迎入室，即是遂就妇家成礼，累积寒暑，不向夫家。或逢诞育，男女非止一、二"，在这种婚姻中的妻的地位相对于处在夫家一定会高很多。唐代家庭中的妻虽然也像前代和后代那样，在夫权制和父权制的社会中受到很多的禁锢，但在婚姻家庭中的地位有了更多的法制和礼法上的保障，尤其是唐前期，夫妻关系刚柔倒置，妇强夫弱、阴盛阳衰，竟成为当时社会一种普遍现象。

随着唐代安史之乱的爆发，新儒学的复兴，女性在家庭与社会的地位也随之变化，不断下降，根据出土的唐代墓志等资料进行综合统计表明，总体上整个唐代公主寡居不改嫁的毕竟比改嫁的要多。民间守寡之人，也不在少数，社会的主导舆论还是尊行礼制，鼓吹贞节观念的。

（原载于《妇女研究论丛》2015年第1期）

参考文献

[1] 戴炎辉：《中国法制史》，（台北）三民书局，1966年。

[2] 赵凤喈：《中国妇女在法律上之地位》，（台北）稻乡出版社，1993年。

[3] 陈顾远：《中国法制史概要》，（台北）三民书局，1964年。

[4] 瞿同祖：《中国法律与中国社会》，中华书局，1981年。

[5] 张国刚：《"立家之道，闺室为重"——论唐代家庭生活中的夫妻关系》，《清华大学学报》2008年第1期

[6] 梁敏：《从〈唐律〉的规定性及社会实践看唐代妇女的地位》，《石河子大学学报》2009年第2期。

[7] 关丹丹：《权利换和谐：从〈唐律疏议〉看女性权利问题》，《政法论坛》2010年第3期。

现代美术教育理念下儿童剪纸教育的思考

韩晨霞

摘要: 结合现代美术教育理念,从教育目的、教学和评价方式、儿童剪纸教学与剪纸特点的结合等方面对儿童剪纸教育进行思考,强调"以儿童为本",发挥剪纸教育在创造力培养上的独特作用,并在课程综合化方面进行了探索。

关键词: 以儿童为本 创造力 儿童剪纸教育

剪纸艺术是一项具有悠久历史的非物质文化遗产,是中国民间广泛普及、代表性强、历史文化内涵极其丰富的美术形态之一,剪纸不仅具有艺术欣赏价值,还蕴含了久存民间的风俗习尚和观念信仰,反映了中华民族的文化特色。儿童剪纸教育活动是我国小学、幼儿园美术教育中的重要项目,小学、幼儿园的美术教材中,每册都有关于剪纸的内容,剪纸教学还是很多小学、幼儿园的特色课程和校本课程。儿童剪纸教育活动对促进儿童身心发展的作用是独特和多方面的,不仅有利于大脑的开发、发展儿童的创造力和思维能力,还可以让儿童受到美的熏陶,感受中国的传统艺术文化,引发民族自豪感。我国著名儿童教育家陈鹤琴先生曾经说:"孩子应有剪纸的机会。"

近年来,随着剪纸艺术入选首批非物质文化遗产保护项目,剪纸教育活动进一步受到儿童美术教育者的重视,在儿童中普及剪纸教育和倡导中华优秀文化传承成为备受社会关注的一项教育实践活动。全国各地很多学校、少年宫、民间培训机构都开展了儿童剪纸教育活动,进行了多样化的儿童剪纸教学探索与实践,很多机构致力于把先进的教育理念与剪纸教学相结合,在教学实践和理论研究方面都取得了令人惊艳的成果。但是也有一些机构,仍然受到传统的模仿式与灌输式的剪纸教学的影响,重视知识和技能的传授,忽略儿童的年龄特点和心理特征,忽略儿童创造能力与思维能力的培养,只能训练学生工匠式的动手技能,不能开发儿童的艺术潜能,甚至还影响到儿童的自信心和对剪纸活动的兴趣。因此,结合现代美术教育理念,进行儿童剪纸教育的思考与探索,是非常必要和有意义的。

一 确立以儿童为本的教育目的

儿童剪纸教育的目的是什么?这是首先要明确的

问题。

19世纪末奥地利艺术教育家Franz Cizek在卢梭"儿童的发现"人本精神启发下,通过对儿童美术创作的参与对其个性发展作用的亲身考察确立了"儿童艺术的发现"重要理念,开创了以尊重儿童本体发展为宗旨的人本性儿童美育理论,是世界范围内现代儿童美术教育正式确立的标志。在他之后,英国著名的儿童艺术教育家Herbert Read等一批重要的当代英美儿童艺术教育家对现代儿童美术教育以人文精神为本的发展理念不断进行探索和充实。Herbert Read指出:"艺术教育的根本目的在于为儿童提供丰富多样的艺术活动,进而增进其人格的健全与和谐发展。"[①]

我国政府于2001年开始进行的新课程改革,也明确提出构建以人为本的课程目标:"美术基础教育并不是以学科为中心的单纯的技能训练,而应该着眼于尊重学生,从兴趣出发,注重过程的引导,发挥学生的创造力,让他们的内在经验、思想、情感得以表达,培养学生的审美的眼睛、感知能力和艺术创造能力。"[②]

以儿童为本,已经成为现代美术教育理念的核心。以儿童为本就要以儿童的可持续发展为出发点,不是把课程作为学科知识的载体,而是把课程视为学生成长的一段经历,强调对学生全面、和谐发展的教育。因此,儿童剪纸教育的目的不能是单纯的训练儿童的剪纸技巧,剪出多么成熟的作品,而应当是培养儿童的动手能力、想象和创造能力、审美与表现能力,同时儿童通过对这一民间艺术形式的参与提高文化素质和修养,感受中国的传统艺术文化,引发民族自豪感。

二 以儿童为本的教学和评价方式

以儿童为本,在进行教学和评价的时候,就要掌握儿童的心理、生理发育规律,教学方式要符合儿童的年龄特

---

① [英]赫伯·里德著,吕廷和译:《通过艺术的教育》,湖南美术出版社,1993年。
② 陈卫和:《小学美术新课程教学论》,高等教育出版社,2007年。

点、个性特征和兴趣爱好，有针对性地进行差异化教学。还要根据儿童的心理发育阶段，采用适合的题材、材料和方式，以促进儿童该阶段心智成长及身心和谐发展。被称为进步美术教育运动的核心和领导人的Lowenfeld，在其代表作《创造与心智的成长》中，指出"艺术教育对我们的教育系统和社会的主要贡献，在于强调个人和自我创造的潜能，尤其是艺术能和谐地统整成长过程中的一切，造就身心健全的人"①。他强调美术教育的意义是通过美术活动促进儿童个性的健全和发展，将儿童美术心理与心智成长结合起来，让儿童自由自在地进行自我表现，以人为本，因材施教。他强烈反对在美术教育中让儿童去抄袭与模仿，认为不应对儿童的美术活动横加干涉，应让儿童追求与众不同的方式，表达自己的情感与思想，通过儿童的美术活动发展学生的个性与创造精神。

传统的剪纸教学，从临摹拓印剪纸稿，模仿前人的作品开始，特别是低龄阶段的教学，剪纸内容局限在折叠剪几瓣花或者窗花，儿童很容易失去兴趣，也容易因剪不出好看的作品而失去自信。而高年级的教学，也常常偏重于训练剪纸技能，不注重儿童想象力和创造力的培养。以儿童为本的教学，强调在进行剪纸教学的过程中，一定要抓住儿童的年龄特点，研究儿童生理、心理发育规律，教学内容和方式方法要符合儿童心理生理发育规律。在幼儿园阶段，儿童从三四岁开始，经过练习就能逐渐学会安全、正确地使用剪刀，开始的时候，只能剪一些碎纸块，因此剪碎纸块进行拼贴的游戏是主要的教学方式，在这个过程中，剪纸的动作是对手部小肌肉训练和手眼协调训练，可以使大脑的发育和神经系统控制能力增强；同时发展了儿童对线条、图形、色彩等造型元素的认识；到五六岁，儿童能熟练地使用剪刀，在老师的引导下，观察事物的特点，直接用剪刀剪出来，如先练习剪长方形，然后在长方形基础上，修剪出老虎、马等形象，熟练以后，可以不经打稿，直接剪出老虎等动物的形象。这时的儿童，对身边常见的事物最感兴趣，家人朋友、汽车火车、蝴蝶、动物园里的动物都是他们经常剪的形象。剪纸时需要集中注意力、感知观察物体，可以培养专注力和儿童观察的顺序性，剪纸时需要想象创造新的事物和组合，培养了想象力和创造力。小学阶段以后的儿童，随着动手能力和思维能力的增强，在造型和表现方面能力大大提高，作品的形式和内容都更加多样。

以儿童为本的评价方式，要弱化传统教学评价的甄别与选拔功能，而强化评价的激励作用，提倡重过程轻结果、重纵向轻横向的评价。新的评价方式，关注儿童的创作想法，关注儿童的兴趣和自信心的培养，关注儿童自身的努力和取得的进步，不重视一时一事的结果，不进行儿童之间的横向比较。在这样的评价方式下，儿童的创作热情得到释放，对自己充满自信，愿意尝试新的方式。

三　发挥剪纸教育在创造力培养上的独特作用

当今社会，"创造力"越来越被视为促进社会文明的动力要素，它作为一种社会需求已被确认为儿童接受社会教育培养的目标之一。而儿童美术教育在创造力培养上有着独特作用。自Franz Cizek等人创立现代儿童美术教育理念起，美术和儿童创造力的紧密联系便得到揭示和不断的论证，如今，"培养创造力"已成为当代儿童美术教育实现其价值的不可或缺的理念宗旨。"儿童美术活动中的自我表达即是发展其创造力的重要途径"。

民间剪纸工具材料简单，技法易于掌握，造型不受比例、透视、光线、空间等因素的限制，是意象艺术，作者不用画稿，从心里出样子，以丰富的主观想象和幻想，并运用简括、夸张、添加、拼连、套叠、象征等表现手法，创造出各种超越时间、空间、比例限制的意象。剪纸的这些特点给了儿童非常大的心灵创作自由，使他们不需要太多技巧训练就能够随心所欲地进行剪纸艺术创作。剪纸教育活动要抓住剪纸的这一特征，鼓励学生大胆想象，不拘一格，让儿童充分发挥想象力和创造力，充分表达自己的思想感情和审美意识，促进儿童心智发展和创造力培养。

四　开启课程综合化思路拓展剪纸教育的学科空间

课程综合化是当今美术基础教育的方向。英国著名的儿童艺术教育家Herbert Read等众多儿童艺术教育家根据时代需求将儿童美术教育理论与儿童在社会、个体两大层面的并行发展有机相接。Efland等一批重要的当代英美儿童艺术教育家，更是在广泛借鉴跨学科理论的基础上对西方儿童美术教育理论做了多层面的扩展。"这些理论总体上涵盖了以下几点：1. 通过美术学习活动，儿童个体自我价值的体现和新自我的实现；2. 儿童个体与社区团体和整个社会协调关系之发展；3. 儿童个体与既定历史文化关系的建立；4. 儿童个体在人类现在和未来发展中的角色，及儿童个体向成人个体发展的价值方向等等"②。

民间剪纸是中国古老而富有传统的民间艺术，其中

① ［美］罗恩菲德著，王德育译：《创造与心智的成长》，湖南美术出版社，1993年。
② 英国国家教育及就业部：《优质学校教育》，The Stationery Office Limited，1997年。

蕴含着丰富多彩的中国传统文化，要充分认识剪纸教育活动的人文性质，改变传统的重知识技能，轻人文的现象，将教学重点提高到文化的层面上，把学生的自身精神和文化的传承和发展摆在重要的地位，体现出文化底蕴和时代精神。儿童通过剪纸的形式来近距离感知中国母体文化的内涵，为我们的优秀文化打下传承发展的基础。剪纸的形式能够使我们的儿童美术教育在人之初的血脉深处注入本民族的文化精神。除了与文化的融合，还应加强与学科的融合，拓展剪纸教育的学科空间，如进行剪纸古诗词赏析与语文学科融合，通过研究剪纸图案和剪纸过程中的纸的折叠方式与数学学科融合，通过剪纸故事进行德育教育等等。另外，还要拓展剪纸教育的社会空间，与社会融合，通过走访民间艺人，进行社区剪纸展等交流活动让学生剪纸教育活动走出校园，走进社会。

现代教育理念为我们打开了新的视域，"以儿童为本""尊重个性""创造精神"与"学科为基础的综合"，为我们在思考美术教育的未来时提供新的启示，教育应该承载着对人类的终极关怀和追求人类的永恒价值，作为人文学科的美术，更有责任诠释一种以人为本，培养创造性和开放心态的教育理念。要使每一个儿童得到好的教育，教师是关键。我们要从转变教师的教育理念和儿童观入手，通过整体长远文化政策、师资培训，把先进的教育理念深植教师的思想中，这是大家仍需继续探讨和努力的课题。

（原载于中国妇女儿童博物馆著：《童心的叙事——第三届全国儿童剪纸作品展作品集》，中国社会出版社，2019年）

我国婚姻家庭法的传统与变迁

——从社会性别视角下的妇女权益保护谈起

曹建慧

摘要： 婚姻家庭领域中男女两性的平等对妇女的生存、发展及家庭功能的充分发挥至关重要。纵观中国婚姻法的发展历程，婚姻家庭中主体之间的平等以及婚姻家庭关系中的正义等问题，始终贯穿了婚姻法历史脉络的主线。自1950年新中国第一部婚姻法开始，以及后面修订的1980年婚姻法、2001年的修正案，无不是以男女平等作为基本原则，而且相关的具体规定都体现了夫妻之间、父母子女之间以及祖孙之间、兄弟姐妹之间的平等。

关键词： 婚姻法　男女平等　妇女权益

婚姻制度是家庭制度的基础，是整个社会制度的一个组成部分。它是人类社会发展到一定阶段的产物，是在一定的经济基础上形成并用以确认和规范婚姻家庭关系的上层建筑。它不是从来就有的，也不是永恒不变的。而婚姻家庭关系作为特殊的社会关系，其存在和发展受制于社会的生产关系，并受社会上层建筑、意识形态等各个因素的影响和制约，其发展演变是社会各种条件和各种因素综合影响的结果。

作为调整我国婚姻家庭关系的基本准则，婚姻法随着社会的变化而变化，随着社会整个经济基础和上层建筑的发展而发展。其中，妇女在婚姻家庭中的地位直接体现了她们的社会地位。试想，如果妇女在婚姻家庭中得不到公平、平等的权利，相应地，她们在社会上所享有的权利也会受到损害。因此，笔者浅显地认为，妇女在婚姻家庭中的权利至关重要。

一　我国婚姻家庭法的传统与变迁

（一）1950年新中国第一部婚姻法

1950年的《婚姻法》作为新中国成立后的第一部婚姻法，自始肩负起协调婚姻家庭关系、保护妇女婚姻家庭权利的历史重任。它的颁布与实施开启了新中国立法保护妇女权利的历史进程。从1950年至今，我国三部婚姻法的颁布与修订是在不同历史阶段对婚姻家庭关系进行法律变革和构建的过程，始终向着实现男女平等的方向迈进，日趋进步与完善，并取得了举世瞩目的成就。

1950年《中华人民共和国婚姻法》是新中国成立后公布的第一部法律，是中国人民自"五四运动"以来反封建斗争的伟大胜利，它的贯彻实施将旧中国所遗留的封建主义婚姻制度逐步废除，新民主主义婚姻制度得以在全国范围内建立，平等和睦的新型家庭不断地涌现。新婚姻法打破了几千年来强加于妇女身上的封建枷锁，使广大中国妇女获得了解放。新中国第一部婚姻法的颁布，确立了以婚姻自由、男女平等、一夫一妻、保护妇女儿童利益为原则的婚姻家庭制度，重视妇女权利，具有保护妇女权益的传统。

（二）改革开放转型中的1980年婚姻法

20世纪60年代，正当妇女解放工作稳步发展之际，中国社会却开始经历了空前浩劫。"文化大革命"期间，法制被严重破坏，整个社会处于一种无序的状态。

1978年12月，中国共产党第十一届三中全会做出了要将工作重点转移到社会主义现代化建设上来的战略决策，并着重提出健全社会主义民主和加强社会主义法制的任务，这是历史的伟大转折。

1980年婚姻法是改革开放后恢复社会主义法治建设的重要组成部分，反映了国家在婚姻家庭领域的法制重建，标志着我国的婚姻立法进入了一个新的发展阶段。1980年9月10日，经第五届人大三次会议通过，颁布了修改后的《中华人民共和国婚姻法》，自1981年1月1日起施行。1980年新《婚姻法》的颁布，重申了1950年《婚姻法》中的基本原则和实践中行之有效的规定，同时又根据时代变化，在一些方面做了修改和补充。如法定婚龄；原则上重申了婚姻自由、一夫一妻、保护妇女和子女合法利益，禁止包办婚姻和禁止重婚等规定，删除了禁止纳妾等规定，补充了保护老年人合法权益、实行计划生育等具有现实意义的基本原则；增加了适应80年代新情况的新规定，如实行计划生育、约定财产制等。这部《婚姻法》的颁布与中国全面改革开放几乎同时起步，反映了国家在婚姻家庭领域的法制重建以及社会转型带来的家庭婚姻制度的变化。

（三）激烈变革下的 2001 年婚姻法修正案

随着改革开放的深入进行，我国在政治上、经济上发生了重大变革，婚姻家庭方面不断出现新问题。总体而言，我国婚姻家庭的面貌较好，以爱情为基础的自由婚姻占主流。但是，在婚姻家庭方面也出现了令人担忧的各种问题，如婚恋态度倾向放任、轻率，离婚率逐年上升，家庭暴力问题凸显。这一时期，我国女性在经济变革下失去了原来的经济地位和社会地位，在家庭中的地位亦受到威胁，身心压力很大。总体而言，主要受到丈夫在外包养情人、家庭暴力、经济利益缺乏保护等问题的困扰。面对改革开放时期的种种问题，原有的婚姻法已经不能适应现实需要，广大人民发出了修改婚姻法的呼声。同时，在司法实践中发现1980年婚姻法中有许多不完善和不便操作的地方，急需做出必要的修正。为此，从1990年开始，社会各界开始讨论修正婚姻法，经过十年的努力研究，最终形成了修正后的《中华人民共和国婚姻法》，该法诸多方面的修改都是法律对现实的直接回应，反映出社会的激烈变革对婚姻法立法的推动。

二 婚姻法对妇女权益的规定及保护

（一）1950 年婚姻法对妇女权利的规定

1. 人身权

封建婚姻制度下的妇女毫无人身自由可言。按照封建礼法，婚姻缔结不是出于男女双方的意愿。父母之命、媒妁之言才是婚姻的合法形式，封建离婚制度要求女性从一而终，不能再婚，甚至提出离婚，而男子却有"七出"和"继室"的特权。夫妻之间在婚姻自由问题上是完全不平等的。在封建宗法制度下，男尊女卑，夫权统治，婚姻关系是尊卑主从，被依附与依附的不平等夫妻关系。广大妇女在"夫为妻纲"的封建家庭中受着封建礼法的重重束缚。1950年新中国婚姻法的颁布改变了这种情况。

（1）婚姻自由权

新中国婚姻法首次赋予中国妇女婚姻自由权。《婚姻法》在第一章原则部分就开宗明义的指出，一方面要废除包办强迫，男尊女卑，漠视子女利益的封建主义婚姻制度；另一方面，实行男女婚姻自由，一夫一妻，男女权利平等，保护妇女和子女合法利益的新民主主义婚姻制度，禁止过去封建婚姻制度下的重婚、纳妾、童养媳、借婚姻关系索要财务的陋习，禁止干涉寡妇再婚。在结婚方面，将男女双方本人完全自愿规定为必须条件，立法排除任何一方对他方以及第三方的干涉。在离婚方面，规定男女双方自愿离婚，只要男女双方一方坚持离婚，经区人民政府和司法机关调节无效时，亦准予离婚。这改变了几千年来妇女在离婚问题上缺乏自主权，只能听从丈夫意愿的悲惨命运。

（2）平等的夫妻权利义务

1950年婚姻法规定了平等的夫妻权利义务，明文规定："夫妻为共同生活的伴侣，在家庭中的地位平等。夫妻间有互爱互敬、互相帮助、互相抚养、和睦团结、劳动生产、抚养子女为家庭幸福和新社会建设而共同努力的义务。"这一指导原则性的规定，是夫妻在家中处理一切问题的最基本规定。值得注意的是，婚姻法明确将生产劳动、抚养子女规定为夫妻双方的共同义务，立法意图改变过去男主外、女主内的性别分工格局。婚姻法还规定夫妻双方均有选择职业、参加工作、参加社会活动的自由，从立法的意图上看，主要是保障已婚女性的上述自由，禁止丈夫对妻子的人身自由进行干涉和限制。婚姻法还规定夫妻有各用自己姓名的权利。这一规定使中国女性在法律上取得了姓名权，是一件具有历史意义的举措。

2. 财产权

在不平等的封建夫妻关系中，夫妻一体，既嫁从夫，家中财产绝大部分为丈夫所有，妻子的财产权被剥夺，出嫁女鲜有继承权，中国封建社会的妇女可以说是一无所有。1950年婚姻法对夫妻财产和离婚后生活的规定，给中国妇女带来了物质生活的法律保障。

（1）继承权

婚姻法首先规定夫妻双方有互相继承遗产的权利，然后规定父母子女之间有相互继承遗产的权利，改变了我国女性少有继承权的状况。

（2）对财产权的特殊保护

对离婚后的财产和生活，婚姻法规定，离婚时，除女方婚前财产归女方所有外，其他家庭财产，由双方协议决定；协议不成时，由人民法院根据家庭具体情况照顾女方及子女利益和有利发展生产的原则判决，离婚时，共同生活所负的债务，以共同生活所得的财产偿还；如无共同财产或财产不足清偿时，由男方清偿，离婚后，一方未再行结婚而生活困难，他方应帮助维持其生活。

（二）1980 年婚姻法对妇女权利的规定

1980年婚姻法是一部在社会开放转型过程中承上启下的法律，它继承了1950年婚姻法中的基本原则和实践中行之有效的规定，同时又在时代变化调整婚姻家庭关系的实际要求下做出了修改和补充，为转型期妇女的婚姻家庭权利提供了较为有力的保障。

1980年婚姻法重申了保护妇女、儿童和老人的合法权益。在立法原则上仍然提出将妇女作为弱势群体给予保护，但在具体法规的设置上，以男女平等保护为主，在婚姻法的众多改变之中，与妇女权利密切相关的，主要有以下几点：

1. 建立平等型婚姻家庭关系

1980年婚姻法再次强调了建立平等型婚姻家庭关系的

任务。在总则中增加本法是婚姻家庭关系的基本准则的规定，明确了婚姻法是调节婚姻家庭的基本法；将1950年婚姻法提出的夫妻间的权利义务和父母子女之间的关系合为一体，设专章家庭关系，删除了原来夫妻为共同生活伴侣和夫妻有互爱互敬、互相帮助的指导性规定，增加了部分以权利义务为内容的实质性规定，如1980年婚姻法注重调整婚姻家庭中的男女平等观念，明确规定男女双方都有管教和保护未成年子女的权利和义务，在法律上承认男女双方都是家长；还增加规定子女可以随父姓，也可以随母姓，力图淡化传统的宗族观念、重男轻女思想。

2. 计划生育

1978年《中华人民共和国宪法》明确规定："国家倡导和推行计划生育。"1980年婚姻法在许多条文中都有关于计划生育的规定。首先，在总则中将实行计划生育作为婚姻法一项重要原则；在家庭关系中，进一步规定夫妻双方都有计划生育的义务。计划生育被作为法律规定下来，并成为每对夫妻必须遵守的义务。其次，为配合计划生育政策，1980年婚姻法提高了结婚的法定婚龄，将旧婚姻法男二十岁，女十八岁，始得结婚的规定修改为结婚年龄男不得早于二十二周岁，女不得早于二十周岁，将原男女两性法定婚龄各提高两岁。同时，还规定晚婚晚育应予以鼓励，从正反两方面促进推行计划生育政策。

1980年婚姻法关于计划生育的规定，从法律上将女性从无节制的生育中解放出来，孕产妇及婴儿的发病率与死亡率大大下降，同时也使女性的生活方式和生命周期都发生了很大的变化。

3. 生理健康的特殊保护

1980年婚姻法继承1950年婚姻法保护妇女权益的立法思想，将保护妇女、儿童和老人的合法权益作为一项立法原则。同时，对女性的生理健康继续做出了特殊保护的规定，女方在怀孕期间和分娩后一年内，男方不得提出离婚。女方提出离婚的，或人民法院认为确有必要受理男方离婚请求的，不在此限。

4. 财产权

1950年婚姻法确定了女性作为家庭财产权主体的地位，规定夫妻双方对家庭财产有平等的所有权与处理权，甚至对女性的婚前财产权做了特殊保护。经历了"文革"对法制的破坏和对私有财产的抨击之后，一方面由于经济落后物质贫乏，家庭有限的收入主要用于维持日常开销，个人拥有的生产资料和生活资料较少，贵重物品更是少有，夫妻财产微不足道，另一方面由于集体主义下的个人财产意识薄弱，在婚姻家庭领域内人们的权利意识更少，有关夫妻财产的问题没有凸显，夫妻财产制度并没有凸显其重要性。直到70年代后期改革开放发展社会主义商品经济，随着经济发展家庭财产增多，人民的权利意识有所增强，夫妻财产制度才逐渐受到重视。

（1）夫妻共同财产同等保护

1980年颁布的婚姻法在夫妻财产制上规定了法定财产制与约定财产制两种，以法定为主，约定为辅，进一步明确了夫妻共同财产的内容。夫妻在婚姻关系存续期间所得财产归夫妻共同所有，双方另有约定的除外，夫妻对共同所有的财产，有平等的处理权。

（2）协议离婚财产分割同等对待

在离婚财产的分割上，规定离婚时夫妻的共同财产由双方协议处理；协议不成时，由人民法院根据财产的具体情况照顾女方和子女权益的原则判决。该规定把男方婚前财产归男方所有的精神增添了进去，虽然有照顾女性权利的倾向，但恢复了对男女双方婚前财产的同等保护。离婚时原为夫妻共同生活所负的债务，以共同财产偿还。如该项财产不足清偿时，由双方协议清偿；协议不成时，由人民法院判决。

与1950年婚姻法相比，1980年婚姻法有了明确的夫妻共同财产内容，允许夫妻对财产制进行选择，并且在离婚财产的分割与子女抚养费上，有了更为平等的规定，取得了很大的进步。

（三）2001年婚姻法修正案对妇女权利的规定

2001年婚姻法（修正案）继承了1980年婚姻法经实践证明正确可行的基本原则和有关夫妻、家庭成员间的权利义务的规定，面对新的社会问题，对现实做出了回应。

即使该修正法案在新增内容方面没有特定的性别指称，但却为现实中的广大妇女带来了相应的法律保障，其中关涉妇女权利保护的问题主要有以下几点：

1. 婚姻家庭权利

2011年婚姻法修正案在原则中增加了"禁止有配偶者与他人同居""夫妻应当互相忠实，互相尊重，家庭成员之间应当敬老爱幼，互相帮助，维护平等、和睦、文明的婚姻家庭关系的规定"内容，为保护女性人身权利提供了新的依据，有效地维护了一夫一妻制。

近年来，在婚姻家庭领域里的不道德行为有愈演愈烈之势，婚外性关系不仅关乎道德问题，而且损害家庭和睦与稳定，并带来诸多社会问题。因此，在法律中规定夫妻之间相互忠实的义务，不仅是一夫一妻制的必然要求，也为建立离婚损害赔偿制度，追究侵犯合法婚姻的违法犯罪行为提供了法律依据。

2. 家庭暴力

修正案增补了"禁止家庭暴力"的规定，明确禁止家庭暴力，进一步加强对家庭中弱势群体的保护。

家庭暴力是近年凸显出的一个侵害女性人身权利的严重社会现象。根据全国妇联1997年信访统计数据，因家庭暴力引起的信访量已占婚姻家庭信访量的34.5%。1999年广东省妇联在广州等市组织的1589个家庭入户抽样调查显示，有

29.2%的家庭存在着不同程度的家庭暴力现象，其中有79.4%的丈夫对妻子施暴，经常性（平均每月4次）和有时（平均每月1次）受丈夫施暴的分别占受害妻子总数的相当比例，因家庭暴力导致离婚和人身伤害案件呈上升趋势。

我国1980年《婚姻法》对家庭暴力问题未做规定。我国的《宪法》《刑法》《婚姻法》《妇女权益保护法》等法律、法规对保障妇女合法权益和与男子平等的权利，禁止虐待老人、妇女和儿童都有明确条款，然而这些条款较为笼统，不利于实际操作。2001年婚姻法针对现实生活中需要解决的这些问题，做出了新的补充和修改。

3. 深化男女平等意识

将原婚姻法"女方可以成为男方家庭的成员，男方也可以成为女方家庭的成员"，"子女可以随父姓，也可以随母姓二处的'也'字删除，在文字细微处句斟字酌，体现出不分先后、男女平等的意识。

4. 离婚过错赔偿制度

2001年婚姻法修正案确立了离婚过错赔偿制度作为一种权利救济制度。它主要追究夫妻中过错方因其重婚、通奸、姘居、卖淫嫖娼、虐待对方、不尽抚养义务等过错行为，导致婚姻关系破裂的民事赔偿责任。这种制度能够给予婚姻中因为配偶的法定过错而受害的一方良好的法律救济，通过该制度给予受害妇女以金钱的补偿，既可在一定程度上抚慰其精神上的损害，又可缓解离婚妇女的经济困难问题，既是对女性的一种有效保护方法，又对不履行婚姻义务造成他方财产和精神损害的过错方进行了民事惩罚，体现了法律的正义和公平。

三 构建发展型婚姻家庭政策，倡导社会性别主流化

通过总结梳理新中国成立以来婚姻家庭立法变迁的全过程，可谓"两部婚姻法，三个里程碑"。1950年婚姻法的颁行和新中国成立初期的婚姻家庭制度改革，完成了废除封建主义婚姻家庭制度、实行新民主主义婚姻家庭制度的历史任务，为我国社会主义婚姻家庭法律体系的形成奠定了牢固的基础。2001年对1980年婚姻法的修正，是完善我国婚姻家庭法制的重大步骤。

目前，我国已逐步形成具有中国特色的社会主义婚姻家庭法规体系，它是中国特色社会主义法律体系的重要组成部分。伴随着社会的进步与发展，婚姻家庭领域的新情况、新问题层出不穷，怎样才能更好地使我国婚姻家庭法制更加完善？

（一）社会性别视角下建设发展型婚姻家庭政策的可能

无论是社会性别理论还是发展型社会政策理论，两者之间存在的共同价值理念为发展型婚姻家庭制度的建设提供了理论可能。二者在追求家庭功能长效发挥、家庭成员平等、家庭关系和谐方面不谋而合，在婚姻家庭领域达成共识。婚姻家庭领域男女两性的平等对女性的生存、发展及家庭功能的充分发挥至关重要。

（二）构建发展型婚姻家庭政策的建议

作为发展型社会政策的一部分，发展型婚姻家庭政策追求两性在婚姻家庭内的平等发展，倡导对妇女、儿童等弱者的关怀，通过对夫妻人身、财产关系的调整，引导社会对家庭人力资源的投入及家庭功能的保障，推动两性和谐进步，促进家庭、社区、政府的良性互动与发展。

1. 社会性别与发展

加入"男女共同发展"原则。第一，在传统政策表达的形式平等之上，关注两性个体差别，追求实质平等。正视男女两性的生理差异，女性长期作为弱势群体遭受的人身、财产权益侵害，为女性解放、自我发展提供基本保障。第二，倡导发展型社会政策，投入、支持女性自我能力发展，鼓励女性独立、生存、发展能力建设。第三，支持家庭建设，肯定家务劳动价值，从家庭角度延阔到社会生活中的两性以及影响两性关系的各种社会属性方面，从权利结构和体制的多层次来推动社会性别主流与两性和谐发展。

2. 赋权于妇女，加强决策过程的利益表达

从政策问题确认、议程建立，到方案制定、合法化，确保每个环节参与人数和作用力上男女两性的平衡，保证女性能够表达自己的利益诉求；在执行、反馈中，一定要整合家庭、社区、政府、社会团体资源，促进政策落实，保证女性的利益诉求落到实处。逐渐改善政策环境，增强社会性别意识。

3. 从规范平等到事实平等

一方面，加强对家庭暴力、婚内强奸等行为控制，建立家庭暴力防控机制，结合家庭、社区、政府、社会团体的力量，构建一套权责明确、措施完整的预防、控制家庭暴力机制。另一方面，需肯定家庭劳务价值，完善家庭劳务经济补偿制度以及离婚经济补偿制度。加大社会资源对家庭和妇女、儿童的投入，特别是给予农村家庭妇女更多的支持，为农村妇女的就业、教育、自立自强提供更多的机会。

（原载于张李玺主编：《家庭政策与妇女发展》，中国社会科学出版社，2016年）

参考文献

[1] 卢文玉：《论社会性别视角下发展型婚姻家庭政策的构建》，《法制与社会》2014 年第 3 期（上）。

[2] 彭黎、李明舜：《我国婚姻家庭立法的社会性别分析》，《中华女子学院学报》2010 年第 4 期。

[3] 巫昌祯：《婚姻家庭法新论》，中国政法大学出版社，2002 年。

[4] 王思斌：《走向发展型社会政策与社会组织建设》，《社会学研究》2007 年第 2 期。

[5] 徐道稳：《迈向发展型社会政策——中国社会政策转型研究》，中国社会科学出版社，2008 年。

[6] 杨学明、曲直：《新婚姻法热点聚焦》，《辽宁画报》出版社，2001 年。

[7] 周安平：《社会性别的法律建构及其批判》，《中国法学》2004 年第 6 期。

[8] 张希坡：《中国婚姻立法史》，人民出版社，2004 年。

[9]《中华人民共和国婚姻法》，人民出版社，1950 年。

[10]《中华人民共和国婚姻法》，法律出版社，1980 年。

从法律视角看唐代家庭中的父母子女关系*

李　红

摘要： 从法律视角来看，唐代家庭中作为家长的父亲享有绝对的权威以及相应的权利与义务，母亲在夫权背景下享有一定的权利和义务，子女则主要负有孝的义务，规范这种关系的既有严苛的儒家伦理和《唐律疏议》的法制规范，更有在社会实践中"执法以情"的灵活与温情。

关键词： 法律　唐代家庭　父母子女关系

在中国传统家庭关系中，父母与子女的关系凝聚了家庭生活的核心价值，从形成父母子女关系的来源上看，双方关系可分为自然血亲的父母子女关系和法律拟制的父母子女关系。此外，法律上还因离异、改嫁、妻妾身份、哺育等因素形成复杂的父母子女关系。本文仅讨论唐代家庭中丈夫与正妻、儿女与嫡母之间的法律关系。

在唐代家庭中，与中国传统的累世同堂的扩大家庭相对称，我们将仅有父母与子女两代人的家庭称为核心家庭。根据张国刚《关于唐代家庭规模与结构的总体分析》中的数据统计，在唐代家庭发展的周期形态中，"从核心家庭和主干家庭（祖孙三代组成的家庭）两者相加占69.1%（核心家庭占52.4%）的比例情况看，从静态上考察，小家庭是唐代家庭结构的主流状态"。因此，本文探讨的是唐代核心家庭中的父母与子女的关系。

本文所说的"法律视角"下的双方关系指父母子女的权利义务关系，中国虽然没有西方那种与生俱有的绝对权利观念，但中国古代社会重视宗法伦理。在以婚姻和血缘为纽带联结而成的传统家庭内部，父母与子女之间存在着包括权利与义务等内容的伦理亲情关系。每一个体依其亲属身份，享受不同的权利，并承担不同的义务，其权利与义务的履行，往往会受到伦理与法律的驱动。

一　父亲作为家长的权利与义务

唐代家庭实行同财共居，财产由家长专管，为家长实施家庭管理奠定了坚实的物质基础，唐律中尊长卑幼间互犯之罪处刑、量刑的不同规定对家长权利做了制度上的保证。父亲作为一家之长具有绝对权威，其权利主要有财产权、教令与训诫权、送惩权、主婚权等。

首先，家长对家庭财产有拥有权和支配权。

唐律规定，"祖父母、父母在，子孙不得别籍异财，违者处三年徒刑"[1]。只有在祖父母、父母令子孙分割家产时，才可以分割。家长对家产的这种支配权一直延续至父母身后二十七个月，即在父母丧期内，子孙也不得别籍异财，违者处徒刑一年。

唐代家庭中，子女被视为卑幼，唐律规定卑幼未经家长允许，不得擅自使用家产[2]。凡同居的卑幼，私自动用财产，值满十匹绢的，处笞十下，每十匹加一等，最高处杖一百。卑幼对家产既无占有权也无使用权，更没有抵押和出卖家产的权利。

根据唐律，父母在而别立户籍，分异财产，不仅有亏奉养之道，且大伤慈亲之心，较私擅用财的罪更大，所以法律上列为不孝之罪，而处分亦较私擅用财为重，徒刑三年[3]。

其次，家长对子女有教令和训诫权。

《唐律疏议》卷一《名例》有：刑罚不可弛于国，笞捶不可废于家。赋予了家长教戒子孙的权利。

唐律规定："祖父母、父母有所教令，于事合宜，即须奉以周旋，子孙不得违犯。"[4]否则，要徒刑二年。而且，家长对子孙的笞责不仅限于儿童，子孙成年后仍旧没有自主权。

《资治通鉴》卷二四八载："（武宗会昌六年九月）初，（李）景让母郑氏，性严明，早寡。家贫，居于东都，诸子皆幼，母自教之。……三子景让、景温、景庄皆举进士及第。景让官达，发已斑白，小有过，不免捶楚。"

从唐律的规定看，家长责罚子孙的权利被限制在一

* 教育部人文社会科学研究规划基金项目"唐代法律案例分类辑录与研究"阶段性研究成果，项目批准号：13YJA770019。

[1] （唐）长孙无忌等：《唐律疏议》，中华书局，1983年，第236页。
[2] 同上，第241页。
[3] 同上，第241页。
[4] 同上，第437页。

定范围内，且法律只采取从轻处罚的原则。"'若尊长殴卑幼折伤者'，谓折齿以上。既云'折伤'即明非折伤不坐。因殴折伤缌麻卑幼，减凡人一等；小功，减二等；大功，减三等"[1]。家长殴打子孙造成折齿以上的伤害才予以处罚，否则不坐。

与此同时，唐律也规定，家长并无擅杀子女的权利，唐律不问理由如何，家长杀死子女皆处徒罪，子女违犯教令而杀之，也只能较故杀罪减一等，殴杀徒一年半，刃杀徒二年。若子女并未违犯教令而杀之，则必须按故杀治罪[2]，而且所谓违犯教令也是指"可从而违"的正命[3]。在正命之下可从而故违，子女才受违反教令的处治，否则子女不成立违犯教令罪，而祖父母父母擅加杀害便不能谓为违犯教令，须负故杀的责任[4]。

第三，家长有送惩权。

通常情况下，子女违反教令，家长有权自行责罚，但如果家长不能自行责罚，则可以将子女送交官府，由官府代为惩罚。

在唐代，法律所认可的家长可送惩理由大致有子女违反教令和子女供养有阙两类，唐律疏议援引《礼》云："孝子之养亲也，乐其心，不违其志，以其饮食而忠养之。""其有堪供而阙者，祖父母、父母告乃坐"[5]。"及'供养有阙者'，《礼》云：'七十，二膳；八十，常珍'之类，"家道堪供而故有阙者，各徒二年"[6]。

最后，家长对子女有"主婚权"。

家长有决定其子女婚姻成立、存续及解除的权利，尤其是对女儿丧夫后的再嫁拥有决定权。《唐律疏议》在"夫丧守志而强嫁"的疏议中有："妇人夫丧服除，誓心守志，唯祖父母、父母得夺而嫁之。"

唐律规定：诸夫丧服除而欲守志，非女之祖父母、父母而强嫁者，徒一年；期亲嫁者，减二等。各离之。女追归前家，娶者不坐[7]。

按照唐律，"诸卑幼在外，尊长后为定婚，而卑幼自娶妻，已成者，婚如法；未成者，从尊长。违者，杖一百"[8]。若子在外定婚，而尊长又在家为其定婚，即使尊长定婚在后，其效力仍大于卑幼定婚。只有在子自定婚约

且已成婚，婚姻才算有效。

唐律在确认家长权利的同时，还规定了家庭对国家、社会的义务，这种义务往往由家长来承担。

在经济方面，家长负有及时向国家缴纳包括税、调、庸及地租、杂税之类的赋税和服役的义务。而且，缴纳赋税和服役是有期限的，违期被视为触犯国家刑律的行为，凡违期不缴足的给予笞四十的处罚[9]。同时，家长作为户主，在户口登记和户籍管理中也要承担相应的法律责任[10]。

家长的责任也表现在刑法方面，唐代，家人共同犯罪，一般只追究尊长的法律责任，卑幼无罪[11]。同样，嫁娶违律，若系父母主婚的，也只处罚作为主婚人的父母。

除去对国家和社会的义务，唐律也规定了家长对家庭的义务，由于父亲是土地的传承者，同时又是主要的劳动力，他还承担着包括家庭中组织生产、安排消费、主持祭祀、调解纠纷等工作的义务。

二 母亲的权利与义务

中国传统社会中，妻从属于夫，在治家中居于辅从的地位。父亲在世时，母亲的权利极其有限。传统社会中寡母的权利，在夫亡后得以凸显。虽然说"夫死从子"，但只表现在家户由成年儿子承继的关系上，儿子应该无条件地孝敬寡母才是法律、社会规范母子关系的准绳。而且，唐代女性在家庭财产中拥有一定的权利，也对其享有其他权利与义务起到积极的强化作用。

唐代家庭中的妻如果守节不改嫁，可以在夫亡后继承夫家财产。

《开元·户令》中规定："诸应分田宅及财物者……子承父分，寡妻无男者，承夫分。"

唐文宗大和五年（831年），进一步对死亡商人之妻的继产权作了确认，"死商财物，其死商父母嫡妻及男……便任受管财物"[12]。

唐代家庭中，寡母对子女拥有颇大的权威，她们不仅是家政的实际掌管者，而且处于丈夫生前所拥有的"养尊处优"的地位。

① （唐）长孙无忌等：《唐律疏议》，中华书局，1983年，第411页。
② 同上，第414页。
③ 同上，第437页。
④ 同上，第414页。
⑤ 同上，第13页。
⑥ 同上，第438页。
⑦ 同上，第265页。
⑧ 同上，第267页。
⑨ 同上，第252页。
⑩ 同上，第231～232页。
⑪ 同上，第115～116页。
⑫ 薛梅卿点校，窦仪等：《宋刑统》，法律出版社，1999年。

在对家庭共有财产的支配问题上，由于妻享有主中馈的职责与义务，为人母后，她便成为家庭财产的实际掌管者，儿子在未成家立业之前虽是法定财产继承人，却很少有权主管和经营家产。

韩愈所撰《息国夫人墓志铭》云："元和二年，李公（栾）为户部尚书，薨。夫人遂专家政。公之男五人，女二人，……夫人教养嫁娶如一。……御僮仆，治居第生产，皆有条序。居卑尊间，无不顺适。"①

由于寡母的家政管理权，从而在对儿女的教育惩戒、婚姻和抚育等方面具有更大的权利。

中国古代宗法社会中，母亲有抚养、教育子女的权利和义务，当父亲亡故之后，作为家长的母亲便承担起抚育和管教子女的双重责任。

在科举制兴盛的唐代，进士及第成为人们步入仕途、坐至公卿的主要途径，当时的社会各阶层都十分重视文化教育。由寡母独撑门户的家庭中，尤其如此。身为人母的寡妇在教育子女习学读书的同时，也很重视子女的品德教育和各种礼仪规范。如有子女违反教令，不遵约束，寡母可行使威权，加以惩戒。

据《旧唐书》卷一六六《元稹传》载，唐诗人元稹，八岁丧父，其母郑夫人贤明识礼，"家贫，为稹自教书"②。

《白居易集》卷四一《唐赠尚书工部侍郎吴郡张公神道碑铭》也有，唐工部侍郎张诫死后，诸子尚幼，妻陆氏"勤求衣食，亲执诗书，讽而导之，咸为令子"③。

对儿女的婚姻嫁娶方面，与父亲一样，寡母有权凭借个人意志指定或解除子女的婚姻关系。

《太平广记》卷一五九"武殷"条记载：邺郡人武殷，曾欲娶姨表妹郑氏，郑氏"亦愿从之，因求为婚"，已立有婚约。不久，武殷迫于知己所荐，欲赴京应举，"期以三年，从母许之"。时有富家子郭绍，听说郑氏貌美，遂"纳聘以求其婚"。郑母于是不顾女儿反对，将女许嫁富家子郭绍。

除此之外，无论世家大族还是平民百姓，为人妻者负有"主中馈"，即处理家庭内部事务的义务，即承担为子女烹饪及照顾家庭的各种家务劳动。生养子嗣、相夫教子也是每个家庭中母亲的重要义务。

三 子女的义务

孝道是中国古代社会的基本道德规范。一般指社会要求子女对父母应尽的义务，包括尊敬、关爱、赡养老人，为父母长辈养老送终等等。

孝即是事亲，其具体内容包括：日常生活的供养、恭敬与顺从、能劝谏父母之过、忧疾、重丧祭、行孝道。儒家正是从孝道出发，将其推及于君，移孝作忠，孝亲与忠君合二为一，以达齐家、治国、平天下的理想。由于它适应了王朝统治的需要，为历代法律所确认。

基于唐代法律对"不孝"罪的界定，唐代家庭中的子女的义务：一是养亲，供养有阙即为不孝；二是顺亲，父母有所教令，不得违犯；三是子为父隐，即子女对父母的过失有容隐的义务；四是守丧，即父母死后，子女要为其守丧三年；五是诚意，即子女对父母的孝敬要真心诚意，表里如一④。

子女不孝被视为重罪，《孝经》五刑章中有"五刑之属三千，而罪莫大于不孝"。唐律沿袭前代之法，将不孝入十恶大罪。按照唐律的规定，不孝行为包括：告发或者咒骂祖父母、父母；祖父母、父母在世时与其分立户籍、另置财产；能供养而不供养；为父母服丧期内自主娶妻或出嫁、奏乐、释服从吉；闻祖父母、父母丧隐瞒不哀哭；诈说祖父母、父母死亡。凡有以上行为之一，即为不孝，依律重罚。

四 社会实践中的"执法以情"

从法律视角来看，作为家长的父亲与夫权背景下的母亲享有重要的权利与义务，子女则主要负有孝的义务。儒家伦理、法律规范是唐代家庭中规范这种相关关系和维持正常秩序的重要标准，但是，唐律更重视强制规范实现的现实可能性与合理性，当法律规范与人情事理发生冲突时，通常会"执法以情"，人伦常情往往是最终判决依据。

在父母的教令权问题上，唐律规定："诸子孙违反教令及供养有阙者，徒二年。"⑤但在实际情况下，"祖父母、父母有所教令，于事合宜，即须奉以周旋，子孙不得违犯"。假如"教令违法，行即有愆"，子孙不听教令，唐朝法律也认为"不合有罪"⑥。

在供养父母以《礼》所要求的"七十，二膳；八十，常珍"之类后，唐律也注明"家实贫穷，无由取给；如此之类，不合有罪"。唐律以家道是否能够供养作为供养有阙成立的前提。

子孙违反教令后，是否制裁的权利属于家长，"须祖

① 马其昶校注，韩愈：《韩昌黎文集校注》，上海古籍出版社，1986年。
② （后晋）刘昫：《旧唐书》，中华书局，1975年。
③ （唐）白居易：《白居易集》，中华书局，1979年。
④ 马继云：《孝的观念与唐代家庭》，《山东师范大学学报》2003年第2期。
⑤ （唐）长孙无忌等：《唐律疏议》，中华书局，1983年，第437页。
⑥ 同上，第438页。

父母、父母告，乃坐"①。父母多是碍于亲情不去告官，若父母不告官，就可以不治罪。

"卑幼自娶妻，已成者，婚如法；未成者，从尊长。违者，杖一百"②。子女的婚姻要由父母之命决定，但是如果子女已经与心上人结婚，父母就无权改变已婚事实。

虽然唐律对于"不孝"者，可依律重罚，但实际生活中，很少见到父母殴杀子孙的事。《册府元龟》卷九二三所载的唐代"不孝"事例，多系"母野殡不展墓不议迁祖（祔）"，"居丧衣华服，饮酒食肉"之类，受到舆论谴责后被流、贬而已。

唐律为了通过法律手段协调家庭关系规定，在"别籍异财"问题上，家长若强令子女分家，同样也要"徒二年，子孙不坐"。

《贞观政要》卷八中有："比来有司断狱，多据律文，虽情在可矜而不敢违法，守文定罪，或恐有冤。自今门下省复有据法合死，而情在可矜者，宜录状奏闻。"最高统治者亦认为"情在可矜"则可以"违法"。

总之，虽然规范唐代家庭中父母子女关系的主要是儒家伦理与法律规范，但它们的强制力量会在温情脉脉的家庭亲情与人情事理面前被巧妙变通，在生活实践中常被"执法以情"。这使得实际家庭生活中父母与子女的关系充满更多的人情意味，微妙地调节着唐代社会、家庭与法律之间的平衡关系，有效维持了和谐的家庭秩序，维护了封建社会的稳定。

（原载于《沧桑》2014年第6期）

---

① （唐）长孙无忌等：《唐律疏议》，中华书局，1983年，第437～438页。
② 同上，第267页。

文物保护科技 60 周年

刘华彬

摘要： 本文对我国自1949年成立以来的文物保护科技工作的发展历程进行了回顾。60年来，在党和国家的高度重视下，文物保护科技工作取得了辉煌的成绩，有效地支撑和引领了文物和博物馆事业的发展。本文对60年来文物保护科技工作的成功经验进行了总结，对于今后的文物保护科技工作具有良好的启示与借鉴作用。

关键词： 文物保护　文物保护科技

中华人民共和国1949年成立以来，已经走过60年光辉奋斗的历程。在党和国家的高度重视下，文物保护科技工作取得了长足进步，已经初步建立了一批科研机构，形成了专门队伍和有效运行机制，完成了许多具有重要影响的科学研究和技术应用项目，为文物事业发展做出了突出贡献。取得了辉煌的成绩，有效地支撑和引领了文物和博物馆事业的发展。

文物保护是指针对文化遗产价值的调查、认定、研究、展示、利用和传承，对文物本体的保存、保全和修复，以及对相关环境的控制与整治等。文物保护科技包括人文社会科学、自然科学、工程与技术科学等一切与文物保护相关的科学和技术。

一　历史回顾

（一）新中国成立——文物保护科技事业新的起点（1949～1977年）

1949年10月1日，中华人民共和国成立。当时的中国国内仅有30多个专门研究机构，全国的科学技术人员不超过5万人。中国的科学技术需要在一片"废墟"上重建。1949年11月，成立中国科学院，作为新中国的主要政府研究机构。

1956年是中国现代科学技术发展史上的一个重要里程碑。是年1月，中国提出了"向科学进军"的口号。科学技术事业开始进入了一个有计划的蓬勃发展的新阶段。

1964年，周恩来总理在政府工作报告上首次提出要实现工业、农业、国防和科学技术现代化，简称"四个现代化"。

该时期我国文物工作者，结合国家建设和保护需要，抢救性开展文物科技保护工作。建国初期，根据国家建设和文物保护的需要，文物科技工作者继承和发展传统保护修复技术，抢救了大批有价值的文物。三门峡库区文物调查与抢救、山西芮城永乐宫搬迁、陕西汉中十三品石刻搬迁和唐墓壁画揭取与保护等，都是十分成功的范例。

为紧密配合国家总体科技工作，1956年，在北京市召开的第一次全国博物馆工作会议的中心内容就是配合向科学进军，如何加强博物馆的科学研究工作。提出博物馆的基本性质之一是科学研究机关，基本任务之一是为科学研究服务，并要求做好文物保护科技工作。

60年代初，在经费缺乏，任务紧张的情况下，国家委派年轻文物保护科技工作者到波兰等国家留学，攻读文物保护专业，并陆续学成归国，在漆木器保护、纸质文物保护等方面发挥了重要作用。

20世纪六七十年代，国家制定了《1963－1972年文物保护科学技术发展规划》，成立了文物保护科学技术研究所，各地文博单位也相继建立了文物保护实验室，同时积极开展文物科技的国际交流。一批老一辈的科技专家投身文物保护事业，为文物科技发展奠定了良好的基础。一系列重大的考古新发现极大地促进了文物科技工作。1972年长沙马王堆汉墓发掘与出土文物的保护，首次集中全国最高水平的考古、科技、医学等专家联合攻关，攻克了许多科技难题，完成了对女尸、帛画、简牍、丝织品、漆器的提取和保护，成为当时全国文物工作中的一大亮点。

（二）学习贯彻"科学技术是第一生产力"的重要论断，迎来文物保护科技工作的春天（1978～1994年）

改革开放迎来了科技工作的春天。1978年，邓小平同志重新强调了马克思、恩格斯关于"科学技术是生产力"的观点。1988年，小平同志再次以政治家的勇气和高瞻远瞩，进一步发展了马克思和恩格斯的唯物主义观点，明确提出"科学技术是第一生产力"，这一放之四海而皆准的真理为文物保护科技工作指明了方向。随着解放思想和"实践是检验真理的唯一标准"的逐步深入人心，科学思想、科学精神、科学理念、科学方法、科学态度得以恢复，文物保护科技工作由衰到兴。

1978年，碳十四测定文物年代的技术革新、石窟围岩的灌浆加固等13项科研成果获得全国科技大会奖。1979年，国家文物事业管理局在北京召开部分省、市、自治区文物保护科学研究座谈会，讨论《1978－2000年文物保护科学技术发展规划》（草案）。1980年，中国文物保护技术协会第一次代表大会在北京召开。1989年，国家文物局文物科技专家组正式成立。1990年，文物保护科学技术研究所和古文献研究室合并，正式成立中国文物研究所。1991年，国家文物局印发《国家文物局科研项目开题及经费管理办法（试行）》《国家文物局文物科学技术进步奖励办法（试行）》及《国家文物局科学技术成果鉴定办法（试行）》。

1978～1994年期间，新增文物保护科研机构20个，一大批优秀的科研成果得以涌现，其中国家级科技奖励17项，省部级科技奖励74项，重大科技成果近百项。

（三）落实"科教兴国"的发展战略，文物保护科技工作实现快速发展（1995～2005年）

1995年，党中央确立了"科教兴国"战略。这是继1956年号召"向科学进军"、1978年全国科学大会之后，中国科技事业发展进程中第三个重要里程碑，1996年，联合国提出的"知识经济"概念，表明人类对科学技术重要性的认识达到了一个相当的高度，促进了文物保护科技工作思想的进一步解放。国家加强了宏观管理，加大经费投入，文物保护科技工作得到进一步加强和快速发展。

1996年，国家文物局专门设立了科技教育处（为进一步适应文物保护科技发展和信息时代的需要，2003年更名为科技信息处，2005年更名为科技与信息处），发布了科技成果应用指南，编制了文物保护科技"十五"规划。2000年，印发了《全国文物、博物馆系统人文社会科学重点课题暂行管理办法》。2001年，国家科技攻关计划项目"文物保护技术研究与中华文明探源预研究"立项实施。2002年，新修订的《中华人民共和国文物保护法》及其实施条例，对文物保护科技工作做出明确规定。国家文物局依法颁布了《文物保护科学和技术研究课题管理办法》等5项部门规范性文件，设立了国家文物局科研课题管理办公室，发布了《历史文化遗产保护领域科学和技术研究课题指南（2004－2005年）》。2003年，响应国家号召，遵照整体部署，启动了行业中长期科技发展规划战略研究工作，完成了《历史文化遗产保护领域中长期科学和技术发展规划战略研究报告》。2004年，胡锦涛同志指出，"要注意保护历史文化遗产和古都风貌。关键在于狠抓落实，各有关方面都要大力支持"；国家文物局成功组织召开全国文物保护科技工作会议，全面总结成就，分析问题，对当前和今后一个时期的工作进行了部署。2005年12月《国务院关于加强文化遗产保护的通知》，对新时期文物保护科技工作提出了更高的要求，要"加强文化遗产保护科技

的研究、运用和推广工作，努力提高文化遗产保护工作水平"。在进一步明确行业科技中长期发展的重点领域和优先主题的同时，国家文物局组织开展了"指南针计划——中国古代发明创造的价值挖掘与展示"（以下简称"指南针计划"）、大运河保护综合研究等一批重大科技专项的顶层设计和预研究工作，研究成果得到了党中央、国务院领导和科技界专家学者的高度重视。

1995～2005年期间，国家文物局加大了对科研课题的支持力度，且支持范围也进一步得到了拓展。共支持了涵盖基础类、应用类和软科学类课题290项，214项课题顺利结项。其中，6项科研成果获得国家级奖励，47项获得省部级奖励。

（四）科技创新上升为国家意志，文物保护科技工作进入跨越式发展阶段（2006年至今）

2006年1月，胡锦涛同志在全国科学技术大会上关于《坚持走中国特色自主创新道路 为建设创新型国家而努力奋斗》的报告和2007年10月召开的党的十七次代表大会再一次为文化遗产保护科技工作指明了方向，"全面落实科学发展观"和"促进社会主义文化大发展、大繁荣"，带来了文物保护科技工作的又一次思想解放，"加强原始创新、集成创新和引进消化吸收再创新"成为文化遗产保护科技工作的主旋律。在党中央、国务院领导的高度重视和有关部门的大力支持下，文化遗产保护科技工作进入跨越式发展阶段。

2006年，国家文物局出台《文化遗产保护科学和技术发展十一五规划（2006－2010年）》，行业科技管理工作的部门规范性文件增至12项；文化遗产保护领域首次有4个项目15项课题纳入国家科技支撑计划，文物保护标准化技术委员会正式成立。2007年，国家文物局首批颁布了9项行业技术标准，"指南针计划"的各分专项规划的编制和试点工作正式启动实施；中国文物研究所正式更名为中国文化遗产研究院，国家文物局重点科研基地增至12家。2008年，为展示"指南针计划"阶段性成果，配合"人文奥运、科技奥运、绿色奥运"主题，"奇迹天工——中国古代发明创造文物展"成功举办，引起社会各界广泛关注；文化遗产保护领域国家科技支撑计划项目取得阶段性成果，共研发新技术、新产品、新装置36项，申请专利6项，制定技术标准14项，培养博士、硕士研究生40名、发表文章62篇，出版专著6本，部分研究成果已成功转化，为大运河保护、大遗址保护工程、奥运展览等项目提供了强有力的科技支撑；信息技术在文化遗产保护领域中的应用得到进一步加强，土遗址保护基础数据库、古代木结构建筑保护知识库等一批基础数据库的建立，大遗址保护规划辅助支撑系统、京杭大运河遗产保护地理信息系统等一批应用系统的研发，重塑了文物保护的工作流和业务流，极大地

提高了工作效率。

二　重要成果

新中国成立60年来，在党和政府的高度重视下，文物保护领域的骨干型科研机构和专业队伍初步建立，有效运行机制基本形成，推出了一系列重要的科技成果，为历史文化遗产保护事业的发展做出了突出贡献。一批科技专家投身文物保护事业，为文物保护科技的发展奠定了良好基础。尤其是改革开放给文物保护科技工作带来无限的生机与活力。每一次思想解放，都是文物保护科技发展与改革的重要契机，为文物保护科技的发展提供了巨大推动力。通过继承传统、积极引进、消化吸收、不断壮大，实现了我国文物保护工作科技含量的大幅提升，文物保护科技工作取得了辉煌的成就。

（一）科技管理体系初步确立

新中国成立60年来，在学习借鉴的基础上，文物保护科技管理工作，逐步形成了依靠"法规强化管理"、依靠"规划引导管理"、依靠"标准规范管理"和依靠"技术手段辅助管理"的科技管理思想，初步形成了适应文物保护科技发展的科学管理体系，并能够及时针对新时期出现的新问题，积极开展管理创新的探索与实践。

1. 科技管理法规得以初步完善

《中华人民共和国文物保护法》及其实施条例，以及《国务院关于加强文化遗产保护的通知》，对文化遗产保护科技工作做出明确规定。国家文物局依法制定了涵盖人文社会科学、自然科学、工程与技术科学的《文物保护科学和技术研究课题管理办法》《文物保护科学和技术研究课题招标评标暂行办法》《文物保护科学和技术研究课题评审程序暂行规定》《文物保护科学和技术创新奖励办法（试行）》《国家文物局重点科研基地管理办法（试行）》《文物保护行业标准管理办法（试行）》《文物保护科学和技术评审与咨询专家管理办法（试行）》《文化遗产保护领域国家科技支撑计划课题管理暂行办法》《文化遗产保护领域国家科技支撑计划课题第三方机构评估咨询管理办法》（以下简称"第三方评估咨询管理办法"）《可移动文物修复资质管理办法（试行）》《可移动文物技术保护设计资质管理办法（试行）》和《国家文物局重点科研基地运行评估规则》等12个部门规范性文件。制度建设的不断加强与完善，有效遏制了科研课题重复立项、不按时结项或草率结项的现象，科研课题质量明显提高，如期结项率由原有的31%上升为87%。

"第三方评估咨询管理办法"的出台，为国家文物局率先在国家科技计划项目的组织管理中，建立第三方评估咨询制度提供政策依据，探索和实践了文化遗产保护科技评估咨询活动由"个人行为"向"法人行为"的转变。

2. 制订行业科技发展规划，明确了各时期行业科技的发展方向

"九五""十五""十一五"期间，为明确行业科技发展方向，国家文物局先后制订了行业科技发展规划，有效地指导了各时期行业科技工作的发展。

特别是在"十五"末期，国家文物局积极响应国家号召，遵照整体部署，组织开展了行业中长期科技发展规划战略研究工作，编制完成《历史文化遗产保护领域中长期科学和技术发展规划战略研究报告》。通过战略规划的研究，系统总结了文物保护科技工作的成绩与不足，分析了文物保护科技的国际发展趋势，并针对新时期文物保护领域的重点、难点和瓶颈问题，提出今后一个时期文物保护科技工作的10个重点领域和33项优先主题。

在此基础上，研究制订了《文化遗产保护科学和技术发展"十一五"规划》，明确了"十一五"期间，文物保护科技工作的指导思想、基本原则和发展目标，重点布置了"6项计划、5大专项、1个平台"及大力支持面上项目的主要任务，并据此编制了《文化遗产保护科学和技术研究课题指南（2007—2010年）》。规划得到了科技部，以及中国科学院、中国社会科学院、中国工程院的高度重视和大力支持，文化遗产保护科技工作纳入国家《"十一五"社会发展科技工作要点（2006—2010年）》。

3. 组建全国文物保护标准化技术委员会，文物保护的标准化时代正式到来

全国文物保护标准化技术委员会的成立，标志着文物保护标准化工作正式纳入国家标准系列，文物保护的标准化时代正式到来。

通过文物保护标准化的战略研究，明确了今后一个时期，文物保护标准化工作将重点开展"建立标准化体系、加强行业标准的创新性、构建检测及准入体系、探索行业标准发展战略模式和实施标准化人才培养战略"等方面的工作。

文物保护标准化制度建设从无到有，先后制定颁布了《全国文物保护标准化技术委员会章程》《全国文物保护标准化技术委员会秘书处工作细则》。

截至2007年底，已有《中国文化遗产标志》等10项标准制修订项目列入国家标准制修订计划，《文物术语研究》列入国家标准化公益性行业科研专项，28项标准制修订项目列入行业标准制修订计划，《古代壁画病害与图示》《石质文物病害分类与图示》《馆藏出土竹木漆器类文物病害分类与图示》《馆藏青铜器病害与图示》《馆藏铁质文物病害与图示》《古代壁画现状调查规范》《石质文物保护修复方案编写规范》《馆藏出土竹木漆器类文物保护修复方案编写规范》和《馆藏金属文物保护修复方案编写规范》等9项行业标准正式颁布。

4. 技术手段辅助于管理，提高了管理的效率和透明度

以数字化、网络化为特征的信息革命迅猛发展，为文物保护科技的管理工作提供了有效的技术保障。《文化遗产保护科学和技术研究课题管理系统》《文化遗产保护领域创新项目备选项目库》《馆藏文物腐蚀损失调查综合管理系统》等管理系统的研发和使用，以及正在研发的《指南针计划ERP管理系统》《可移动文物保护综合管理信息平台》《灾后文化遗产抢救保护综合信息平台》等，有效地提高了工作效率和管理的透明度。

（二）科技创新体系逐步完备

1. 文物保护科技专门性机构陆续成立，壮大了文物保护科技队伍

随着国家科技体制改革的不断深入，文物科技体制改革业已启动。中国文物研究所作为文化体制改革试点单位，适应文化遗产事业发展的需要，正式更名为中国文化遗产研究院，并向着国家级文物保护科技中心平台的方向迈进。

中国科学院、中国社会科学院、中国工程院、中国建筑设计研究院、中国城市规划研究院、中国文化遗产研究院、故宫博物院、中国国家博物馆、敦煌研究院、西安文物保护修复中心、上海博物馆、南京博物院、湖北省博物馆等研究机构分别成立了一批区域性、专题性的科技中心，有效地发挥着科技支撑和辐射、带动作用。

北京大学、清华大学、复旦大学、兰州大学、吉林大学、东南大学、中山大学、四川大学、西北大学、南开大学、同济大学、天津大学、中国科学技术大学、北京科技大学、西安交通大学等高等院校专门设立了文物保护科技专业，培养了一大批文物保护科技专业人才。

2. 积极开展体制机制创新，成立12家行业重点科研基地

为解决文物保护领域科学和技术研究面临的基础设施建设薄弱、运行机制和管理体制落后、地域发展不均衡、科技成果推广不力等基础性问题，促进文物保护科技工作健康发展，国家文物局从全局性、战略性和前瞻性的角度出发，积极开展科技体制创新，推动"开放、流动、联合、竞争"的运行机制的建立，依托相关科研实体分3批建立了古代壁画保护、陶质彩绘保护、出土木漆器保护、砖石质文物保护、馆藏文物保存环境、文化遗产保护规划、空间信息技术在文化遗产保护中的应用、文物建筑测绘、古陶瓷科学研究、金属与矿冶文化遗产研究、博物馆数字展示、古陶瓷保护等12家国家文物局重点科研基地。

从第二批科研基地的遴选工作开始，国家文物局有意识地在系统外科研机构和高等院校中，选择有实力的单位作为科研基地的培育对象。其目的就是为了从政策导向上，更好地促进跨学科、跨领域、跨部门、跨行业的联合攻关，实施"走出去、引进来"的战略。

通过几年的实践，我们欣喜地看到，通过这些系统外机构的积极参与，文物保护和博物馆行业的创新能力和承担重大项目的能力得到了极大地提高，国家文物局重点科研基地在文化遗产保护领域国家科技支撑计划、大遗址保护，以及"汶川地震灾后文物抢救保护修复专项规划"的编制等工作中，发挥了重要作用。

3. 开展科研联合体（创新联盟）构建研究，推动基层文博单位与高等院校、科研单位的合作

为进一步构架和完善文物保护领域的科技创新体系，加强基层文博单位与高等院校、科研单位的合作，促进人才、技术和信息资源的共享，推动科技成果的推广应用，国家文物局又提出"将技术研发、装备升级、体制机制创新和机构建设统筹考虑，打破条块界限、集中国内优势资源，建立共享平台，协同解决文化遗产保护的关键技术问题"的工作思路，组织开展了文物保护领域科研联合体（创新联盟）的研究，通过区域内文博单位、高等院校和科研机构建立长期稳定的合作关系，打造文物保护科技的区域化集团优势和联盟优势。

通过60年的努力，文物保护科技创新体系不断发展完善，形式不断丰富，以国家力量为主导、社会各界积极参与的文物保护科技发展新格局正在形成。

（三）科技基础条件得到有效改善

新中国成立60年来，文物保护科技的基础条件得到了有效改善，在人才的培养与引进、科研经费投入、实验室建设和科技仪器设备升级与改造、科技图书和期刊购置等方面都取得了长足的进步。

1. 多种途径建立和完善人才培养机制和模式

科技人才队伍建设是文物保护科技工作的根本。为加快人才的培养，国家文物局努力寻求多种途径建立和完善人才培养机制和模式。通过科技项目引进人才，培养人才；与高等院校紧密合作，争取开设更多的文物保护科技专业，通过学历教育造就人才；与相关国家级科研院所以及国际知名文化遗产保护机构建立交流互访制度，提升高层次人才的培养档次等方式，积极推进人才的培养和创新团队建设。

据2006年国家文物局组织开展的文物保护科技基础条件资源调查显示，目前，文物、博物馆系统省级以上（含）的科研机构已发展到84家，专职技术人员增至6057人。其中女性为2987人、男性为3070人，分别占总数的49.31%和50.69%；获得学士学位的1726人、硕士学位的460人、博士学位的42人，分别占总数的27.59%、7.6%和2.3%；取得初级技术职称的1639人、中级技术职称的2057人、高级技术职称的1691人，分别占总数的27.06%、33.96%和27.92%；35岁以下、35～50岁、50岁以上的专业人员比例分别为26.1%、53.82%和20.08%；近2/3的专业人员的工作年限在15年以上，在行业工作5年以下的专业人员占13.9%、5～15年的占26.18%、15年以上的达到60%。

2. 国家用于文物保护科技的投入迅速增长

财政经费的可持续投入是文物保护科技工作的重要保障。国家财政用于文物保护科技的经费大幅提高，并呈逐年快速增长趋势。

"九五"期间，国家用于文物保护科研的经费投入由"八五"期间的每年30万元增加到2000年的450万元；"十五"期间继续增加到2004年的900万元；"十一五"期间，国家科技经费实现跨越式增长。在科技基础条件建设方面，国家财政投资4075万元，实施了中国文化遗产研究院科技基础条件修缮购置计划（一期）；投资1360万元，建立了故宫博物院古陶瓷研究中心实验室；在科学研究经费投入方面（含国家科技支撑计划项目经费），2006年为4459万元、2007年6104万元、2008年5773万元。部分省级文物主管部门也专门设立了科研专项经费用于支持科技基础条件的建设和科技攻关。

3. 实验室和科研仪器设备条件得到有效改善

实验室和科研仪器设备是文物保护科技最主要的基础条件资源之一。通过60年的努力，84家科研单位共建成499个实验室，其中，常规实验室153个、专门仪器室139个、修复室142个、其他类65个，总面积达28074平方米。

这84家科研单位共拥有0.2万元以上的科研仪器设备总价值为9924.62万元；0.2万元～5万元小型科研仪器设备1296台，总价值1097.26万；5万元以上的大型科研仪器设备285台，总价值8827.36万元，其中，价值5～50万元的227台，50～200万的50台，200万元以上的8台。在加强自身建设的同时，部分科研机构积极参与了本区域的大型科学仪器协作共用网，与其他行业的科技机构共享大型仪器设备。

4. 科技图书、期刊的购置迅速增加

科技图书、科技期刊等出版物是科技基础条件的重要组成部分。增加出版物收藏数量，提高出版物收藏质量和共享能力是发展文化遗产保护科技的一项战略性举措。调查表明，84家科研单位收藏的科技书籍，包括文物保护专业书籍、正式出版的会议论文集及与文物保护相关的化学、物理、地质、生物、建筑等书籍，共计53.51万册，其中，中文科技书籍50.79万册，外文科技书籍2.72万册。科技期刊总计594种，其中中文科技期刊546种，外文科技期刊48种。

（四）研究成果日益显著

广大文物保护科技工作者勇于实践，刻苦攻关，取得了一系列令人瞩目的科研成果，产生了显著的社会效益和经济效益。多项成果获得文化部、国家文物局科技进步奖及文物保护科学和技术创新奖。科学和技术在文物保护领域的支撑和引领作用日益凸现。

1. 现代科技的引进和应用，拓展了文物科学研究内容

元素成分分析技术，碳十四、热释光等测年技术，电阻率法、电磁法和卫星定位等现代勘测技术，为文物本体保护、考古勘探调查等研究提供了新理论、新手段。与此同时，现代科技和传统工艺的结合得到进一步的重视，青铜文物保护传统工艺科学化研究、木结构建筑保护传统工艺科学研究取得阶段性进展。

2. 馆藏文物保存、修复技术取得了重要进步

在秦始皇陵铜车马修复、秦俑彩绘保护、法门寺出土丝织品保护、饱水简牍和漆木器脱水保护、旧纸张保护、出土铁器脱盐保护等方面，现代科技都发挥了突出的作用；馆藏文物保护环境应用技术研究为预防性保护理念的实现提供了技术支撑。

3. 不可移动文物保护科技水平不断提高

西藏布达拉宫保护工程、敦煌石窟保护和壁画修复、土遗址保护、蓟县独乐寺维修工程、三峡工程文物保护规划研究与实施等取得重要成果。特别是近年来，在大型遗址的保护中进一步探索将考古、规划、环境、地质、化学、物理等多种科学和技术综合运用获得重大突破。《中国文物古迹保护准则》《西安宣言》《北京文件》等指导性文件的出台，标志着中国文物保护理念开始走向成熟。

4. 博物馆发展注重引进和合理运用现代科学技术

博物馆建设与各项业务活动的科技含量不断增加，越来越多的新技术、新方法、新产品得以广泛应用，有效提升了藏品保护、陈列展示、信息传播、社会服务和运营管理的整体水平。"九五"以来，新建的上海博物馆、中国科技馆、南京博物院艺术陈列馆、首都博物馆、重庆三峡博物馆等，设施先进，管理科学，功能完善，成果丰硕，备受社会关注。博物馆技术与相关产品博览会的成功举办，为博物馆、科研单位和企业间搭建了信息交流平台。"指南针计划"的实施，加强了对文物价值的挖掘，丰富了展览的内容与形式，文物保护的最新研究成果更好、更快地惠及了广大人民群众。

5. 科技手段在文物安全防范工作中发挥了重要作用

博物馆、文物保护单位利用科学技术加强安全防范，收到了明显的效果。1994年以来，秦始皇兵马俑博物馆、沈阳故宫等30多个单位，在技术防范设施的帮助下，抓获了盗窃犯罪分子，保护了文物。

6. 各地文博单位的数字化、信息化工作相继开展，信息化建设初见成效

藏品信息管理系统逐步推广应用；国家科技专项"中国珍贵文物数据库"顺利完成；文物调查及数据库管理系统建设项目的试点目标基本实现；一批文博网站先后开通；中国数字博物馆立项工作业已启动；依托国家科技支撑计划项目，实施了古代琉璃构件基础数据

库、木结构油饰彩画基础数据库、土遗址保护基础数据库、古代木结构建筑保护知识库、大遗址保护规划辅助支撑系统、京杭大运河遗产保护地理信息系统等一批信息系统的建设。

（五）国际合作进一步扩大

迄今为止，我国已经与联合国教科文组织，以及欧美、日本、柬埔寨等30余个国家和地区开展了文物保护科技交流与合作。我国正式加入联合国教科文组织国际文化遗产保护修复中心，并成为理事国；与美国、德国、意大利、日本等国的合作与交流取得新进展，如中国文物古迹保护准则研究、文物保护修复人员培训、区域考古调查、敦煌石窟壁画保护、西安唐大明宫遗址保护、丝绸之路古迹保护、洛阳龙门石窟保护、东亚纸质文物保护等，提高了我国文化遗产保护科技水平；继续参加国际拯救柬埔寨吴哥古迹行动，援助完成周萨神庙的修复工程，茶胶寺保护的前期勘查和测绘工作业已启动；援助蒙古开展的博格汗达宫博物馆门前区修缮工程顺利竣工。通过国际交流与合作，有效地利用了国际优质科技资源，提高了我国文物保护科技工作水平，同时也向世界展示了我国文物保护的科技成就，还促进了不同国家、不同民族、不同文化背景下形成的文物保护理念的相互理解与认同。

三 成功经验和启示

新中国成立60年，文物保护科技工作走过了辉煌的发展历程，积累了丰富的经验，也为我们留下了诸多有益的启示。这些经验和启示弥足珍贵，值得借鉴和汲取。

第一，解放思想，是文物保护科技快速发展的原动力；

第二，落实科学发展观，坚持文物工作方针和科技发展指导方针，是文物保护科技又好又快发展的基本原则；

第三，不断建设和完善中国特色的文物保护理论体系，是文物保护科技发展的必然要求；

第四，坚持现代科技与传统技艺相结合，是文物保护科技工作的重要方法。

第五，以开放和务实的姿态组织跨学科、跨领域、跨部门、跨行业的联合攻关，是解决文物保护领域重点、难点和瓶颈问题的重要手段；

第六，加强科技基础条件建设和人才培养，加大对科

技工作的可持续投入，是文物保护科技获得较快进步的重要条件；

第七，积极开展国际科技合作，是文物保护科技实现跨越式发展的有效途径。

第八，充分发挥科技对文物保护的支撑和引领作用，加强行业的自主创新能力，是实现从文化遗产大国向文化遗产保护强国转变的强大助力。

四 结语

中国是一个文化悠久、历史遗产极其丰富的大国，中华民族文化瑰宝令世界向往，愈是经济全球化，民族文化风采多样性愈要保护，愈要依靠科技支撑延绵不绝。人类发展的历史告诉我们，科学技术的每一次重大突破与应用都会促进社会政治、经济、文化的进步和繁荣。历史文化遗产保护的科学和技术成就不仅成为党和政府高度关注的焦点，也成为全社会议论的热点话题，各行各业的科研人员参与攻克了大批文化遗产保护科技难关，有效地营造了科技之光照亮文化遗产保护的良好环境，近年来国家投入力度不断加大，国际合作研究日益频繁，使我国已在历史文化遗产保护科技的一些重要领域取得骄人的成绩。

60年的发展，中国文保事业依靠科技进步，不断创新、不断进步，取得丰硕成果。这些研究成果理论研究和保护实践并重，涵盖可移动、不可移动文化的保护，涉及文化遗产的分析、检测、修复、复制、信息化和保存环境的科学控制等各个方面，在我国文化遗产科技保护事业中发挥着重要作用。

60年沧海一粟，60年意义非凡。从1949年新中国成立，1978年迎来"科学的春天"，到1995年实施"科教兴国"战略，再到今天的全面贯彻落实"科学发展观"，"坚持自主创新，建设创新型国家"，理论的创新和思想的解放，为文物保护科技工作带来了更新、更强大的活力。回顾文物和博物馆事业的发展历程，科技筑就的是基石，是希望。在广大文物保护科技工作者的共同努力下，一个个重点、难点和瓶颈问题得以解决，科学和技术在文物保护领域的支撑和引领作用日益凸现，科技的色彩愈加鲜艳和醒目。科技兴则文物和博物馆事业兴，科技强则文物和博物馆事业强。我们坚信，在党中央、国务院的正确领导下，文物保护科技的明天将更加灿烂辉煌、文物保护科技的发展道路将越走越宽。

（原载于国家文物局编：《中国文物事业60年》，文物出版社，2009年）

博物馆社会效益评估探测性研究

季文燕

摘要：博物馆作为非营利组织，其收藏、研究、教育等社会功能是其他机构无法替代的。在博物馆进行评级的大环境下，如何提高博物馆的社会效益，更好地为社会大众提供服务成为新时代的热点问题。博物馆社会效益指标体系的建立，评估保障机制的完善，社会效益评估的实施，将为博物馆改善社会服务，提升社会效益提供制度上的保障。

关键词：博物馆　社会效益　评估

一　引言

博物馆界提到评估，一般都是指2008年以来，根据《全国博物馆评估办法》《博物馆评估暂行标准》以及《评分细则评分表》（包含修订版）等规范文件进行的一系列评估和定级活动。博物馆评估是为促进博物馆健康全面发展与正常运作而制定的机制，通过定期评估，博物馆可以确定使命、拟定方向、调整策略、加强服务，不但能够帮助博物馆获得应有的组织地位，更能唤起政府与民众对博物馆的重视与支持，是博物馆行业完善自身机制、树立社会形象的需要[1]。近年来，随着文化事业的蓬勃发展，对文化事业机构的社会效益评价日益受到重视。

从国家层面来讲，2015年7月1日，中央全面深化改革领导小组第十四次会议审议通过了《关于推动国有文化企业把社会效益放在首位、实现社会效益和经济效益相统一的指导意见》等文件。同年9月，中办、国办印发国有文化企业"两个效益相统一"指导意见，明确社会效益指标考核权重应占50%以上，并细化量化到政治导向、文化创作生产和服务、受众反应、社会影响、内部制度和队伍建设等具体指标中。这些文件的出台虽然主要指向文化企业，但对于文化事业单位同样具有重要的指导意义。从受众层面来讲，获得教育、取得知识、接受客观文化环境的熏陶是他们从博物馆所能获得的最大效用，也就是最现实的社会效益。从博物馆本身层面讲，作为一个文化单位，规模、级别、创收、荣誉等都只是表层现象，其本质仍然是如何取得最大化的社会效益。因此，社会效益的评估，未来在博物馆界应该成为一种更为常态的，也更具现实意义的评估。

二　博物馆社会效益评估现状分析

国外博物馆的评估按照评估目的、要求和形式的不同，具体可以划分为认定评估和运行评估两大类型。认定评估是指为了确定进行认定评估的博物馆是否已达到了某种条件或某些要求，而一旦满足这些条件或者是要求，该博物馆就达到了成为某一类型或者级别博物馆的资质。运行评估是博物馆在完成认定评估后进行的针对管理、服务、运营等系列活动的评估，重点是评价博物馆的发展情况。

1. 博物馆认定评估

就认定评估而言，根据不同国家情况，又分两种形式：第一种是由博物馆专业协会制定评估标准并进行认定的评估制度，第二种是由政府进行的博物馆认定评估制度。美国属于前者，法国、日本属于后者，中国基本是介于两者之间。

美国博物馆协会认证制度的认证程序分为三个阶段自我评估、同行评估与认证委员会评估。美国博物馆协会认证制度采用两个核心问题为导向来进行评估：（1）申请认定的博物馆的人物与目标实现率是多少？（2）从博物馆业界的一般标准来看，申请认定的博物馆的业务实现程度是多少？

日本文部科学省于2001～2002年委托日本博物馆协会进行了一项名为"有助于博物馆营运的活力化、效率化的评价方法"的调查研究，并发行报告《博物馆期待的样貌与市民共同创建新时代的博物馆》。该调查重视对博物馆独特性的尊重，以所有博物馆为对象，设定了三项基本原则与九项约定，作为各馆自我评量并检讨改进的标准[2]。我国业界早起进行的多次定级评估，基本都可以划入认定评

① 梁光余：《博物馆需要定期评鉴》，《博物馆学季刊》，第18卷第3期。
② 张婉真：《面对博物馆评价时代的来临：原理与实践》《博物馆学季刊》，第22卷第2期。

估范畴，其实施者有国家及各省级的文物局，代表政府进行认定；后来，博物馆协会的加入，让认定又有了类似日本的情况。所以说我国的博物馆认定评估，是一种介于美国和日本之间的情况。

2. 博物馆运行评估

博物馆运行评估，与博物馆自身的定位和战略规划有着密切的关系，各项指标的设置也以完成自身的战略规划为核心，因此国外的一些国家将运行评估称为"战略计划评估"。

新西兰Te papa国家博物馆的使命及预期成果完全符合政府的政策及优先施政目标，并从藏品、知识、社会关系和资源利用四大方面分别拟订优先发展项目及行动规划。此外，除了上述四个方面的"非财务绩效"，其绩效评估还包括"财务绩效"[1]。该馆将各个方面的评估指标逐一细化，编成一张张表格，让评估具体化，可操作性极强。

日本静冈县立美术馆通过组织包括馆内职员、美术馆志愿者、县政府职员与外界专家在内的评估工作小组，彼此交换意见，并辅以意见调查方法确定"评估指标"。静冈县立美术馆的评估主要从三个方面进行，可以总结为以下三类大指标：（1）博物馆业务与功能的实现，包括：展览；教育与传播；藏品保护与研究。（2）公共关系，包括：与美术馆相关的个人群体；与美术馆相关的机构。（3）综合管理，包括：环境管理；宣传管理[2]。

中国博物馆在运行评估方面也做了一系列探索与实践并且取得了很大的成果。国家文物局和其他相关机构也进行了相应的研究，具体成果以博物馆评估报告的形式呈献给社会公众与研究者。

基于国外评估实践的研究以及对国内评估经验的总结，中国学者提出了具有社会效益评价萌芽的观点。如：建立以观众为先的博物馆绩效评估体系[3]；建立博物馆影响力评估体系[4]；探讨西方博物馆的社会功能和社会效益[5]；分析博物馆社会效益与经济效益的关系[6]；对博物馆社会效益量化分析方法进行探讨[7]等等。这些成果对我国博物馆社会效益评估做了初步的研究，也为形成博物馆社会效益评价体系奠定了基础。

三 博物馆社会效益评估实践趋势分析

卢民针对2008年、2010年与2012年三次定级评估进行了分析[8]，他发现，虽然每次评估都会涉及博物馆业务工作的基础部分（藏品管理、科学研究、陈列展览与社会教育、博物馆管理与发展建设），但历年评估也有明显的差异。2008年的评估定级工作主要关注点是博物馆的硬件、软件及博物馆整体情况；2010年的评估工作，针对已经定级为国家一级博物馆的83家博物馆，侧重博物馆软件建设，同时有意识的忽略掉博物馆硬件建设，也没有包括法人治理结构、科研机构等组织架构内容，没有考察财务管理、人力资源管理工作；2012年的评估，重新包括了博物馆的硬件和软件整体情况，评分细则更加简化而全面，重点突出陈列展览与社会服务板块，体现了博物馆为民服务的宗旨。

通过对比历次评估可以看出，2010年的评估比2008年的评估多出"公共关系与服务"板块，以定性评估方式考察公共关系、公众服务、博物馆网站等内容；2012年的评估将评估项目进行整合，包含陈列展览与社会服务、藏品管理与科学研究、综合管理与基础设施三大板块，使评估更加贴近实际，内涵也更丰富了。

将历年申报书做一个对比，会发现2008年的评估申报书主要由三大业务板块（综合管理与基础设施、藏品管理与科学研究、陈列展览与社会服务评估）构成，解构比较粗糙。2010年、2012年的申报书，充分体现了定量与定性相结合，同时强化了一级指标和二级指标的细化与落实。

从历年的考核过程及报告可以看出，博物馆评估越来越注重社会效益的评价，无论博物馆出身如何，体量如何，其为社会做出的贡献，其服务效果才是最重要的评价指标。

四 博物馆社会效益评估指标体系

社会效益反映的是一个博物馆服务社会思想文化建设的综合能力，需要通过多种类型的指标才能全面评估，只

---

① 刘伟杰：《博物馆绩效评量探讨：以新西兰国家博物馆及国立故宫博物院为例》，《博物馆学季刊》，第22卷第4期。
② 张婉真：《面对博物馆评价时代的来临：原理与实践》，《博物馆学季刊》，第22卷第2期。
③ 郑奕：《建立以观众为先的博物馆绩效评估体系》，《光明日报》2016年8月26日。
④ 刘迪：《博物馆影响力评估体系刍议》，《中国博物馆》2013年第3期。
⑤ 冯承柏：《略论西方博物馆的社会功能和社会效益》，《中国博物馆》1986年第3期。
⑥ 秦文萍：《浅论博物馆社会效益与经济效益的关系》，《黑龙江史志》2014年第13期。
⑦ 宋坚、宋强：《博物馆社会效益量化分析方法初探》，《杭州科技》2007年第3期。
⑧ 卢民：《对我国博物馆评估定级工作的思考》，《中国博物馆》2013年第2期。

有少数类型的指标不能全面反映社会效益的整体情况，但是把涉及社会效益的所有指标都纳入考核的范围也是不切实际的。指标的设计既要防止简单化又要避免复杂化①。我们可以把社会效益指标体系分为二级，变成一个考评体系表（见表一）；同时也要考虑一些博物馆的特殊情况，设立加分的正向表（见表二）与减分的负向表（见表三）。

表一　博物馆社会效益评估指标体系表

一级指标	二级指标
社会影响力	各大媒体报道情况
	投资捐赠情况
	参观人数
研究与教育	学术活动情况
	代表性研究作品
	举办会展情况
	社会公益活动
社会贡献	直接就业人数
	间接就业人数
	受众、行业满意度

表二　博物馆社会效益评估正向表

加分指标	考核点
获得荣誉	国际荣誉，国家级、省部级荣誉与奖励
追回历史文物	从国外、国内追回珍贵文物
文化影响	与国外、国内机构合作，举办大型展览

表三　博物馆社会效益评估负向表

减分指标	考核点
负面形象	出现问题，受到多种媒体广泛批评
违反行业规范、标准	为遵守行业规范或者提供服务为达到规定标准
违犯法律	违犯我国法律法规

由于是参测性研究，所以本文并没有力求穷尽每个指标，也没有将具体权重赋予各个指标。但是这个博物馆社会效益评估指标体系的设置与正反向表的规定对继续研究具有基础性的指导意义。表一博物馆社会效益评估指标体系表负责评估博物馆的基础工作得分情况；正向表是针对那些做出突出贡献的博物馆给予的加分鼓励；负向表是针对那些做出违反社会、法律规范行为给予的减分惩罚。

五　博物馆社会效益评估保障机制

1. 博物馆评估执行队伍建设

博物馆评估队伍是由国家及各省文物局、博物馆协会等机关与组织指派或聘请的专业人士组成的。但是目前存在人数少、专业集中、身兼数职等很多问题。因此要狠抓博物馆评估执行队伍建设。首先，实行资格认证，使评估

① 魏玉山：《关于开展出版单位社会效益考核评估的思考》，现代出版社，2015 年。

专家认定科学化。其次，实行定期培训制度，使队伍建设规范化。再次，网络各专业不同层次人才充实到队伍中来，为全面评估打下人力资源基础。美国采用协会作为评估主体，日本法国采用政府作为评估主体，他们的运作方法值得我们深入学习借鉴。

2. 博物馆评估的制度化建设

国外博物馆评估工作开展较早，在法律制度与社会制度上都形成了一套完成的配套措施。我国从2008年开展评估工作以来，借鉴国外经验，在评估工作上取得了长足的进步。但是还应看到，我国博物馆评估的全面覆盖、有效实施、持续完善还没有完全落实。对于已经定级的博物馆，要根据其社会效益评价结果予以升级或降级；对于新建设的博物馆要及时评估定级。这些都需要制度的保障，因此制度化建设是评估工作开展的重要因素。

3. 博物馆参与与执行意识建设

由于存在自愿申报下的不愿申报思想，一些博物馆为了自己节省人力物力与时间，放弃了申请。在参照评分细则提供材料时，一些小馆和有局限的地方馆也会敷衍了事，丧失了执行力度。要提升博物馆的参与度与执行力，不仅要靠行政命令，更要靠实实在在的政策来引导他们。通过资源的倾斜、无形资产的包装、资金的支持，来强化博物馆参评的意愿以及提高自身的意愿，从而从整个行业层面提升博物馆的社会效益。

（原载于中国文物学会法律专业委员会、中国博物馆协会法律专业委员会编：《文物、博物馆与遗产法治研究丛书》（第一辑），译林出版社，2018年）

点亮博物馆智慧之光

王 瑞

摘要： 本文点明陈列设计师在博物馆照明中的地位和作用，剖析中小型博物馆在照明方面存在的问题，提出"安全、还原、舒适、节能"绿色照明的理念。并深入探讨智慧博物馆智慧照明的概念，设想了在智慧博物馆发展的带动下，智慧照明的效果与前景。
关键词： 智慧 博物馆 绿色 照明

科学技术发展到今天，科技的进步带动全社会各个行业的迅猛发展，后知后觉的博物馆行业也身处其中。基于物联网和大数据的智慧博物馆就是在这种数字化、网络化、智能化的时代背景下产生的，也是博物馆未来发展的方向。我们在倡导智慧博物馆的时候，博物馆照明也需要用智慧博物馆的理念引导发展。

我们都知道，博物馆的主要功能是收藏在人类发展过程中具有重大历史意义的物品和艺术精华并进行展出加以研究和传播。所以，博物馆照明设计主要解决的问题是：保护展品尽可能地少受光线辐射损害，并在展现展品的过程中呈现出其真实性及艺术性。照明是博物馆展览艺术的灵魂（图一）。

陈列设计师是展览陈列的形式策划师和视觉指导者，照明设计师要按照陈列设计师的整体设计与规划，通过技术的手段选灯、配光，从而实现照明的艺术效果，并按照文物保护的标准达到文物保护的要求。因此，陈列设计师一直在致力于探讨博物馆照明，试图从技术、从艺术等各个方面来阐述照明的意义与价值及照明的效果与问题。

然而在陈列设计被市场化的今天，诸多的陈列设计师意识不到自己的定位，要么自己缺乏对照明设计的了解，要么把自己仅仅定位于一个展览的空间设计师或者是平面设计师，小项目根本没有专业的照明设计，大项目多采用照明设计外包的方式，缺乏对博物馆陈列展览的整体把握。离开了陈列设计师的核心把控，再加上大多数博物馆决策者对博物馆照明的重视不够，博物馆照明设计领域较为混乱，要么无专业设计，要么被各专业照明公司或者灯具公司主导，引发出博物馆照明的诸多问题。

各大博物馆越来越重视展陈专业照明，但是从整体的展陈照明水平来看，尤其一些中小型博物馆，仍然存在相当多的问题和提升空间。

（1）对用光的整体设计专业性不够。表现在装饰照明和展陈照明混用；展陈空间环境照明、过渡空间照明、清扫照明、安保照明与展品照明、解读系统照明混用，经常相互取代，灯具混用。

图一 精细的照明赋予艺术品灵魂

图二 柜内重点照明不均匀

（2）对照明的精细设计不够。表现在对展品的重点照明设计不考究，炫光、光污染、照度均匀度不够（图二）、重点不够突出、缺乏过渡空间、显色性不足、色温不一致（图三）等问题较多，甚至用展柜厂家提供的照明代替专业的照明设计。

（3）文物保护的观念没有充分体现在照明设计中。照度高、照明空间与展品空间不能有效隔离（图四）、曝光时间长等问题较为常见。

图三　展柜均匀照明和重点照明色温不一致

图四　灯具与展品没有空间隔离，造成安全隐患

图五　自然光没有有效利用

（4）可持续的绿色照明理念不够。自然光的使用情况不佳（图五）、灯具选型考虑不周、用灯数量过多过密、对LED灯具照明认识不足、可供选择的LED产品也不多，LED灯具的使用率大大低于国际水平。智能照明控制应用的还不够，对光的场景控制、照度控制还处在比较单一的阶段，智能照明控制的增强功能和高级功能还没有广泛地被应用到博物馆中去。

以上的种种问题都表明，我们的博物馆，需要专业的智慧，才能把我们的博物馆点亮。而产生这些的原因，从根本上来讲就是博物馆照明的专业力量严重短缺：陈列设计师专业能力不足、博物馆专业照明设计师短缺、专业调光师稀缺，社会化的服务取代博物馆专业力量等。还有就是博物馆的决策者对照明的重视程度不够，资金投入不足等等。改善博物馆尤其是中小博物馆的照明现状，需要我们不断学习，不断呼吁，并付出更多努力。

我们需要有直面问题的专业智慧，也要有解决问题的专业能力。在科技已经高速发展的当下，越来越多的新科技理念和科技产品进入博物馆照明领域，带动了博物馆照明行业的发展。在现在的博物馆照明中，我们强调"安全、还原、舒适、节能"绿色照明的理念。它包括：

（1）合理的照明规划设计。
（2）高效节能光源的广泛使用。
（3）智能灯控的照明控制。
（4）自然光的合理利用。

合理的照明规划设计，是指博物馆的照明必须有专业的照明设计，按照文物保护的要求和陈列设计的整体设计，在预算许可的范围内，选择最适用的照明设计方案。如果灯具过多过密，明明一两个宽光束灯就能达到的洗墙效果，非要用十个窄光束灯来实现，就是不合理的规划设计。

高效节能光源，目前最大力推广使用的就是LED光源。LED时代以数字化照明为核心。先进的LED光学系统具有最优显色性、光色一致性和稳定性，可确保艺术品得到真实展现。LED在博物馆和美术馆的广泛应用，是个课题也是挑战，需要资金的支持，也依赖于厂家的不断进步（图六）。

绿色照明的另一个重要标志就是智能照明控制的广泛深入使用。智能照明的基本功能：调光控制和开关控制。

图六　LED灯在美术馆的洗墙效果

智能照明的增强功能：场景控制、软启软停、淡入淡出、感应控制、照明恒照度变照度控制、时间控制、系统控制。

智能照明的高级功能：遥控控制、手机控制、APP控制。

未来的博物馆，智慧照明控制会代替智能照明控制。

自然光的合理应用是绿色照明的重要体现。自然光在博物馆空间，可普遍应用于休息区及公共区，由于这两个区域属于观众从室外进入陈列区，或者从陈列区进入室外的过渡区，在这个空间应用自然光，无论明暗，光色都与外部变化一致，故能给观众很好的视觉过渡，是非常理想的应用。

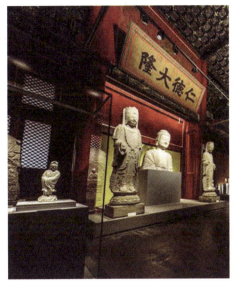

图八　故宫雕塑馆将室外自然光有效控制引入室内

自然光的运用目前在各个博物馆都是短板，自然光的控制还是有着诸多技术上的限制，如自然光随时间及季节变化的不稳定性，会使展品照明变得可控性差；如自然光具有较强的紫外线，不利于展品的永久性保护等。自然光线的特性如果不加以控制，会对于展品的展出及保护产生负面影响。在展览区使用自然光，要考虑光照度的剧烈变化，过滤自然光的有害成分，控制色温和炫光。未来通过技术的不断完善，将利用光线管理控制系统和智能照明控制系统，来实现对自然光的合理利用。期待技术的进一步突破，也希望更多的博物馆越来越重视自然光的运用。

从数字博物馆走向智慧博物馆，信息化时代的博物馆被裹挟着向前发展，我们每个人都身处其中。科技带来了更多的发展机遇和挑战，我们必须要学习、了解未来的博物馆会走向何方。

智慧博物馆是以数字博物馆为基础，充分利用物联网新技术，构建的以全面透彻的感知、宽带泛在的互联、智能融合的应用为特征的新型博物馆形态。

物联网是利用传感技术，按约定的协议，把所有物品与互联网相连，进行信息交换和通信，以实现对物品的智能化识别、定位、跟踪、监控和管理的一种网络。在博物馆中，除了应用照相、音视频等传统的数据采集手段，传感技术更多地是指利用射频识别、红外感应器、全球定位系统、激光扫描器，以及传统的热、光、气、力、湿、声、色、味敏，传感器件，获取博物馆藏品、设备设施、库房展厅建筑、周边环境人位置信息等的技术。

智慧博物馆将博物馆里的人（包括线上线下的观众、博物馆工作者，以及相关机构和管理部门），物（包括藏品、各类设备设施，库房、展厅等）等的信息通过电子标签（RFID）或其他传感器获取，并通过网络汇集，使得建立"人—物""物—物""人—人"之间的双向信息交互

图七　苏州博物馆展厅内引进自然光

在展厅照明中，如果将自然光通过透光装置和材料进行过滤和转换，同样可以用作展览照明。有两个很好的案例。一是苏州博物馆将自然光经过处理作为公共空间照明和展厅基础照明，人工光提供专业展陈照明（图七）。清华大学张昕副教授在故宫倦勤斋通过将可启闭的纸百叶加在双层玻璃之间，并在故宫慈宁宫使用夹窗纸的特殊玻璃做"有窗纸感觉"的玻璃窗，将经过过滤（最大限度隔绝紫外辐射、红外辐射），降强度且"启闭可控"的天然光作为室内照明的主要光源。通过维持天然光形成的室内亮度布局保护空间固有的视觉趣味，实现内檐文物整体开放展示的功能诉求，呈现原状陈设的室内氛围，并保证相关文物的光辐射安全。在妨碍参观安全的"暗区"补充功能性的电气照明，对于内墙通景画、天顶画和部分重要文物补充低强度展示照明，充分体现绿色照明的设计理念（图八）。

图九　灯光与场景结合产生戏剧化效果

图一〇　精致的照明呈现展品艺术之美

成为可能，同时结合云计算和大数据分析技术应用，将进一步实现对"物"的智能化控制。智慧博物馆是数字化、网络化、智能化时代下的博物馆发展目标。

在未来的智慧博物馆里，什么才是智慧照明？如何实现智慧照明？智慧照明是指利用无线通信数据传输技术，把移动终端、传感器、物联网设备、智慧开关等融合在一起来实现对照明设备的智能化控制的一种新兴产物。简单来说，智慧照明就是拥有了思想的灯具（图九）。

举个例子，当你走进展厅，你说："亮"，灯就亮了，这不是智慧照明，这顶多是声控灯。你说："灭"，灯就灭了，这才是智慧照明。它能够分辨你所说的话，而并不是简单捕捉你所发的声。当然，仅仅是拥有这点"智慧"还远远不够。你说："展览模式"，它就自动切换到展览模式。你说："夜间模式"，它就自动切换到夜间模式。这也不够。你还可以给灯具设定参数，当你布展调整灯光的时候，可以口头操作某一盏、某一回路或某一区域灯光的亮度，灯具里的控制器会采集并记录下你的设定，等到下一件同类型展品再调光的时候，自动调整为最合适的照度。

由微处理器、无线接发装置、运动传感器和光线传感器组成的照明系统，可以准确判断室内是否有人，是否在移动。还可以根据自然光和观众的变化调节展厅照度，在保证照明的基础上，最大范围节省能源。并可以在后台统计观众人数、观众热点和观众偏爱的展线。

智慧照明系统还可以与展柜微环境的传感器联动，时时在后台检测展览照明对温湿度带来的波动影响，检测在不同光照环境下对文物状态的影响。在发生紧急状态下自动与安保联动，确保展品和观众的安全（图一〇）。

智慧博物馆需要照明的专业智慧，智慧博物馆需要智慧的专业照明。我们可能无法预见新技术的发展，也无从得知人类的智慧会带给我们什么样的照明方式，笔者只是在设想，在不远的未来，智慧照明或许可以实现：照明效果的模拟与共享、照明数据的收集与反馈、照明管理的控制与分析、观众热点的把控与疏导、照明与微环境的互动与影响、展品保护的实时监控与研究。

（原载于《陈列艺术》，2018年增刊）

社交媒体时代的博物馆策略

于　晖

摘要： 由美国新媒体联盟（NMC）与学习创新协会（ELI）合作出版的年度报告 The Horizon Report 中指出：当今科技的发展改变了人们获取信息、学习以及人与人之间的沟通方式，且进一步指出信息的可及性、不受时空限制的学习和工作、重视团队合作是教育科技走向成功的关键因素。随着 Web 2.0 概念的社交媒体（Social Media）的出现，博物馆的变革也许将要或者已经发生。美国史密森机构于 2009 年策略发展会议中主张博物馆应做出改变，以适应社交媒体对社会造成的影响。本文将就社交媒体对博物馆的影响与馆际间的合作做一些探讨。

关键词： 博物馆　社交媒体　竞争与合作

一　社交媒体与博物馆的结合

社交媒体，通常指的是用户可以通过其进行社交互动的一类交流性媒体，是人们彼此之间用来分享意见、见解、经验和观点的工具和平台。在过去几年时间里，社交媒体以极快的速度渗入到人们的生活中，成为大部分人们生活中不可缺少的一部分。佛瑞斯特研究公司（Forrest Research）的调查显示：在2008年的第二季度，有75%的网络使用者使用社交媒体，这个比例在2007年时只有56%。

Nielsen公司[1]在其2012年社交媒体报告中也指出：截止到2012年7月，8550万的用户通过智能机和平板APP访问社交网络，比上一年度增长了近一倍。同时，社交媒体不仅仅被大众多接受，从事信息传播的专业人士也肯定其在大众沟通上的价值。美国甚至有89%的公司利用社交媒体招聘人才，雇佣成功的比例高达6成。在中国，有3亿多人使用各类社交媒体，不仅覆盖广，网民们还很活跃。约76%的网民除了看帖，还积极发帖，这个比例在美国只有25%。仅2012年春节期间，新浪微博每秒发帖就高达32312条，比Twitter的最高纪录还多7000余条。如58同城、赶集网等社交媒体也成为同城信息传播的重要力量，很多婚恋网站的兴起甚至挤垮了曾经火爆的婚姻介绍所。

近几年，社交媒体的影响力也渐渐扩散到博物馆界，国内外很多博物馆陆续在社交媒体上现身。德国的斯坦德尔博物馆（Städel Museum）作为博物馆利用社交媒体的先行者[2]，率先将展览的相关视频上传到全球最大的视频分享网站YouTube上，内容不仅包括对展览的详细介绍，还包括专家学者对展览的评价，观众可以通过预告片提前了解展览内容（图一）。同时，斯坦德尔博物馆还建立了线上

讨论空间，为观众提供更丰富更深层次的交流环境。这一举措吸引了全球许多的观众，受到了大量博物馆爱好者的追捧。

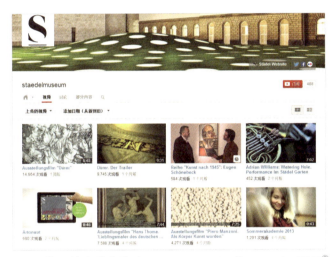

图一　斯坦德尔博物馆（Städel Museum）的 YouTube 页面[3]

与其他知名应用相比，Twitter的诞生最晚，但对于博物馆的影响却最大。作为一个社交网络及微博客服务的网站，Twitter允许用户将自己的最新动态和想法以短信形式发送给手机和个性化网站群，而不仅仅是发送给个人，其使信息的发布具有即时反馈的亲切感，甚至是一种得到"第一手资料"或者打听"小道消息"的兴奋体验。目前，拥有Twitter账户的博物馆超过1000家，这些机构吸引了数百万来自全球各地的粉丝，每天都会有成千上万的用户就博物馆和各类展览的相关话题进行即时的交流和讨论。在国内，与Twitter类似的应用叫作"微博"，微博显示出中国3

---

① AC 尼尔森公司是创始人亚瑟·C·尼尔森于 1923 年建立的美国第一家市场调查公司。

② ［德］乌韦·J·赖因哈特（Uwe J. Reinhardt）：《博物馆、艺术馆、展览馆展览和陈设设计》，中信出版社，2013 年。

③ 图片来源：YouTube 网站。

亿网民的惊人能量，以国博为例，目前国家博物馆在新浪微博上的粉丝已近150万，其"地中海文明——法国卢浮宫博物馆藏文物精品展"开幕后，微博上共产生了16万条关于此展的话题，很多观众都结合自身的感受发布信息。

二 社交媒体的推动力

最初，博物馆只是希望借由社交媒体进行快速而有效的宣传。而交融一旦开始，无论是博物馆还是公众都不再满足于这一层面。于是博物馆发现，利用社交媒体对博物馆自身的发展有着更大的意义：首先是借助社交媒体快速传播信息的特点进行推广营销，以便吸引到更多的潜在参观者；其二是利用社交媒体开辟与观众直接对话的通道，拉近博物馆与观众间的距离；其三是希望借由社交媒体，与观众达成一种互助、合作、共同创造的关系。对此，英国博物馆协会主席Mark Taylor认为，社交媒体使博物馆更多地像市政厅一样，人们在此可以辩论、可以畅所欲言。

美国的皮尤研究中心（Pew Research Center）发布的"新媒体与博物馆观众参与"的报告显示，网络与社交媒体现已渗透到博物馆等文化机构运作的方方面面（策展、展览、教育、慈善、活动等），成为美国艺术领域不可或缺的组成部分。在美国1224个享受美国艺术基金会补助的艺术机构中，有97%的机构在Facebook、Twitter、YouTube、Flickr或其他社交媒体平台上建立有主页；69%的机构有员工在这些平台以机构成员的身份建立个人网页；45%建立主页的机构每日更新，其中包括25%的机构一天之内更新数次。由此可见，社交媒体已被博物馆观众广泛使用，并期待能与大众有更多对话的机会。正如Twitter在其广告中写道：What if more people used Twitter to tell museums what they think about their exhibitions？一些博物馆开始尝试利用Twitter邀请公众参与到博物馆的核心工作当中，他们将公众视为"市民策展人（citizen curators）"，并愿意聆听来自公众的意见。

运用社交媒体，博物馆不仅获得了廉价而有效的推广途径，还改变了博物馆的运营模式，即一个和公众共同管理的状态。更多的博物馆察觉到这种即时性和互动性，纷纷开始利用社交媒体，期望转化过去单向的展示方式，并将其作为博物馆与观众、观众与观众之间对话的新平台。

三 社交媒体化的阻力

虽然新科技带来了无数机会，但在一段时间内人们对其会抱有怀疑和观望的态度。正如美国当代著名历史学家斯塔夫里阿诺斯（Leften Stavros Stavrianos）在其著作中提到：由技术变革引起的社会变革通常会让人感到受威逼和不舒服，因而比较容易遭到抵制[2]。这也是技术变革和使之成为必需的社会变革之间存在时间差的原因。

1. 资源的投入

社交媒体确实改变了博物馆与大众的沟通模式，并提供了实时的对话空间，但并不是每个博物馆都享受其中。资源的投入是博物馆面临的首要问题。尽管众多平台都提供了免费的服务，但对于额外的时间以及人力是不可避免的。在社交媒体时代，公众更在意的是自己付出的行动是否得到了反馈，他们不仅要求从博物馆获取信息，还希望博物馆能够接收自己的信息。当我们分析博物馆在社交媒体上的传播方式时发现，观众对你的评价比以往更重要。管理者需要在了解社交媒体的特性、掌握极佳的沟通和社交技巧、拥有持续经营热情的同时，还必须对公众在社交

表一　几家博物馆在 Twitter 上的数据[1]（截至 2013 年 10 月）

	粉丝数	总推文数	状态
纽约现代艺术博物馆 Museum of Modern Art	1534122	4514	官方发布
史密森尼博物学院 Smithsonian	1044753	9050	官方发布
泰特美术馆 Tate	957750	6906	官方发布
古根海姆博物馆 Guggenheim Museum	844340	7419	官方发布
伦敦设计博物馆 Design Museum	840943	6210	官方发布
纽约大都会博物馆 Met museum	625547	7858	官方发布
大英博物馆 British Museum	216899	6185	官方发布

① 数据来源：Twitter。
② L.S.斯塔夫里阿诺斯（Leften Stavros Stavrianos）：《全球通史》（A Global History），北京大学出版社，2005 年。

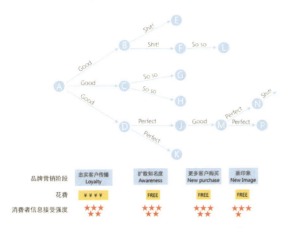

图二　品牌在社交媒体中的传播方式①

图三　史密森尼博物院在官方 Twitter 上邀请公众对其数字年度报告提出意见和看法②

媒体上的习惯和行为进行调查和研究，以便实时调整自己的方向，维系好博物馆与观众的关系（图二）。目前，各馆社交媒体的经营人数基本保持在3人左右，倘若社交媒体管理者能拥有上级领导的充分授权，并得到馆内专业人士的帮助，就可以充分发挥社交媒体实时且灵活的特点，使日常管理的难度降低，减少人员的投入。

2. 时效性与准确度

但上述的"倘若"也会引发其他问题。一些博物馆认为，博物馆所面向公众的一切言论，都必须经过层层请示审查，只有经过了这样严密行政程序的发言，才是准确且正确的行为。如2010年国内某博物馆宣传部门希望开通官方微博以扩大自身影响，但决策层认为把官方微博的管理权交给员工太过草率，因此官博一事至今没有落实。社交媒体最注重的是相互之间的联系，包括博物馆与观众、观众与观众之间的平等关系。烦冗的审批流程，是与社交媒体实时对话的本质背道而驰的。

同时我们必须承认，改变现状是一个非常困难的任务，对于博物馆而言，不推行社交媒体也不会影响其目前的运营状态，而使用则意味着更多的风险。这种风险来自于内容的真实性、合法性、权威性，并且不可回避。实际上，博物馆作为一个历史悠久的机构，在很多层面上是保守且抗拒变革的，尤其是在人与人日趋平等的今天，一些博物馆仍在思考如何维持其庄重的形象，这就阻碍了博物馆在新时期的发展。

而世界上很多知名的博物馆，如史密森博物院，已经开始尝试释放权力，并乐于将话语权分享给大众（图三）。正如美国历史博物馆资讯科技与传播部主任David Allison所言，博物馆必须舍弃一些旧思维，并接受社交媒体带来的新观念。传统的博物馆稳定不变，如今却必须适应社会的快速变迁。

四　馆际间的竞争与合作

我国的博物馆从10年前的2200多个发展到现在的3589个，并继续以每年100个左右的速度稳步增长。如何吸引公众，成为一个摆在博物馆面前的难题。每个博物馆都希望借助社交媒体，在用户的时间线上占据一席之地。有的博物馆甚至单独成立微博营销部门，只为追求所谓的"KPI"。有的博物馆采用简单的转发+抽奖，期望吸引更多的目光。显然，这种忽略与公众沟通目的的做法并不能使公众满意，甚至会引发一些人的反感（图四）。

互联网让人们的时间变得"碎片化"，这种碎片化的好处是，谁占用了用户的碎片化时间，谁就更易获得关注。在传播界，社交媒体的营销核心叫作"传播驱动力"，对于博物馆而言，这驱动力不是有奖转发，而

图四　虽然苏州博物馆的抽奖活动很受欢迎，但也有一些网友并不买账③

---

① 图片来源：《社交媒体时代的品牌玩法问题》，虎嗅网。
② 图片来源：史密森尼博物院官方 Twitter。
③ 图片来源：新浪微博。

是博物馆真正有吸引力的东西，是让公众有表达欲望的东西。"传播驱动力取决于品牌和产品本身，且传播决定权在消费者那里"[1]。把心思花在如何做出优秀的展览上，远比利用社交媒体投机取巧重要得多。只有好的展览才能被公众反复的提起，才值得他们主动的分享和传播（负面新闻同样也会受到关注，但应该没有博物馆希望通过负面新闻出名），而那些不是做给观众看的展览，得到的结果只能是无人观看。拿有奖转发来说，转发的人未必是博物馆的观众，有可能只是随手一点，点过之后连他自己都不记得这件事。这样的转发量，即便再高也没有什么效果。

社交媒体使各馆的竞争更加激烈的同时，也给博物馆带来了更多合作的可能性。在国内，尽管博物馆的地位逐渐得到认可，博物馆在人们生活中所参与的程度越来越深，但实际上与其他行业——尤其是与图书馆、电影院等文化休闲行业相比，博物馆行业的大环境并不十分景气。目前，一些博物馆之间已经开始互相转发展览信息以及对彼此的藏品进行分析评价，这当然是我们乐于看到的，但对于行业的整体合作来说是远远不够的。

我们应利用社交媒体不受时间和地域限制的特点，更好地促进馆际间的交流与合作，实现藏品以及展览的共享互惠——这种共享并不需要调拨展品，也不会牵扯到各馆的自身利益。同时，博物馆应以自身视角对业内信息进行加工再传播，使文物的线索、展览的线索有机地连接起来，进而整合整个行业的资源，最终打造一个"大博物馆"体系，使博物馆对现代国民生活产生更深远的影响。

五　结语

无论博物馆支持还是反对，社交媒体的潜能和影响都已成为博物馆密切关注的重要议题。这种多元化的交流方式鼓励博物馆内部与外部的联系与合作，将博物馆视为对话的场所，并给予公众学习和参与的机会，这是博物馆需要做出的改变。社交媒体作为一种公众获取信息和知识的媒介，将有可能引领博物馆走入一个新的时期。澳大利亚博物馆的观众研究部主管Lynda Kelly称，新时期的博物馆作为一个获取信息和知识的媒介，公众理应在任何时间、任何地点，随心所欲的获取他们所需的内容[2]。

这将是我们希望看到的。

（原载于《中国文物报》2014年8月19日）

---

[1] 《社交媒体时代的品牌玩法问题》，虎嗅网。
[2] Museum 3.0:Informal Learning and Social Media, Lynda Kelly, Australian Museum, Sydney.

"风尚与变革——近代百年中国女性生活形态掠影"展览手记

左　烨

摘要： 中国妇女儿童博物馆围绕全国妇联"代表和维护妇女利益，促进男女平等"基本职能，致力于弘扬中华民族优秀传统文化，传播先进的性别理念，策划了"风尚与变革——近代百年中国女性生活形态掠影"展览，展示鸦片战争以后到1949年前，在中国社会大变革的背景下女性生活形态的新变。本文释读了女性婚姻与家庭的逐步文明、女性身体的解放与服饰的演变、女性的教育、职业生涯与社会角色的变迁这三部分展览内容，通过对中国妇女投身社会历程中生活新变的回顾以及谋求自身解放与男女平等的历程，来阐述妇女的解放与发展是推动社会文明进步的重要力量。

关键词： 男女平等　女性解放　婚姻　身体　职业

21世纪以来，随着我国博物馆事业的蓬勃发展，一批专题博物馆迅速崛起，全国妇联下属中国妇女儿童博物馆便是其中之一。专题博物馆专注于某一特定领域，具有鲜明的行业特性。中国妇女儿童博物馆自2010年开馆以来，围绕全国妇联"代表和维护妇女利益，促进男女平等"基本职能，致力于弘扬中华民族优秀传统文化，传播先进的性别理念，以其与传统博物馆不同的特点与面貌对社会公众产生独有的吸引力，为我国博物馆事业发展增添了新的活力。

习近平总书记在2015年全球妇女峰会上明确指出："纵观历史，没有妇女解放和进步，就没有人类解放和进步。"[1]"风尚与变革——近代百年中国女性生活形态掠影"即是在此视角下策划的展览，展示了鸦片战争以后到1949年前，在中国社会大变革的背景下女性生活形态的新变，内容涵盖女性的婚姻与家庭的逐步文明、女性身体的解放与服饰的演变、女性的教育、职业生涯与社会角色的变迁等方面。展览通过300多件馆藏文物与展品，解读近代以来中国妇女生活投射下的历史镜像以及她们身后更迭的时代图景，通过对中国妇女投身社会历程中生活新变的回顾，来表现她们谋求自身解放与男女平等的历程，使观众认识到妇女的解放与发展是推动社会文明进步的重要力量。

一　家庭与婚姻

西汉武帝采纳董仲舒提出的"罢黜百家，独尊儒术"，从此确立了儒家文化在我国的正统地位，儒家的纲常名教对全社会产生深远的影响。所谓纲常即"君为臣纲、父为子纲、夫为妻纲"与"仁义礼智信"组合成的三纲五常。纲是根本，常即不变，纲常是不变的真理和永恒的价值观，儒家将三纲五常赋予了天道的意义。三纲中，君、父、夫是主导，臣、子、妻是服从，君尊臣卑、父尊子卑、夫尊妻卑。五常即仁义礼智信五种德目，《白虎通·性情》对五常的内涵进行了解释："仁者，不忍也，施生爱人也；义者，宜也，断决得中也；礼者，履也，履道成文也；智者，知也，独见前闻，不惑于事，见微者也；信者，诚也，专一不移也。"[2]朝廷言忠，家庭言孝，夫妇言顺，三纲五常紧密契合中国封建社会小农经济下传统家庭本位基础上的封建社会等级制的国情，在以后漫长的封建社会中统一了思想，满足了政治伦理与家庭伦理，对社会起到了重要的教化作用。

千百年来，三纲五常维护了中国封建社会的运行秩序，是中华民族传统文化的重要思想资源。明末大儒黄道

图一　清代金漆木雕"仁义礼智信"构件

① 习近平：《促进妇女全面发展 共建共享美好世界——在全球妇女峰会上的讲话（2015年9月27日，纽约）》，《人民日报》2015年9月28日。
② 班固：《白虎通》，中华书局，1985年，第209页。

周抗清殉国，临终血书道，"纲常万古，节义千秋。天地知我，家人无忧"①。尤其是仁义礼智信，直到今天，对构成现代中国人的价值观维度仍然具有重要意义。习总书记指出要"深入挖掘和阐发中华优秀传统文化讲仁爱、重民本、守诚信、崇正义、尚和合、求大同的时代价值"②，这是对中国传统核心价值观的高度提炼与概括，为儒家核心价值观与时俱进的转化与发展指明了道路。

展览第一部分重点用清代晚期金漆木雕"仁义礼智信"构件（图一）、清代铜胎画珐琅杨家将故事图盘等多件文物来表述中国传统家庭伦理以及中国女性自古以来的家国情怀，用清代红色缎绣吹箫引凤图门帘（图二）等文物来表述夫妻和睦相亲相爱的家庭关系，用民国杏红色缎绣聚仙亭女仙祝寿图帐、清代缎面嵌银烧蓝麻姑献寿图挂屏、清代教子图四条屏、清代红色缎绣百子图帐、清代婴戏图剔红漆盒、清代黄花梨木儿童车等多组文物来表达中华民族自古以来孝老爱亲、尊老爱幼的传统美德。

图二　清代红色缎绣吹箫引凤图门帘

习近平总书记指出，"对历史文化特别是先人传承下来的价值理念和道德规范，要坚持古为今用、推陈出新，有鉴别地加以对待，有扬弃地予以继承"③。三纲五常思想中有精华，也有糟粕。鸦片战争之后，近代中国社会发生巨大转型时，三纲所表达出来的君臣、父子、夫妻之间极度倾斜与不平等的关系尤其不合时宜。随着中国传统农业社会结构逐渐松动，思想解放潮流开始冲击传统的封建壁垒，新旧思想的激烈交锋恰恰表现在纲常名教上。在"中学为体，西学为用"的"体""用"争论之中，中国社会不断在打破"中体"的过程中实现自身的发展。在这个大背景下，中国女性意识逐渐觉醒，她们要求独立自主，追求男女平等并逐渐成长为一支不容忽视的社会新力量。展览利用清代晚期金漆木雕"仁义礼智信"构件作为展览的开篇，这个非完整件的展品，隐含了对三纲五常的扬弃，是中国社会转折时期的一个真实比喻。

《诗经·小雅·斯干》有"乃生男子……载弄之璋……乃生女子……载弄之瓦"的诗句，表达出男女一出生即有璋瓦之分，亦言喻了男女分工及社会地位。三纲五常中"夫为妻纲"，确立了"夫尊妇卑"的社会秩序。因此，长期以来，在我国的家庭生活中，夫妻之间妇女处于从属地位。《白虎通·嫁娶》曰："夫妇者，何谓也？夫者，扶也，扶以人道者也；妇者，服也，服于家事，事人者也。"④妇是担任家务、服侍夫君的角色，而且需要夫以人道相扶，妇完全失去了其独立性而依赖于夫。《白虎通》在此基础上将女性的行为规范扩大诠释为"三从"，即妇女未嫁从父、出嫁从夫、夫死从子。未嫁从父，体现了父权，既嫁从夫体现了夫权，夫死从子则使妇女终生沦为男子的奴隶。《女诫》则以女子"卑弱"的角度解析了"四德"，即妇德、妇言、妇容、妇功的具体内容，"清闲贞静，守节整齐，行己有耻，动静有法，是谓妇德。择辞而说，不道恶语，时然后言，不厌于人，是谓妇言。盥浣尘秽，服饰鲜洁，沐浴以时，身不垢辱，是谓妇容。专心纺绩，不好戏笑，洁齐酒食，以奉宾客，是谓妇功"⑤。三从四德自此作为封建社会女性行为规范，成为阻碍中国女性发展的羁绊。

传统女德的基本原则是"从"，主要规范是节、孝、勤⑥。明清时期，女性的生活依旧是结婚嫁人、生儿育女、相夫教子、敬顺姑舅、家务劳动和持贞守节。展览选

① 黄道周：《黄道周集》，中华书局，2017年，第57页。
② 《习近平在中共中央政治局第十三次集体学习时强调 把培育和弘扬社会主义核心价值观作为凝魂聚气强基固本的基础工程》，《党建》2014年第3期。
③ 同上。
④ 班固：《白虎通》，中华书局，1985年，第268～269页。
⑤ 班昭：《女诫》，《后汉书·列女传》，中华书局，1965年，第2789页。
⑥ 黄明理、张超：《试论中华传统女德及其现代意义》，《华东师范大学学报》（哲学社会科学版）1999年第5期。

用了明代俞梅拟杨太真教白鹦鹉诵经图，一组表现妇女梳妆、刺绣、博戏、焚香抚琴等居室生活场景的通草画来展示当时妇女日常生活状态。持贞守节在此时的家庭婚姻中得到特别强化，被大肆鼓吹并被固化为一种普遍的社会文化心理。从现实角度看，妇女守节避免了因丈夫亡故、再嫁等原因而造成的家庭流动与不安定，使养老抚孤的社会责任得以延续，某种程度上保证了社会的稳定。然而，夫权下的妇女贞节观，是对女子实行单方面禁锢，是畸形的道德，在清代发展到极致。展览重点利用清代同治六年张思九妻陈氏奉旨立旌表节孝牌匾（图三）来表现这部分内容，并引用鲁迅1918年8月15日发表的《我之节烈观》节选对传统贞节观进行批判。

图三　清代同治六年（1867年）张思九妻陈氏奉旨立旌表节孝牌坊木挂匾

经过新文化运动和"五四运动"的洗礼，男女平等的思想逐渐传播开来，传统婚姻观受到冲击和挑战，由此迎来中国社会婚姻文化变革的第一次高潮。这个时期在婚俗方面，传统与新式并存，在改良习俗的呼声下，追求婚姻自由、变革婚礼婚俗成为"男女平权"这一女性解放思潮引导下生活方式变革的重要体现。展览利用清代黄花梨聘礼盒、鸳鸯礼书、画珐琅八宝喜字纹把镜等展品，以及民国新式结婚礼节单、沈从文与张兆和等人的情书摘录版文、"祝文明新婚"歌曲来表现这一时期移风易俗、传统与新式婚俗的并存与演变。比较有意思的是民国时期由上海世界书局印行的新式结婚礼节单，记录了当时新式结婚礼仪流程，对当时新式婚礼的设备、职司、服装、礼节、

文书等内容均作了详细介绍，从中可以窥见民国时期新式婚俗的标准范式。

这一时期，争取婚姻自由，以自由恋爱为基础的自主婚姻的日益增多，婚姻批准权出现向政府部门集中的趋势，体现了婚姻逐渐由传统向现代、由不自由向着自由、由不自主向着自主方向的转变。对这一部分的内容，展览用了多份新式结婚证书来表现，其中，从民国三十一年（1942年）孙秀岩和赵老姑娘的结婚证书上可以看出这对夫妇是通过"北京特别市公署社会局"批准登记结婚的，婚书编号61378（图四）。新式婚书内容包含男女双方姓名、籍贯、结婚时间地点，以及双方曾祖父母、祖父母、父母、证婚人、介绍人、主婚人姓名，从民国婚书的形式与记录内容上可以看到，国民政府对家庭的渗透以及传统

图四　1942年孙秀岩和赵老姑娘的结婚证书

的延续。有些新式结婚证书还含"瓜瓞绵绵""同心永爱"等美好的词句，蕴含着传统文化中对缔结两姓之好的美好祝福。

在"离婚自由""再嫁亦自由"思想的影响下，离婚和再嫁，更深层次体现了人们对婚姻自主的认识和对幸福的追求。1931年12月中华苏维埃共和国婚姻条例（复制）和中华苏维埃共和国离婚证书（复制）这两件展品表达了这方面的内容，值得一提的是《中华苏维埃共和国婚姻条例》是中国共产党以国家名义颁布的第一部婚姻立法，正式确立了婚姻自由的原则。1934年4月8日中华苏维埃共和国颁布了《中华苏维埃共和国婚姻法》，确定婚姻自由、废除包办强迫和买卖的婚姻制度。该时期离婚问题的出现，是中国经历了自鸦片战争以来艰难的现代嬗变，标示了中国传统婚姻家庭关系赖以维系的社会观念乃至社会制度逐渐消解。

我国自古以来属于传统农耕社会，男性是主要劳

动力，人们以家族兴旺、子孙绵延为荣。这种观念、心态和追求广泛渗透在婚嫁习俗和日常家庭生活中，传达着普通民众对早生子、多生子、生贵子的热切期盼。民国以来，较为系统、现代的西方节制生育理论和技术传入中国，传统的生育观念受到冲击。展品民国二十三年（1934年）上海新书民局刊行《育儿法》，从妊娠讲起，至分娩、科学喂养、接种疫苗、小儿常见病及日常护理，逐项介绍，普及教导科学育儿（图五）。生与育的革命改变了中国女性的命运，对家庭发展、社会进步、国家命运产生深远影响①。

图五　1934 年上海新民书局刊行的《育儿法》

二　服饰与身体

从晚清起百年间婚姻观的变革传递出中国从传统"人伦文化"向"个性主义"转变的信号，标志着中国女性从身体到精神的束缚逐步放松，其中废缠足成为女性摆脱身体束缚的开端。

我国女性缠足自两宋时期便已普遍，清人入关以后这一习俗得以保留，清代中期以后，经世致用学说盛行，有识之士时有批判。鸦片战争以后，中国面对帝国主义瓜分狂潮，"亡国灭种"成为一种社会普遍忧虑。在"强国保种"的呼声下，社会痛陈缠足对身体的损害，尤其对生育的影响，认为缠足违背人性，维新派大力提倡废除缠足，

不仅进行舆论宣传，还主导掀起废缠足运动，把缠足的危害上升至国家民族危亡的高度，废缠足日益成为社会共识。日后康、梁的变法虽被镇压，废缠足运动却未被下令禁止，禁缠足也被写进后来清末新政条文。辛亥革命后，南京临时政府在1912年3月发布了《大总统令内务部通饬各省劝禁缠足文》，通令妇女放足。随后中央和地方就此进行了不懈的努力，十余年间，多次颁布与放足有关的禁令、训令、条例，并不断对各地放足运动的进展进行督促和检查，在革除缠足习俗方面取得了长足进展。展览集中展示了数十双（只）各式绣花小脚鞋以及裹脚凳等展品，小脚鞋做工精巧、样式各异，形成了较强视觉效果。

从缠足到放足、天足，有政府的劝令禁止，但更多的是女性顽强抗争。缠足使女性举步维艰，身心痛苦，废缠足后的妇女"大方天足行飞快"②，她们自我意识觉醒、日渐独立并迅速投身社会，逐步开始按照个人意趣选择自己的装扮，集中体现在女子剪发迅速兴起。

清入关后，强制男子剃发留辫，而对女子则容许保留原先汉族挽髻的传统。女子闺中挽髻编辫，花式繁多，用来固定与装饰头发的簪钗钿篦，也是层层叠叠，材质各异。辛亥革命之后，伴随着男子剪辫而来的是女子剪发的逐步兴起。民国初年，就有女子尝试剪发，但属凤毛麟角，是个别人的勇敢尝试，社会上普遍将剪发视为大逆不道。"五四运动"后剪发人群大增，其中女学生们引领了这波剪发风潮，她们中的许多人都强调，"剪发是女子自己的事"。20世纪20年代，伴随着电影的风靡，明星们的短发式起了引领作用，女子剪发掀起一个小高潮。剪发从根本上改变了女性头部妆饰的传统格局，使妇女彻底摆脱了各色簪钗钿篦等头部妆饰的重负，省时省力，便于女性投身社会（图六）。

晚清至民国时期，中国女性身体的解放显示了新旧时代性别意识形态的变革，从服饰的视角来看，则表现出由对女性的个性的抑制转向彰显，表达出鲜明的时代政治与文化信息。

清人入关后，满、汉两族女装共存，不过，无论是满女旗袍还是汉女襦袄，均采用平面裁剪，廓形都是宽阔平坦，绝不显露女性的形体。严谨、宽大、垂长是这时期女服的主要特征，传统的礼教，制约着人们的思想也左右着人们的审美。清代女服的装饰着力在图案纹样的繁盛茂密，尤其宫廷女服，更是繁复堆砌到极致，精美绝伦的面料、绚丽斑斓的色彩、秀丽雅致的刺绣、细腻的镶滚装饰工艺，营造出的是一件华丽的衣服本身工艺品。

随着女性自我意识的觉醒，女性服饰迎来大变革，女性服饰逐步追求实用与美观的统一，通过服装表达自我逐

---

① 方旭红、王国平：《论 20 世纪二三十年代的城市离婚问题》，《江苏社会科学》2006 年第 5 期。
② 杨燮等著，林孔翼辑录：《成都竹枝词》，四川人民出版社，1982 年，第 78 页。

图六　清代绢本女子发式图、民国时装画月份牌

渐成为这一时期女性服饰的新主题。从民国初年开始，女装的廓形出现了凸显女性身型特征的合体上装和裙装以及合身的新式旗袍，服装的变化不再囿于图案与色彩，变得逐渐有意识地表现人体特征。此时西式服装裁剪技术的引入改变了中国服装传统平面的裁剪缝制的传统，胸省、腰省等裁剪技法，直接使中国女装尤其是旗袍赋予了与传统女装不一样的内涵与崭新的结构。

　　展览利用了清代青色缂丝八团仙鹤花蝶纹吉服褂、清代绿缎五彩绣花卉氅衣、清代三蓝绣对襟马褂，以及民国紫色缎绣雉鸡花卉纹袍、民国淡紫法兰绒绣花旗袍、民国月白色缎绣花卉纹上衣青色暗花缎裙，来表现清代女装"重装饰，轻人体"到民国女装对身体表面曲线的承认到欣赏并展露肢体廓形的变革。

　　从晚清民国女性摆脱缠足的束缚到剪发与服饰的变革，女性有了行动与活动的自由，有了展示个体特征的自由，她们投身社会，中国女性面貌从此改观。

三　职业与教育

　　男耕女织的小农经济是中国封建社会的经济基础，由于占有生产资料和劳动分工不同，女子治家务、育子女、工纺织，在家庭生活中发挥重要作用。进入近代，随着西方资本主义的传入和中国民族资本主义的发展，传统的小农经济受到极大冲击，妇女开始接受教育、出外做工、参与社会生活。展览用民国粉彩耕织图瓷板、清代妇女养蚕缫丝织锦图通草画、清代黑漆描金人物故事长方委角奁、荷包等多组文物来表现妇女在传统家庭生活中的日常劳作。

　　鸦片战争以后，中国社会的生产方式发生剧烈变革。一方面，传统农业社会结构逐渐松动、自给自足的自然经济无可挽回地走向衰退；另一方面，随着民族资

图七　1933 年商务印书馆发行的《妇女参政运动》

本主义工业的发展，女性得以从传统的家庭经济方式中解放出来，她们纷纷走入工厂、走向社会，逐渐成长为社会变革的新力量（图七）。通过1941年天津东亚毛呢纺织股份有限公司工友志愿书及版文女子蚕业学校校歌，可以看出当时的缫丝业、纺纱业等已经走向产业化，女性从自身最易入手的纺织业开始接受职业培训，是她们走向社会的真实反映。

伴随西方文化的输入，男女平等思想萌发，近代女子教育逐渐兴起。至20世纪，兴办女学蔚然成风。1915年，金陵女子大学建立；1920年，北京大学首开男女同校先河，都标志着女性教育获得巨大进步。展览中引人瞩目的是关于杨先知的毕业证书、聘书及奖励证明等一组文物。安徽巢县女性杨先知，生于1920年，1936年从附设于简易乡村师范学校的"短期小学教员师资训练班"结业，1944年从国立女子师范学校毕业后受聘于四维学校，任教期间因"教导儿童至为热心，成绩彪炳"而受到嘉许，1947年受聘于南京市游府西街国民学校。她的经历是近代中国女性接受教育、投身社会的缩影。

展览还采用了一组女性绘画来表现新文化运动后越来越多的接受新式教育的女性，开始寻找自我的独立人格，从绘画中逐渐显露出女性话语的发展。

我国史料中有关女性绘画的文献和作品的记载都极其有限。中国古代女性绘画，大多只是修身养性或以高雅消遣为目的的自娱自乐自诫，由于社会的局限，她们事实上不可能面对外部世界，这大大影响了她们作品的视野，比如通过董婉贞的盆兰、缪嘉惠的花鸟册页等可以看到，她们多取材花鸟、庭院小景。清末至民初，随着社会的剧烈变革，中国的女性意识逐步觉醒，她们开始寻求自我的独立人格，表现在绘画中逐渐显露出女性话语的发展。这一时期的女画家挣脱了旧礼教的枷锁，走出闺阁，投身社会，进入了一贯被男性统治的画坛，参加展览，参与画会。屠格、鲍亚晖等人的山水画，襟怀开阔，更有一批女性以自己对绘画特有的女性感觉和良好的绘画修养成为推动中国早期西画运动的生力军，如杨清磐，主张中西绘画结合，倡导新美术。她们的艺术，呈现出了强烈的新女性

图八 何香凝《菊花图》

色彩和时代精神。馆藏何香凝《菊花图》（图八）展示了这位女革命家抗战期间与柳亚子、柳荫权的交往及南社的活动。陈慎宜《卫国保家慰我征师》，表现了民国时期的进步女性以敏感的目光关注社会，把自己的命运与国家的命运维系在一起，在传统与现代的博弈中成长为一代新女性。

近代中国的社会变革，带来了全社会各个方面前所未有的巨大变化，在变革的历史洪流中，中国女性也经历着激烈的自身的嬗变，从身体到精神、人格，变革的程度不断深化，她们迅速地成长，成为推动整个社会进步的重要力量。

（原载于中国妇女儿童博物馆编著：《风尚与变革——近代百年中国女性生活形态掠影》，科学出版社，2020年）

博物馆儿童展览的视觉策划与实践

张　淼

摘要：随着每年博物馆展览数量和观众数量的增加，观众对展览的要求也越来越高。每个博物馆都将少年儿童教育摆在很重要的位置，展览作为博物馆教育最直接的体现，却鲜有专门为儿童策划的主题展览，儿童缺乏利用博物馆资源接受社会教育的主动性。国家文物局在《关于提升博物馆陈列展览质量的指导意见》中明确提出"提升陈列展览质量，积极策划实施主题性陈列展览"的要求。在视觉上抓住孩子的眼球，才能激发他们走进展览探知的欲望，是儿童展览成功的一个重要因素。本文结合作者亲历的几个儿童展览案例，从视觉策划的角度，谈了谈"好看"的儿童展览，希望能引起对博物馆儿童展览的策划工作及儿童展览策展人的培养工作的重视。

关键词：博物馆　儿童展览　视觉策划

随着博物馆免费开放政策的实施，博物馆事业进入到一个蓬勃发展的阶段，每年博物馆的陈列展览数量和参观观众人数都在不断增加。有数据统计，全国博物馆每年举办的展览超过20000个，参观观众人数超过7亿。

博物馆教育是社会教育中不可忽视的环节，展览是博物馆教育最直观的体现。随着博物馆社会影响力的提高和观众数量的增加，观众对博物馆展览的要求也越来越高。观众参观展览的关注点已不仅仅集中在文物或者展品上，展览内容的连贯性、展览效果的吸引力、展览带来的后续思考等都逐渐被重视起来。2015年国家文物局印发的《关于提升博物馆陈列展览质量的指导意见》中明确提出要"提升陈列展览质量，积极策划实施主题性陈列展览，加强数字化展示手段"。

在《指导意见》中还特别强调"注重陈列展览配套青少年教育项目的策划与实施"。作为博物馆观众中最为重要的一个目标群体——少年儿童，博物馆历来都重视其在馆内的教育问题，每个馆都有针对少年儿童的教育方案，或组织参观，或开设课程，或设置儿童活动区等，但是除了科技馆和自然馆，专门为儿童策划符合儿童观众特殊的生理需求和心理需求的展览少之又少。

中国妇女儿童博物馆是为妇女和儿童服务的国家级专题博物馆，从开馆伊始，就已经意识到策划儿童展览的必要性和紧迫性。这些年，陆续举办了几个专门为少年儿童策划的临时展览——2012年"哥德堡号带我到中国"、2013年"法国儿童艺术展"、2014年"魅力永恒的童话力量—安徒生童话进入中国百年纪念展"、2015年"未来生活创意家"、2016年"奔向未来——儿童数字化游乐空间展"和正在展出的"动物士兵——勇敢的伙伴"，深受小朋友们的喜爱和欢迎。同时，国内同行们也已行动起来，2016年首都博物馆举办了专门为青少年量身定做的展览

"读城：追寻历史上的北京城池"，广东省博物馆即将在"六一"推出的儿童专题展"文物动物园"等。

严建强教授曾提出博物馆展示的质量判断有两重评估系统——专家和观众两个方面，其中观众评价的三大指标是好看、看得懂、获得启发和感悟。引人入胜的视觉效果是驱动观众参观的重要动力，是展览成功的一个重要因素，尤其对于儿童展览而言，先要在视觉上抓住孩子的眼球，才能激发他们走进展览探知的欲望。"好看"就是视觉策划、形式设计，是陈列艺术设计师需要完成的工作；"看得懂"和"获得启发和感悟"是内容设计，是展览内容研究人员需要完成的工作，两者的工作相辅相成。

一个成功的展览视觉策划首先要求陈列艺术设计师明确办展的意图和目标观众群的定位，其次要与内容策划人员深入沟通，了解展览主题和内容，选取合适的内容点作展项开发设计，准确、鲜明、生动地体现内容，也就是常说的"形式与内容的统一"，最后针对展览空间、环境、目标观众群的特质，结合展览的成本考量，对展览的视觉表现和互动体验方式做出了策划。

下面结合几个儿童展览的实例，谈谈我对儿童展览视觉策划的几点体会。

一　趣味性的主题策划是好的视觉策划的基础

儿童展览不是侧重于展示藏品，策划适合儿童认知的展陈主题、简单易懂的内容与结构，并以趣味性主题展示为基础，提前了解策展人或者内容策划者的展览意图，充分理解展览主题和内容对展览视觉策划者来说是至关重要的一步。

每个中国人在小的时候都听过妈妈讲的"丑小鸭""美人鱼"的童话故事。在安徒生童话进入中国100年

之际，我们和丹麦欧登塞博物馆共同策划了"魅力永恒的童话力量"展览，让现在还在听着"小美人鱼"故事的小朋友以及拥有怀旧梦想的大朋友，了解这个耳熟能详的童话大王的家乡的样子、安徒生童话进入中国后给我们带来的影响，展览的主题非常明确和简练；目标观众群主要着眼于7～12岁的小朋友，定位清晰；明确展览内容分为"安徒生家乡风貌及其本人纸刻作品""安徒生童话译本和绘本""安徒生童话的衍生品""互动区"四个部分后，我们的视觉策划在空间规划上，在展线设计上，在氛围营造上，在展品排列上，在互动环节设置上（图一）都和内容高度统一，用生动的形式语言准备了体现了展览内容。

图一　"魅力永恒的童话力量——安徒生童话
进入中国百年纪念展"效果图

二　参观路线流畅的空间设计是儿童展览设计的第一要素

设计空间布局时要分析目标观众群的心理特征以及对空间的需求（表一）。对于儿童展览，笔者认为大空间或通透连续的视觉效果更适合于儿童。大空间的开阔感会让参观者心情舒畅，但是也会带来一种空洞的视觉效果，因此需要增加一些软性材料或者隐形手段来分割空间，使单元空间既相互融合又相对独立，同时还丰富了空间的立体层次感，起到展览内容划分的作用。

"魅力永恒的童话力量"展览就采用通透感强烈的大空间设计思路（图一、二）。以展厅正中为中心，模仿典型的欧洲广场式城市布局分布，将展厅划分为四个部分，

图二　"魅力永恒的童话力量——安徒生童话
进入中国百年纪念展"

每个部分展示一个单元的内容。每个部分之间、部分与中心之间都留有矩形或者三角形的门洞，让儿童在展厅内可以自由的浏览；局部展墙使用图案贴膜的玻璃搭建，增加展厅整体的通透性，增加了展览的"魅力"。

笔者观察过多个儿童团体参观展览的人员分布状况，互动区域永远是最吸引他们的地方，也是他们最聚集的地方；其次是在有视觉体验区域，如电视、模型沙盘前；展品，看一眼，一带而过；最后展览文字前寥寥无几。有研究机构对儿童在空间中分布进行过分析，儿童参观展览的情况主要是随机分布和聚类分布两种。普通观看展品或者图板属于随机分布，互动区域前就是属于聚类分布。我们要根据儿童参观的分布特点，区别对待儿童展览中的静态展示和动态展示部分，将二者有机地结合，合理规划空间布局。

"奔向未来——儿童数字化游乐空间展"是一个互动展，类似于科技馆的展览项目，它由13组数字互动装置组成的，包括游戏、移动应用软件和实际动手制作活动。结合我馆展厅情况，在规划展览平面布局时，我们着重分析了每个项目的参与人数和参与时长。在参与人数较多，参与时间较长的项目上，所分配的空间比例就会较大。比如"就在现场"项目最佳参与人数为3～6人，游戏时间为12分钟，属于所有项目中参与人数较多、游戏时间较长的项目；通过调研，我们也发现该项目是最受小朋友欢迎的一个游乐项目，往往参与的儿童是3～4人，外围还有许多小朋友在等待，因此我们在展厅一个相对独立且面积较大的角落中，放置了此

表一　不同年龄段儿童的心理特征以及对空间的需求

年龄段	心理特征	空间需求
3～7岁	对事物的外表感兴趣，思维能力逐渐加强，对符号和色彩的理解不断发展	丰富的空间层次，空间尺寸不宜过大，要给儿童创造有安全感的空间
7～12岁	逻辑思维生成；对色彩鲜明、对比强烈的色彩所吸引	通透连续的空间能让儿童在各个空间内有较好的视觉交流但在大空间内还需要私密性的小尺度空间
12～15岁	开始有抽象概念，思维模式趋近于成人	趋近于成人

项目（图三绿色部分），这样既保证了展厅内通道路线不被拥堵，也相对保证了游乐项目的整体效果。

同时，整体采用大空间的设计，利于儿童在游乐空间中"奔跑"、自由穿梭于各个项目之间；局部用独立的六边形墙体和地面不同颜色、形状的六边形色块区分项目设置。

图三　"奔向未来——儿童数字化游乐空间展"轴测图

合理的参观路线设计会增加展览的趣味性，激发儿童求知的兴趣，甚至可以在路线安排上提供多条路线，根据每条路线都能遇到不同的经历，从而激发儿童主动探索体验的热情，使整个空间成为儿童参与和沟通的展示过程。过于直白的参观路线会给儿童带来乏味无趣感；空间布局和参观路线不合理，儿童在其中会感到迷失和无助。所以在设计展览路线时，应从儿童心理出发，力求简单，充分

考虑参观时间的问题。一般儿童展览的参观时间不宜超过30分钟。

"哥德堡号带我到中国"展览在结合故事性展览主题的同时，利用儿童的好奇探索特性，设计出如同故事主角般的探索路线，让他们沿着故事主人公的脚步参观完整个展览。路线简单、时间不长，却让孩子有身临其境的感觉（图四）。

三　良好的色彩设计能给儿童一个愉悦的观展心情

视觉策划应当对展览空间的色彩、光线等方面给予充分重视，色彩留给人们的印象往往比造型的印象要深刻很多。展示空间的色彩应以明亮柔和为主，有人做过统计：代表明亮、温暖、鲜艳、快乐、柔软、活泼的色彩都是儿童喜欢的，如橙色，黄色，粉红，纯度高的蓝色、绿色等；要选择柔和、明快、生动、活泼、俏皮的色彩组合；还要注意色彩的对比度，对比反差大，浓烈、鲜艳的颜色容易引起儿童的强烈兴趣。同时，为了避免视觉混乱，主要色彩采用三到四种就足够了；色彩太多反而使儿童参观的关注点分散到色彩上，而不是展览本身，而且容易让儿童感到焦躁不安，但是色彩太过单一也会让儿童觉得乏味（表二）。

考虑儿童的视觉感受，儿童展览应采用整体柔和、局部明亮的照明方式，在儿童活动的区域、有互动交流的场景上方加局部照明，提高亮度。条件允许的情况下，尽可能地合理、适度引入自然光照明。还可以引入富有童趣的照明形式，增加动态多彩的光环境会让儿童

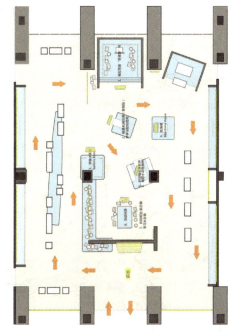

图四　"哥德堡号带我到中国"展览现场及参观路线图

表二　中国妇女儿童博物馆儿童临时展览色彩使用统计表

展览名称	色彩
哥德堡号带我到中国	海蓝、淡蓝、黄、棕黑
法国儿童艺术展	白、灰
魅力永恒的童话力量——安徒生童话进入中国百年纪念展	红、紫、绿、黄
未来生活创意家	淡粉、淡绿、淡蓝
奔向未来——儿童数字化游乐空间展	蓝、粉、紫、黄、灰

感到愉悦与兴奋。

四　营造让儿童感到受欢迎的安全环境

儿童既然作为展览的主要受众群，博物馆需要考虑为儿童提供熟悉又舒适的环境。除了空间设计、展厅色彩、灯光运用外，在迎合展览主题的前提下又不让儿童感觉紧张或不安，需要注意的是，展柜内的展台、说明牌等细节尺度设计都应满足儿童人体工程学，适合儿童的高度。据统计，我国4～6岁的儿童身高在95～105厘米，7～14岁的儿童身高在110～145厘米。应该根据展览内容的不同，考虑儿童年龄和儿童身高的差异进行多尺度的设计。

明亮的展厅环境和开放的文物布置，让儿童观众对各种展品充满兴趣，注意力几乎全部集中在展品身上，乐于发现新奇有趣的事物。不要把所有展品都放入展柜展示，尽可能运用复制品进行裸展展示，鼓励孩子通过触摸感受展览，不要让儿童对博物馆形成"柜子森林"的印象，目之所及全是展柜、墙壁，难以感受到博物馆的意义。出于文物保护的考量，展品必须放置展柜展示的，展柜要安全结实，玻璃碰角和磨边要更加精细，展柜造型要注重美和多样性，契合整个展览氛围，颜色贴切主色调。

博物馆必须创造一个安全的环境来满足儿童活泼好动的天性，所以要在一些细节上更加注意，桌椅柜子的边角要弱化，材料选择柔性物质等。

儿童展览还要注意绿色环保材料的应用。"读城：追寻历史上的北京城池"展览创造性地将纸艺运用在空间构架、拓展展品、互动体验上，既让观众获得新的观展体验，也将环保再生、循环利用的理念传递给观众，"因此，在这个展览里，纸艺这种形式设计的物质载体不仅参与了展览的形式视觉表达，更深入到了展的内容主题和展品拓展，是一次视觉策划在展览策划中的完美表达"（图五）。

图五　纸艺在"读城：追寻历史上的北京城池"
展览上大量应用

五　锦上添花的氛围营造与外延设计

一个优秀的儿童展览，不仅包含成功的内容与形式设计，还要包括整体的氛围营造和局部匠心独运的外延设计。

"魅力永恒的童话力量"展的门面设计采用了中国元素的大门设计方案，除了弥补设计方案与现场实际之间的误差，还紧扣住了安徒生童话进入中国百年这一展览主题，让儿童进入展厅前就有"进入中国"的情景带入（图二、六），与童话世界中的大门遥遥相对。展厅中还大量运用安徒生的剪纸作品元素，营造展厅氛围。

"奔向未来——儿童数字化游乐空间展"展厅外有一块面积等同于展厅的平台区域，所以在做展览的视觉策划同时，设计外延到平台，除了用不规则六边形的架构作为冰冷的防火门的装饰，好似给防火门套上了一条温暖的"围巾"外，还增加了文创产品展示柜、互动游戏等设计，保持了展厅内外的设计统一性，这样让儿童身

图六　"魅力永恒的童话力量——安徒生童话
进入中国百年纪念展"门面设计

图七　"奔向未来——儿童数字化游乐空间展"
展厅外设计图

处在平台之上也能感受到展厅内的氛围（图三、七）。

六　"做中学""玩中学"与展览有机结合

"做中学""玩中学"已成为中外博物馆儿童教育的核心概念。儿童理解事物的方法就是将若干相同或类似的物件拼在一起的过程，形成其对事物的认知学习。儿童想象力丰富，喜欢具有主题性的游戏活动，并喜欢与同龄人一起参与游戏，时刻关注儿童兴趣，根据展览主题设计儿童参与的活动，开启孩子主动学习热情。有多媒体互动设备固然是锦上添花，但并非一定需要借助科技设备，利用简单的工具模仿或重塑展品也能让儿童获得感官体验的满足。

对于普通展览的单一静态展示模式已经完全不能满足儿童展示空间的需求，应当进行有主题、有剧情的创新展示形式，鼓励儿童主动参与到展览之中，让他们成为参与者和探索者。

儿童展览正在得到越来越多人的重视，也面临着很突出的问题，如儿童展览选题研究不足、展览文字过于生硬、展示手段缺少互动性，最重要的是缺少专门为儿童策划展览的内容设计师和视觉策划师。各馆在重视儿童教育的同时，也应注重儿童策展人的培养。

儿童展览是博物馆儿童教育功能最为直接的体现。为了更好地满足儿童群体对博物馆文化的要求，提高广大儿童的思想道德和科学文化素养，博物馆需不断提高儿童展览的水平。

（原载于李跃进主编：《为博物馆而设计——中国博物馆协会陈列艺术委员会论文集》，文物出版社，2016年）

参考文献

[1] 王宏钧：《中国博物馆学基础》，上海古籍出版社，2001年。

[2] 国家文物局：《博物馆条例释义》，中国法制出版社，2015年。

[3] 周婧景：《博物馆儿童展览评估研究》，《东南文化》2013年第6期。

[4] 周婧景：《博物馆儿童专区展览问题初探》，《博物馆研究》2014年第2期。

[5] 韩雪：《中外儿童博物馆对比研究》，辽宁大学硕士论文，2011年。

[6] 陈力子、李雪：《博物馆文物类展览儿童教育的实践原则刍议》，《博物馆研究》2016年第1期。

[7] 徐颖：《关于儿童博物馆趣味性展示策划的研究》，《艺术教育》2012年第6期。

[8] 王瑞：《在艺术氛围中展示文化价值——从读城展看展陈设计师的作用》，《中国文物报》2016年4月13日。

[9] 皮亚杰著，金衡山译：《儿童心理学》，商务印书馆，1981年。

博物馆个性化追求"合理性"问题思考

——以中国妇女儿童博物馆为实例的探讨

曹建慧

摘要： 在博物馆语境下，作为以妇女为主题的博物馆，中国妇女儿童博物馆致力于发掘、展示、研究、弘扬女性文化，它的展览不仅围绕妇女的历史与现状进行，而且也非常关注性别意识的表征、文化身份的实现以及不同性别文化之间的融合，并通过在文化领域的不断努力促进两性间的沟通、理解、尊重、平等以及和谐发展。

关键词： 个性化　性别文化　女性文化

一　文章缘起

对笔者而言，文章从构思到正式落笔，则是经历了一个漫长的过程。对于"个性化"的定义与解读，笔者一直存在很大的困惑。什么是个性？什么是个性化？尽管不同学科如心理学、社会学都将个性作为其研究的对象，但研究视野以及结论并非完全一致。心理学家通常把个性理解为心理面貌中与共性相对的个别性，即独有的心理特征，它包括一些意识倾向与各种稳定而独立的心理特征的总和。社会学家通常所说的个性是与群体相对应的个别性。哲学在个性概念上与心理学、社会学具有相同之处，都是指相对于共性而言的个别性，独有的特性；不同之处在于哲学所讲的个性是个人在处理与世界关系的活动过程中表现出的独特的主体行为（内部和外部）特征，即主体性和差异性。因此，个性就是较为稳定的主体性和差异性的统一。个性与主体性相对应，或者说是主体性的个体表现。它寓于主体性和社会性之中，但又彰显于他所指代的具体特征。

在文化领域，它的含义也在随着不同特定领域中涵义解读的不同而变化。笔者浅显的认为，博物馆领域中的"个性化"背后则是更多的指代不同性质和内容的博物馆"物化"的文化价值与文化理念。泛而言之，博物馆是收藏、教育、展陈、研究的公益机构，但因其性质不同，或者说因为性质决定内容的原因，很多博物馆除却专业化，还有行业化、特色化等特征。当然，对于博物馆的特征分类，笔者想更多是仁者见仁智者见智的问题。当对于任何一事物的评价标准与体系，在交叉融合中，又凸显其独立性与特色性。但对于博物馆而言，它更多指代的是博物馆展陈具体化的背后文化价值与秉持文化理念的不同。博物

馆的个性化是指它所代表的博物馆表征文化的个性化。

二　对于中国妇女儿童博物馆"个性化"的探讨

1. 文化的"个性化"

对于文化的定义，众说纷纭。英国学者爱德华·泰勒是第一个全面而明确地为"文化"下定义的人，他指出："文化或文明，就其广泛的民族学意义来讲，是一个复合整体，包括知识、信仰、艺术、道德、法律、习俗以及作为一个社会成员的人所习得的其他一切能力和习惯。"[1]

而我国的《辞海》对文化做出了如下解释："从广义来说，指人类社会历史实践过程中所创造的物质财富和精神财富的总和。从狭义来说，指社会的意识形态，以及与之相适应的制度和组织结构。"[2]任何一种文化，都是由多种要素、按照一定方式或结构组成的一个有机整体，都是由不同层面、按一定的秩序形成的一个特定系统。根据庞朴的文化三层次说，可将文化分为物质文化、行为文化和精神文化。物质文化主要指社会物品层面。行为文化主要指人的行为层面，包括为满足人的生存、发展需要而形成的生活文化、制度文化、管理文化体系。精神文化是指人的心理方面，包括在人的情感、情绪、性格、思维等作用下所形成的艺术文化、知识文化和观念文化体系。

但如果从文化哲学的视角来看，一种文化生生不息向前发展的最持久动力，莫过于体现该文化的内在精神及其个性。同时，也正是这种内在精神及其个性，使该文化区别于其他文化形态在世界文化之林展示出一种独特的魅力。

作为人们社会生活中的一种独特存在，博物馆具备了多重的身份：它承载着人类的记忆，成为个人、社会、国

---

① ［英］J·泰勒著，顾晓鸣译：《文化之定义》，《多维度视野中的文化理论》，浙江人民出版社，1987年，第89页。
② 《辞海》缩印本，上海辞书出版社，1980年，第1533页。

家必不可少的文化守望者；它是一种公共机构，为社会为公众服务；它是信息传播的媒介，但它的传播方式和内容又受到不同因素的影响。整个博物馆行业在今天繁荣发展的同时，也存在着潜在的风险、挑战和质疑。

2. 中国妇女儿童博物馆"个性化"的探讨

在浩瀚的历史长河中，我们几乎看不见妇女自我呈现的形象。无论是在历史学的叙述中，还是在文学的叙事中，妇女的表征往往既通过展现的"在场"而运作，也通过未展现的"缺席"而暗示。值得关注的是，寄于男性文化中的妇女由于没有坚实的自我身份，常常不得不以"群体"身份言说自我。妇女虽然没有得到直接表征，但这一群体的"缺席"却不可避免地得到了表征。因为在剥夺妇女自我表征的权利后，男性迫于统治的需要仍然必须想象妇女"如果权力要从内部规范她们，还必须能够从外部想象她们"①。当然，在被"想象"的同时，妇女也从未停止"想象"男性与历史。她们不仅想了解男性所叙述的历史及其真实性，更想弄清历史是如何被虚构并被篡改的。对这些问题的"想象"都指向了同一个目标重建妇女的历史与文化。近年来，越来越多的女性学者开始致力于性别文化表征研究，并希望通过对博物馆语境下文化表象与意指实践的考察，探究妇女自我表征的一种可能性。

作为国家级的专题博物馆，中国妇女儿童博物馆致力于发掘、展示、研究、弘扬妇女文化，并通过在文化领域的积极努力促进两性间的沟通、理解、尊重、平等以及和谐发展。

从某种意义上说，中国妇女儿童博物馆就是一个有效的表征系统。博物馆中的展品、照片、文字等均可视之为符号，而符号的基本功能就在于表征。在此，妇女的自我想象与自我表征成为可能，性别意义和性别文化的公共交流也成为可能。"博物馆并不是简单地发表客观的描述或形成逻辑的聚合体。它们生产各种表象，并根据历史上具体的特定视角或分类框架来确定价值和意义。与其说是通过物来反映世界，还不如说是用物来调动过去和现在世界的各种表象"②。因此，博物馆所提供的语境，对物品的使用具有一定的制约作用。物品一旦被置于博物馆语境中，就自动参与文化表象的意指实践，"召唤"性别意识的出场，表征历史上妇女的"失语"与"缺席"。在参与者的赋义行为中，物品获得并实现自身的价值和意义。离开这一特定的语境，物品自身所蕴含的性别文化意味随时都有可能脱落，并被迫接受男性文化的整合。

一直以来，博物馆都被视为文化艺术的殿堂，通往大众的文化桥梁。到了21世纪，博物馆的功能和特性虽已大大改变，但其教育功能仍然是主要功能。博物馆是大众教育的理想传播工具，展品无一例外都是精心设置的文化制品。一般博物馆语境所呈现的都是男权意识的固化或流动，只有在妇女专题博物馆语境下，妇女自身才被作为历史和现实问题提了出来。在此，妇女才得以加强与生命体验的联系，暂时性地摆脱在父权知识观念下被定型的形象，并以一种开放、流动的姿态表征自我。作为首家以妇女为主题的博物馆，它的常设展览主题自始至终都在围绕妇女的历史与现状进行，而且也非常关注性别意识的表征、文化身份的实现以及不同性别文化之间的沟通和融合。那么，展品又是如何作为符号建构意义的呢？

三 博物馆语境下的文化表征与意指实践

在博物馆语境下，表征一方面涉及展品、展览意图与文化表象之间的复杂关系，另一方面又与性别意义的创造、传播、理解和接受密切相关。但是，博物馆自身和展品的单独使用并不能固定意义。我们首先关注的是在博物馆环境中意义是如何产生的，性别又是如何表征的。一般来说，"我们建构意义，使用的是表征系统——概念和符号"。在此，不妨把博物馆内的表征看成一个复杂的、间接的过程，一个将意义和语言联系于文化的过程。这里的重点是作为文化的表征与其所叙述的历史现象和语言所代表的一种背后文化特质。

毋庸置疑，任何博物馆的展览都是一个建构的事件，一种复杂的意指系统。而中国妇女儿童博物馆的建立和展览更是一系列深思熟虑的行为结果。从搜集展品，重写男性文本，建构性别意义到精心策划展览，这些物品的价值不仅仅在于它们的新颖性和奇特性抑或有些物品并不具有新颖性和奇特性，甚至有些物品并不具有文物价值，更在于它们的文化价值以及背后所隐藏的"她"的故事。这些展品起着符号的作用。参观者进入展厅，看见物品离开博物馆，又借助概念来想象物品，并用合适的词语表达出来。各种物品并不天生就是"妇女"文化的，而是被指派的。在这一语境中，展品的重要性并不在于它们是什么，而在于它们所承担的功能。以嫁衣为例，作为展品的嫁衣不仅仅显示了嫁衣作为一般衣物的遮体御寒的物质功能，也不仅仅展示了中国各少数民族的服饰，嫁衣在此作为性别分析的对象，可被看作构成文化意义并传递信息的符号①，涉及不同民族诸

① ［英］特瑞·伊格尔顿著，方杰译：《文化的观念》，南京大学出版社，2003年，第57页。
② Henrietta Lid-chi, *The Poetics and the Politics of Exhibiting Other Cultures*, in Stuart Hall ed, Representation:Cultural Representation and Signifying practices, London, Thousand Oaks, New Delhi:Sage, 1997, P160.

如女红文化、婚俗、性别观念、两性关系等一系列问题。

同时，征集者、参观者和展品共同参与了性别文化的表征，各自的意指实践在博物馆语境中互相交织、碰撞，甚至冲突。值得关注的是，展品具有"可读""可写"双重性质。按照罗兰·巴特的解读，物品本身就是一种符号。而符号一旦形成，就会自动参与博物馆语境内的意指实践。展品作为文化表象产生于征集者与物品、参观者与展品共同的意指实践。征集者最初发现了物品的性别意义并对其进行意指实践，使其成为博物馆展厅中的展品，展品又经由参观者的意指实践，被建构成展品。当低一级的系统成为高一级的系统中的所指时，所形成的系统就是低一级系统的引申。

作为文本，展品的生产资料也是语言，一种人们赖以交流、表达、表征的语言。展览不是生产的结束，而是生产的过程。展览或参观都可以看成是对先前意义的解构，每一次展览或参观都将重新构成另一种语言，如此循环往复讲述关于性别的故事。在一个精心运筹的语境中，其展览的重心并不在于展品自身的文化价值，也不在于展品的材料和质地，而在于展品的"含蓄意指"。但令人烦恼的是，展品作为博物馆的核心，不一定能提供意义的稳定性。尽管"它们的物质性为其稳定性与客观性提供了一种可能性，并暗示了一个稳定、明确的世界"[2]。但展品的意义却无法超越时间、地点的变迁和历史的必然性，即使展品以其原初的物质形式完好无损地保存下来，也不能保证其最初的意义。正因为展品存在的稳定性并不能保证意义的稳定性，我们才需要永无止境地描述与言说。

以三寸金莲为例。作为封建社会历史见证物，三寸金莲既是人类过去的日常用品，也是现今博物馆陈列中比较有代表性的展品。在不同性质的展览活动中，三寸金莲所传达的文化表象都是不同的。当燃烧的革命激情遭遇"私密"的"三寸金莲"时，"负文化"终究敌不过强势的父权文化。特定的展出语境直接影响展品的文化表象与意指实践。可能在被征集前，三寸金莲只不过是一双普通的女鞋，被征集后则具有符号的功能。在展厅里，三寸金莲的能指是供小脚女人使用的鞋，其所反复意指的却是妇女遭压制的心理表象。而与三寸金莲置于同一展柜中的裹脚布，无疑巩固了这一心理表象。另外，墙上的照片也提供了真实的证据，使参观者愿意倾听并且相信事件的真实性。

三寸金莲、裹脚布及照片作为沉默的历史见证者是一种客观存在，这是永远不会改变的意义。展品作为符号具有自动意指的功能，可当社会对展品的感受发生变化时，各含蓄意指却无法不受影响和侵蚀。在含蓄意指层面，意义是历时性的，各含蓄意指又否定了物品作为历史见证者的客观性。在不同的语境、不同的时期，对三寸金莲的含蓄意指的描述和解释显然都是不同的。"含蓄意指涉及意义的第二层面，或秩序，引导人在一个更广泛、更具联想性的意义层面上关注形象物品被理解的方式。因此涉及更易变的、更短暂的结构，诸如社会生活规则、历史规则、社会实践规则、意识形态和习惯"[3]等。随着社会历史的变迁，物品的含蓄意指也经历了巨大的变化。最初，三寸金莲是联结女人和小脚的纽带，意指女人的美貌、身份和地位。而后，三寸金莲又成为封建士大夫的审美对象，供其反复咏叹、把玩。在一系列反缠足事件中，三寸金莲已然演变为禁锢妇女的标志和革命斗争的对象。如今，在文化呈多元化态势的大背景下，三寸金莲已拥有诸多含义，如人类对美的追求和崇尚、病态的审美观、古典美女的情态、汉文化的浓缩、父权制的罪恶等等。此外，博物馆还应关注自身展览的过程，通过对这一过程的检查，来考察文化表征的意指实践。"一种分析如果不是通过检验产品——展品，而是通过检验展览的过程来强调展览科学，就会冒着把意义固定下来的危险而摒除生产的'隐藏的历史'"[4]。

四 博物馆文化意指的"个性化"

博物馆往往通过实物、照片、文字等文本来设计性别叙事话语，将"她"的故事表述给参观者，并表征其文化内涵。听看故事的人则会按照自己的理解来解读故事，重构故事的意义。而参观者、阐释者的身份复杂，性别观念千差万别，同一件展品未必能唤起相似的性别意识，甚至有些参观者阐释者的性别意识无法被"召唤"出场。通达意义的途径有很多种，即使是同一个参观者，对同一件展品也可以有多种解读方式。

在此，只有通过一系列不厌其烦的赋义行为以及参观者一系列解码、编码的活动，才能保证物品的意义的传达和充实。同时，展品本身也承载着众多的意义，如审美意义、性别意义等，也许只有这样，它所承载的意义才能说得通。

① Stuart Hall, *The work of Representation*, in Stuart Hall ed., Representation:Cultural Representation and Signifying practices, London, Thousand Oaks, New Delhi:Sage, 1997, P25.

② 同上，第 26 页。

③ Henrietta Lid-chi, *The Poetics and the Politics of Exhibiting Other Cultures*, in Stuart Hall ed, Representation: Cultural Representation and Signifying practices, London, Thousand Oaks, New Delhi:Sage, 1997, P164-165.

④ 同上，第 199 页。

不过，"所有的文本都涉及意义的精简强调某些解释并排除其他的，力图通过意义绘制出一条相对清晰的路线"。因此，文本必须有意识地强调性别文化表征，引导参观者选择性地解读展品，并通过指定的路线穿越复杂的意识领域。从展品的众多意义中选取一个但不能忽视其他基本意义，并用词语固定，使物品从先前的"自在之物"转变成"意味深长"的展品。展品的语言符号意义与文化、社会性别观念、传统对妇女的建构密切相关。而在物品的众多意义中，中国妇女儿童博物馆优先选择的意义则一定与性别文化有关。通过这些展品及其展览，在博物馆语境下，致力于表征妇女自身的记忆、经验与文化，或许可以"重建另一种话语，重新找到那些从内部赋予人们所听到的声音以活力的、无声的、悄悄的和无止息的话语"①。

（原载于中国博物馆协会博物馆学专业委员会编：《"博物馆个性化研究"学术研讨会论文集》，中国书店，2015年）

参考文献

[1] 王宏钧：《中国博物馆学基础》（修订本），上海古籍出版社，2001年。

[2] 苏东海：《博物馆的沉思》，文物出版社，1986年。

[3] 曹兵武：《记忆现场与文化殿堂我们时代的博物馆》，北京学苑出版社，2005年。

[4] 艾晓明主编：《世纪文学与中国妇女》，天津人民出版社，2008年。

[5] 屈稚君、傅美蓉：《博物馆语境下的性别文化表征——以妇女文化博物馆为例》，《南开学报》（哲学社会科学版）2009年第2期。

[6] 邹广文：《全球化、文化个性与文化主权》，《贵州社会科学》总第241期。

---

① ［法］米歇尔·福柯著，谢强、马月译：《知识考古学》，北京三联书店，2003年，第28页。

浅析原创性展览与藏品建设的关系

薛喜红

摘要： 原创性展览是博物馆文化的代表，是博物馆为社会提供的最具特色的核心文化产品，其社会作用和影响空间越来越大，更是以鲜明的特征和使命发挥着具有品牌效应的文化影响力。本文对原创性展览和藏品建设的关系进行了简单梳理，包括藏品征集、藏品研究和藏品管理等方面，有助于优化馆内工作机制，合理配置馆内资源，不断推出"品牌产品"，进一步推动原创性展览业务的拓展和可持续发展，提升博物馆的综合竞争力。

关键词： 原创性展览　藏品建设

随着社会经济的快速发展，文化事业的繁荣昌盛和竞争的日益激烈，"原创"一词频现各类媒体，如"原创作品""原创音乐""原创剧目""原创话剧"和"原创小说"等等，"原创性"已成为文化行业竞逐事业制高点的核心内容。

作为公共文化服务体系重要组成部分的博物馆，陈列展览是其实现社会功能的主要方式，向社会提供的特殊精神产品，衡量博物馆工作质量和学术水平的重要标志。因此，展览的原创性受到了业界的高度关注和重视。2010年，国家文物局发布的《国家一级博物馆运行评估指标体系（试行）》，在定性评估指标体系中，"原创性临时展览"占到了15%，成为衡量一级博物馆陈列展览运行状况最重要的指标之一。

博物馆的基本功能是收藏、研究和教育。藏品和原创性展览是博物馆实现社会功能的重要内容，同时，二者之间有着不可分割的密切联系。对藏品建设和原创性展览之关系的梳理，有助于优化馆内工作机制，合理配置馆内资源，提升博物馆核心竞争力，不断推出精品原创性展览，具有重要的现实意义。

"博物馆陈列是在一定空间内，以文物标本为基础，配合适当辅助展品，按照一定的主题、序列和艺术形式组合成的，进行直观教育、传播文化科学信息和提供审美欣赏的展品群体"[1]。《国家一级博物馆运行评估指标体系（试行）》针对"原创性临时展览"制定的考察要点：（1）展览主题明确，符合博物馆自身定位及馆藏特点；（2）展览内容逻辑框架结构严谨、脉络清晰，所传播的信息准确科学，能够体现思想性、学术性、知识性、趣味性；（3）展览形式紧扣主题，与展览内容形成统一协调的整体，展品、资料和形式之间达到良好的平衡效果，对展品本身及其在展场中的关系做出深层次的表现、烘托和演绎[2]。由此可见，馆藏文物是原创性展览的核心部分，同时，原创性展览为博物馆终端产品，在具有时序性的藏品流通过程中排在末端，势必对处于基础和前序阶段的藏品建设和科学研究提出更高的期待和要求，涉及藏品征集、藏品研究和藏品管理等方面。

一　馆藏文物是原创性展览的物质基础，原创性展览又为藏品征集及体系建设指明了方向

藏品是博物馆为了社会教育和科学研究的目的，根据自己的性质，搜集保藏的自然界和人类社会物质文明、精神文明发展的见证物[3]。博物馆工作是博物馆功能的具体体现和表达形式。博物馆藏品则是博物馆的基本构成因素，它既有自身的特点，同时也受到博物馆工作目的和社会对博物馆事业的需求的规定[4]。可以看出，成为博物馆藏品，必须满足两个条件：一是符合博物馆性质和特点，二是可以满足博物馆的工作需求。其中，原创性展览是博物馆实现其存在价值的最重要的工作内容之一，固然离不开丰富的馆藏资源。博物馆的陈列必须依赖于藏品而存在，藏品也只有凭借陈列，才能充分显示出本身的全部价值[5]。寓藏品于陈列之中，寄陈列于藏品之上[6]。只有科学合理、充分利用馆藏"食材"，才能烹调出美味可口的"佳肴"，实现博物馆的社会价值。

藏品征集和原创性展览是相辅相成，互相促进的关

① 王宏钧：《中国博物馆学基础》，上海古籍出版社，2007年，第246页。
② 《关于开展国家一级博物馆运行评估试点工作的通知》，文物博函〔2010〕120号。
③ 同①，第133页。
④ 宋向光：《博物馆藏品与博物馆功能》，《文博》1996年第5期。
⑤ 刘小燕：《陈列与藏品》，《江西历史文物》1986年第2期。
⑥ 同上。

系。文物征集工作，不外乎两种情况：主动征集和被动征集。博物馆根据其性质和特点，藏品征集部门主动出击，长期坚持努力，不断地积累、充实，逐步建立起完整的藏品体系。这种工作模式可以理解为"主动征集"，其为原创性展览的选题提供了丰富的资源。将大量孤立存在且蕴含丰富历史文化信息的文物打造成具有主题意义和独特叙事结构的陈列展览，实现由文物资源向文化资源的转化，满足社会公众多样化的精神文化诉求，从而达到为当下社会和社会发展服务的目的①。要想真正认识藏品的本身价值，莫过于将文物藏品放入它产生时的特定历史环境中去，让观众以历史的眼光去重新认识它，使产生它的那个特定时代的社会政治、经济、文化的主要特点和时代风貌，通过藏品充分再现出来，而这种工作，则是非陈列而莫属的②。由此可看出，特色馆藏文物的长期积累和科学研究的归纳总结，为原创性展览的推出奠定了坚实基础。原创性展览的推出不仅仅是社会发展的需要，更是馆藏文物价值的充分体现。

另一种模式，博物馆根据社会及其发展的需要，提出原创性展览计划，在馆藏文物不能完全或不满足展览需要的条件下，陈列部门内容设计人员根据展览主题的需要，全方位搜索，不断丰富征集线索，反馈给藏品征集部门紧急落实。正如严建强教授提出的，"根据主题表达和故事叙述的要求，进行补充性征集以弥补原藏品体系存在的缺失，使故事的叙述更完整，更具有说服力。被征展品应具有与主题的相关性与典型性"③。"针对主题与故事线，研究并寻找重要的，但尚不在藏的文物，建立更系统的展品群"④。在这个过程中，原创性展览为征集工作指明了方向，创造了重要机会，提供了征集工作所需的各项条件，如前期调查、藏品现状分析和征集线索等研究成果。以专题展览带动专题文物征集，征集工作有了明确的目的性、科学性和规划性，有助于实现藏品的系统性和完整性。

此外，原创性展览的成功也离不开藏品拥有的丰富背景资料，它们也在不同程度上影响着陈列语言的质量。在征集环节，原创性展览对藏品的相关背景资料也提出了期待，要求藏品征集工作者调整工作思路、搜集眼光和取舍标准等，以期更全面、更科学地将藏品的全部信息纳入博物馆的藏品资源库。

二 藏品研究为原创性展览奠定了学术基础，原创性展览又为藏品研究提出了更高期待

博物馆陈列展览是建立在文物藏品学术研究基础上的文化产品⑤。前文已经提到馆藏文物是原创性展览的物质基础，但是原创性展览并非藏品的简单罗列，而是按照一定的主题和序列组合成的。只有经过缜密的藏品研究，才能使若干件藏品转变为展品，并提炼出它们之间蕴含的内在逻辑关系，形成一个高质量的专题展览。在这个过程中，藏品研究起到了承上启下的重要作用。同时，原创性展览正是将藏品研究成果转化成观众喜闻乐见的艺术形式，用浅显易懂的陈列语言告诉观众的重要方式。故原创性展览是藏品研究成果最重要的展示形式之一。

加强藏品研究，对于提升展览质量具有重要意义，不仅可以确保陈列选题的可行性和确保陈列内容的科学性，还可以确保陈列展示的艺术性⑥。可以说，藏品研究为原创性展览奠定了学术基础。藏品研究的内容主要分为两部分，一是鉴定真伪、时代、作者、质地、尺寸、来源等；二是从政治、经济、军事、科技、艺术、风俗、信仰等角度对藏品所蕴藏的内涵进行深入揭示。目前，不仅研究藏品的物质结构和功能作用，还对藏品的"联系性"和"记忆性"信息投入了大量精力。藏品科学信息的全面呈现，给展览内容设计人员提供了丰富的科学资料，有助于其在展览选题、主题提炼、展览方案、展品挑选、展品组合和展品排列等环节能够充分发挥主观能动性，结合本馆性质和特点，创作出高质量的原创性展览。藏品研究主要在以下几方面为展览提供了学术支持：一是确保展览选题的可行性；二是确保陈列内容的思想性和科学性；三是确保展览内容的趣味性和知识性。

另外，在展览形式设计方面，丰富的藏品信息为展览的艺术性提供了重要支持。一是设计人员的设计灵感也正是来自于对陈列主题及展品的深入研究，来自蕴藏在藏品背后的信息。二是辅助展品的设计和创作，借鉴于所要表现的主展品的科学信息。只有深入研究主展品蕴藏的科学信息和背景资料，才能创作出合理的、与之相适应的辅助展品，实现主辅之间的完美结合，达到理想展示效果。

原创性展览不仅从藏品研究过程中获得学术支持，又为

① 龚青：《陈列展览策划与博物馆建设》，《东南文化》2011 年第 4 期。
② 刘小燕：《陈列与藏品》，《江西历史文物》1986 年第 2 期。
③ 严建强：《新的角色 新的使命——论信息定位型展览中的实物展品》，《中国博物馆》2011 年合刊。
④ 同上。
⑤ 赵幼强：《从"客随主便"到"主随客便"——将文博学术成果转化为社会共享成果的思考与实践》，《中国文物报》，2010 年 7 月 7 日。
⑥ 刘社刚、赵昂：《浅论博物馆藏品研究与陈展质量的提升》，《丝绸之路》2011 年第 24 期。

藏品研究提出了更高的期待。目前，博物馆的藏品研究工作，存在一些问题，如一是研究内容比较零散，多集中馆藏重点文物，对其他藏品重视不够；二是偏重藏品的个体研究，缺乏群体藏品的系统研究；三是研究人员凭着个人所长及兴趣撰写论文，全馆研究成果比较分散，缺乏系统性和专题性；四是藏品研究与展览创作缺乏衔接，不利于研究成果的转化利用等等。以上问题造成了博物馆的资源的极大浪费。

鉴于此，应充分发挥原创性展览的带动作用，纲举目张，以展览为目标，围绕展览主题全面展开藏品专题研究。一是可以凝聚广大研究人员集体攻关，朝一个科研目标全面迈进；二是与展览主题相关的所有藏品都可进入研究人员的视线，扩大了研究对象，充分挖掘了馆藏信息；三是展览促使研究工作有计划、有步骤地进行，可提高研究效率；四是各项研究成果之间存在着内在的逻辑关系，实现了专题性、有机性和系统性；五是展览与藏品研究的紧密结合，互相促进，可以实现研究成果的快速转化。在原创性展览的带动下，不仅优化了博物馆藏品研究工作的组织结构，又加快了藏品研究成果的转化步伐。

三 藏品管理为原创性展览的实现提供了便利条件，原创性展览又为藏品管理提出了更高要求

前文已经提到，馆藏文物和藏品研究同原创性展览具有紧密联系，而藏品管理的工作对象正是馆藏文物和藏品研究成果。因此，藏品管理与原创性展览同样存在密不可分的关系。

在实践中，展览设计工作要在熟悉馆藏基础上进行，熟悉程度越深越有助于开展构思，这是陈列工作的特点。内容设计人员首先必须掌握馆藏文物清单及藏品的内涵信息，不仅有利于提炼展览主题和构思展览方案，还有利于选择合适的展品。

藏品管理的目的除了藏品安全外，就是方便利用。从方便利用的角度出发，保管部门编制了藏品目录，全面揭示藏品内涵的价值，包括其外在的特征和历史的、科学的或艺术的价值，供陈列部门查阅。科学编目是应用社会科学与自然科学的知识理论方法（包括文物鉴定学、分类学以及现代化鉴定技术），对文物藏品的表象和内涵（价值）以及藏品所涉及的有关资料，进行科学研究，并将研究成果记载在各种目录形式上的一种科学方法。科学编目工作可为陈列等各种藏品研究工作提供资料和补充新的内容，也可使藏品的保管工作真正做到科学管理[①]。这样，不仅向陈列部门提供了详尽的信息资料，包括藏品形态自身表达的价值和藏品所附带的记录、研究论述等，为其展览的实现提供了便利条件，还减少了展览人员入库逐件目测实物次数，降低了藏品的安全风险，一举两得。

在原创性展览实现的过程中，或多或少会遇到藏品信息资料不详实或不能阐释主题的情况，就要求藏品管理者及时完善和补充藏品的信息资料。陈宏京认为，一件藏品所含的价值可能是多方面的，相应地，陈列主题也是多样化的，问题是，正式发表的深入研究成果往往具有相对单一的专业学科性，不一定全面揭示藏品价值，这与陈列工作多角度利用藏品有不相对应之处，以致有时从研究论著中找不到展品阐释的依据[②]。如一件藏品符合展览需要，但其所附录的信息资料不够充分，找不到展品阐释的依据，影响展览内容的撰写。这就需要藏品管理人员充分发挥主观能动性，就某一件藏品，依据展览主题的需要，多渠道搜集相关科研成果，并及时反馈给展览设计人员，同时回注到藏品档案和科学目录。因此，原创性展览的不断推出，将使藏品信息资料存在的漏缺大量暴露出来，促使保管部及时补充完善。藏品档案和科学目录的不断完善，将更深入地揭示藏品内涵的价值，为最大限度地实现藏品的社会价值创造条件。

"原创性展览与藏品建设"是博物馆学界的一个亟待深入探讨的课题，本文仅从藏品征集、藏品研究和藏品管理等方面与原创性展览的关系作了浅显分析，以期抛砖引玉。笔者相信，在博物馆学人的共同努力下，集思广益，原创性展览研究必将取得丰硕的成果，进一步推动博物馆学的理论建设，为博物馆事业的发展提供强有力的理论指导。

（原载于中国博物馆协会博物馆学专业委员会等编：《中国博物馆协会博物馆学专业委员会论文集粹》，中国书店，2013年）

参考文献

[1] 宋向光著：《物与识——当代中国博物馆理论与实践辨析》，科学出版社，2009年。

[2] 齐玫著：《博物馆陈列展览内容策划与实施》，文物出版社，2009年。

[3]［英］帕特里克·博伊兰主编，国际博物馆协会中国国家委员会、中国博物馆学会译：《经营博物馆》，凤凰出版集团译林出版社，2010年。

[4] 中国博物馆学会编：《回顾与展望：中国博物馆发展百年》，紫禁城出版社，2005年。

[5] 国家文物局博物馆与社会文物司编：《新形势下博物馆工作实践与思考》，文物出版社，2010年。

---

① 刘小燕：《陈列与藏品》，《江西历史文物》1986年第2期。
② 陈宏京：《陈列工作对前序职能部门工作的期待和要求》，《中国博物馆》1996年第4期。

"疫"无反顾　巾帼彩虹

王　艳

摘要：面对来势汹汹的疫情，艺术家们以笔为盾，运用多种创作形式，倾情再现疫情防控战打响以来，那些不畏艰险的医生、护士、军人、科学家、社区工作者、媒体记者、志愿者们逆流而上的光辉形象。博物馆作为文化阵地，随即携手女画协推出《巾帼彩虹—用画笔致敬英雄"逆行者"》系列展览，为负重前行的人们，筑起精神堡垒。

关键词：疫情　巾帼　逆行　艺术作品

　　疫情爆发以来，习近平总书记就统筹推进疫情防控和经济社会发展做出一系列重要讲话，社会各界、各部门果断采取措施，汇聚成强大合力，奋力打好、打赢这场疫情防控的人民战争。

　　中国妇女儿童博物馆联合中国女画家协会迅速响应，全力推出全国各地的女画家们以"全民抗疫"为主题进行的艺术创作。面对来势汹汹的疫情，艺术家们以笔为盾，运用多种创作形式，倾情再现疫情防控战打响以来，那些不畏艰险的医生、护士、军人、科学家、社区工作者、媒体记者、志愿者们逆流而上的光辉形象。征集倡议发出后，全国各地的艺术家们积极响应，踊跃投稿，不足一个月，已汇集了千余幅优质的美术作品。博物馆作为文化阵地，随即携手女画协推出"巾帼彩虹——用画笔致敬英雄'逆行者'"，系列展览，为负重前行的人们，筑起精神堡垒。

　　沧海横流，方显英雄本色。在疫情肆虐、全民防控的紧要关头，艺术家们用笔墨向奋战在疫情防控第一线的工作者致以最崇高的敬意！那些不顾个人安危、争分夺秒奋战在防控一线的各地医务工作者，那些集结冲锋有令必行的人民子弟兵，那些不知疲倦深入一线采编报道的新闻工作者，那些不畏疫情给城市带来洁净的环卫工人，那些众志成城守望相助的广大志愿者，太多平凡而伟大的中华儿女，太多伟岸的身影跃然纸上，升腾起一股无坚不摧的精神力量。

　　作品中的女性群体形成了一道独特的风景线，在这个没有硝烟的残酷"战场"上，女性早已不再是点缀或陪衬，她们依靠自身过硬的专业能力与职业素养，撑起了"抗疫"半边天。她们有着女性独特的温柔特质，透着灵动与温情，带着悲悯与坚韧，以柔弱的血肉之躯，铸成护卫生命的坚固长城。她们勇于奉献，将个人价值与社会价值高度融合，与祖国同呼吸，与大时代共命运！这是当代女性的担当与责任，更是舍我其谁的英雄主义。

　　挺身而出，临危逆行。在这场根植于现实生活的艺术展览中，每幅作品都承载了这段我们共同参与创造的历史，当下的困境，终将成为过去，让我们共同见证这段携手同心的"抗疫"历史。在这千余幅美术作品中，有浓墨重彩的歌颂，也有真实生动的记录，渲染奋战在一线的医务工作者，也勾描坚守在各个岗位的普通人。这些光辉的形象，在女艺术家们独特的视角和细腻的笔触下，汇成了一条同舟共济的大河。

　　以下为作品掠影（图一～二一）：

　　用笔墨镌刻这段历史，展览中的每一幅作品都记录下触人心弦的故事。作品仍在持续征集中，愿这个展览能为公众带来勇气和信心，也为"战疫"前线带去春的气息，祝福武汉，祝福祖国！更多展览作品可搜索关注"中国妇女儿童博物馆"公众号或官网查看。后期将推出线下展览，届时敬请参观。

图一　《最美逆行者》（作者：于栋华）

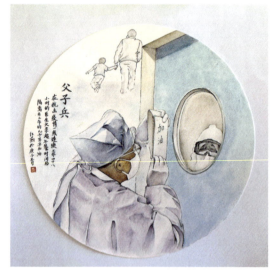

图二　《父子兵》（作者：王红燕）

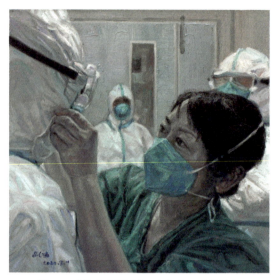

图三　《最美中国人》（作者：王艳楠）

图四　《蓝色，白色5》（作者：陈飞）

图五　《坚守之一》（作者：张丽芳）

图六　《疫——逆行者》（作者：孔紫）

图七　《伤痕下的美丽》（作者：徐明磊）

图八 《坚守》（作者：崔志凌）

图九 《施救》（作者：吴向丽）

图一〇 《抗击疫情 风雪无阻》
（作者：李敏）

图一一 《社区工作者》
（作者：孔紫）

图一二 《最美睡姿》（作者：王文静）

图一三 《召必应，战必胜》（作者：李艳）

图一四 《火神山建设者之四五六七八九十》
（作者：孙小燕）

图一五 《火神山建设者》（作者：孙小燕）

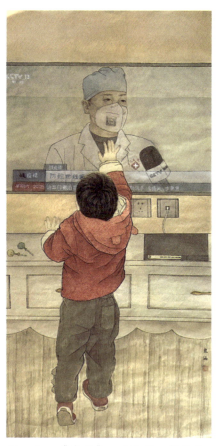

图一六 《牵挂》（作者：胡墨坤，
笔名紫涵）

图一七 《谢谢你——致敬人民子弟兵》（作者：李菲）

图一八　《中国的力量——火神山》
（作者：刘敏）

图一九　《疫情不退我不退》
（作者：张莉萍）

图二〇　《后盾》（作者：闫立）

图二一　《吻》（作者：杨戈）

附：画家心语

《疫——逆行者》《社区工作者》作者孔紫：

新冠病毒疫情发生以来，我几乎每天都被来自方方面面的一线抗疫人员的事迹深深感动着，无数次为他们忘我的牺牲精神流下热泪。在突如其来肆虐的疫情面前，无数"逆行者"的鲜活的形象跃入我们的眼帘，他们来不及与亲人话别，毅然奔赴疫区，向死而生，为十四亿人民做盾，挡在防控疫情一线。在庚子开年之际，女画协的创作者们把所见所闻所思所感诉诸笔端，携手妇儿馆推出了此次展览，就让我们用画笔致敬英雄"逆行者"！

《疫——逆行者》展现的是人间大爱。在无边的、未知的恐怖阴霾里，无数坚定的人无畏地出现在空间里，他们让阴郁的天空现出希望的光。他（她）们用生命践行和诠释着医务工作者的崇高信念和职责。他（她）们是我们这个时代的英雄，是中华民族的脊梁，是我们最应该讴歌和尊敬的人。在他们的身后，是来自各行各业的支援者，用热血和奉献谱写着生命的价值和意义。就是这样一群人用他（她）们的身体筑起一道抗击新冠病毒的防护墙，为我们、为全国人民负重前行。

《伤痕下的美丽》作者徐明磊：

这是一张美丽的脸孔，这是一张默默奉献的脸孔，这是一张坚定从容的脸孔，真实得不能再真实。当看到一位女性医务工作者在高强度的救治工作中，被口罩在脸上勒出一层层血痕时，深深地打动着我，用言语似乎无法更深刻地表达出她的独特，我迫切地用画笔将她记录下来。伤痕会随着疫情的消失而慢慢褪去，但女性医者的光芒将像灯塔般永远照亮着。希望疫情早日结束，早点恢复往日的一切，祝平安。

《火神山建设者》作者孙小燕：

火神山医院用了九天时间神速建成，这背后正是那些普通的建设者，舍小家顾大家，争分夺秒日夜奋战。他们的奉献精神打动了我，很想把这种最美的平凡用画笔记录下来，向英雄们致敬！

《疫情不退我不退》作者张莉萍：

疫情就是命令！在这场全国人民共同抗击新型冠状病毒的战斗中，作为一名公安艺术工作者，亦要有使命，更要有担当！自觉用好手中画笔投身其中，为公安战士抗击疫情尽自己微薄的一份心力。用这幅画致敬钟南山院士，致敬所有抗击战斗在疫情一线的公安民警，致敬时代最美逆行者！愿祖国如南山一般巍峨屹立，愿人民民警如钢铁一样坚韧不拔！愿人民健康快乐！

《我的战友——抗击疫情的记录者》作者赵岩：

我是一名新闻工作者，我的同事们从除夕开始报道我所在的城市—唐山有关新型冠状病毒感染肺炎疫情的事件，他们不惧风险，以笔为枪，手持话筒，肩扛摄像机出现在疫情防控一线，记录着一个个真实的故事，呈现出抗击疫情动人的画面和声音。在这场没有硝烟的战争中，每一位记者都是战士。在这幅创作中，我表现的是我的"战友"们在抗击疫情一线时工作的情景。你们是抗击疫情的记录者，同时也是值得被记录的人，我用这幅创作致敬我的"战友"们，唯愿逆风而行的你们，平安归来。

《最美中国人》 作者王艳楠：

我创作的这幅油画作品是一位女护士为她的"战友"们正在整理护具的一瞬间，以此作为创作重点，深入刻画了女护士那一双美丽、深情、善良而坚定的眼睛，女护士那关切的眼神，祈望她的"战友"能平安归来，更希望他能救治更多的病人……

面对这场没有硝烟的战争，他们与时间赛跑、跟病毒搏击，将危险和辛劳留给自己，践行医者仁心；他们舍小家、顾大家，夜以继日抢救患者、挽救生命，谱写了一曲曲无私奉献、抗击疫情的动人赞歌。可他们也是血肉之躯，他们也是为人父母，也是为人子女，但他们明白，肩上的担当与使命—众志成城，以实际行动表达"敬佑生命，救死扶伤"的医者初心。

看到他们脸上的勒痕、泪水，以及疲惫的身躯，唯有道一声"感谢"！感谢迎难而上，感谢无私奉献，感谢"疫"路有你！作为艺术工作者的我，要拼尽全力，用自己手中画笔来歌颂我们的白衣天使，他们才是"最美中国人"！

（原载于《中国文物报》2020年3月10日）

从中国妇女儿童博物馆馆藏民国新式结婚礼节单看"文明结婚"

何月馨

摘要： 本文是以馆藏民国时期一份新式结婚礼节单为中心的研究，在文本的基础上复原了民国新式婚礼的流程，并结合其他公开发行的宣传文明结婚礼节的范本，概述了新式婚礼的显著特征。这类面向社会公开发行的礼节单，共同推动着文明结婚的普及，并最终成为一种流行方式。

关键词： 民国　文明结婚　新式婚礼　礼节单

　　"文明结婚"兴起于清末民初，是在西方文明影响下，中国社会婚姻习俗的重大变革。关于民国时期的结婚证书，已经较为常见。事实上，在发行结婚证书时，还附有一类"新式结婚礼节单"，是对新婚双方新式婚礼礼节的规范性指导。但因这类礼节单不易保存，少有关注。中国妇女儿童博物馆收藏的一份民国新式结婚礼节单，正为我们提供了一扇观察这一时期新式结婚礼节全过程及这一习俗如何走向社会大众的窗口。

一　新式结婚礼节单概述

　　这份新式结婚礼节单（图一），为红色印纸，长43.5、宽31.5厘米。据礼节单侧边的广告，此单由上海世界书局印行，民国十二年（1923年）八月初版。它是购买"价洋五角"的新式结婚证书所附赠，标价"每张价洋五分"，应也可单独购买。

　　礼节单仅一张，分正反两页，详细介绍了当时新式结婚之设备、职司、服装、礼节、文书等内容。这种结婚礼节单，是规范结婚礼仪的应用范本。

　　礼节单的主要内容可简述如下：

　　（1）设备：包括礼堂布置和物品预备。

　　（2）职司：有证婚人、主婚人、司仪人、纠仪人、傧相。

　　（3）服装：新郎、新娘、证婚人、司仪人、傧相所着礼服的描述。

　　（4）礼节：共29个具体步骤。

　　（5）文书：结婚证书、词颂、谢词、请帖四类详细的范本。

　　其中尤为重要者，在其对"结婚之礼节"的详细记录，可以据此复原民国时期新式婚俗的标准范式。据礼节单，结婚的礼节共有29个仪式，有奏乐、入席、行结婚礼、用印、致辞、退席等流程。

　　如此详细的结婚礼仪，乍一看较为复杂，但实际非常简化，共分三大部分，即主宾入席、行结婚礼、主宾致辞，以下将据礼节单的记录，对其作一简述。

　　1. 主宾入席

　　婚礼以奏乐拉开序幕，工作人员、宾客及主人陆续入席就座。首先入席的是司仪人和纠仪人，司仪人是婚礼得以顺利按礼节步骤进行的关键，其作用相当于现代婚礼中

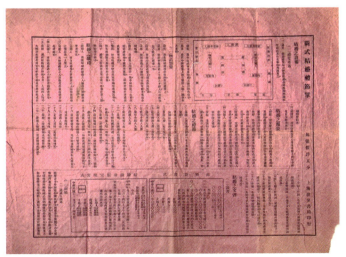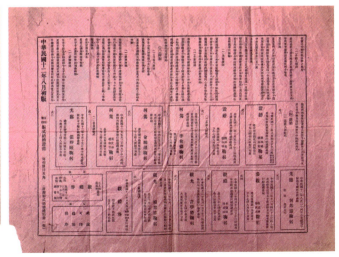

图一　民国新式结婚礼节单

的主持人，即各礼节均由司仪人朗诵，以态度庄重而声音洪亮者为宜。而纠仪人的职责是随时指导、纠正司仪人的错误，以熟悉婚礼者为宜。

其次入席的是男女双方邀请的宾客，男宾和女宾分开先后入席；再次是男方亲族、女方亲族、男方主婚人、女方主婚人、男方介绍人、女方介绍人、证婚人；最后，新郎新娘在男女傧相的引导下，从左右入席。

这些职司中，证婚人为"证明两姓结婚之人，无取贵显，德齿并尊者最宜"，以示负责和郑重；主婚人为"主持婚事、代表亲族之人，以新郎新娘之尊长各一人充之"；傧相为"新郎新娘之伴侣，各方二人或四人均可，大概以未婚者为宜，其年龄容貌，最好与新郎或新娘相类似者"。

2. 行结婚礼

正式行结婚礼前，要奏国乐或唱国歌，坐者全体起立，朝北向国旗行三鞠躬礼，由司仪人唱一鞠躬、二鞠躬、三鞠躬。礼毕复原，再奏婚乐或唱婚歌。

新郎新娘行结婚礼，二人相向站立，行三鞠躬礼。礼毕复原，证婚人上台，读证书，证书读毕，有交换戒指者，由证婚人代双方交换。新郎新娘本人亲自在证书上用印，接下来，证婚人、主婚人、介绍人相继用印，用印顺序皆为男方在前、女方在后。

从民国时期的结婚证书上，亦可窥见这一仪式。以中国妇女儿童博物馆藏民国三十年（1941年）张若根与徐佩叶的结婚证书为例（图二），用印者除新郎、新娘外，其后还有证婚人一名、介绍人二名、主婚人二名，反映的正是在婚礼上用印的重要流程，至此，两姓之好才算正式缔结。

同时也可以看到，从新式结婚礼节单初版（图三）到其后近二十年，结婚证书的格式基本没有大的变化，这也反映了民国时期新式婚礼及证书定型后，延续性之强。

图二　张若根与徐佩叶的结婚证书（1941年12月2日）

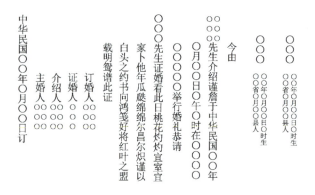

图三　礼节单所附"结婚证书式"

3. 主宾致辞

行礼仪式结束，礼场奏祝贺乐或唱祝贺歌。证婚人、介绍人、来宾、主婚人就礼案依次致辞，可宣读颂词或演说。最后是新郎新娘致谢词，同样就礼案宣读或演说，还可以请代表代为致辞。

如前所述，证婚人一般以"德齿并尊者最宜"，如1926年10月，徐志摩与陆小曼在北京北海举行婚礼，邀请的证婚人便是德高望重的"饮冰室主人"梁启超。梁氏在给孩子们的家书中写道："我昨天做了一件极不愿意做之事——去替徐志摩证婚……我在礼堂演说一篇训词，大大教训一番，新人及满堂宾客无一不失色，此恐是中外古今所未闻之婚礼矣。"①梁任公作为证婚人，也是夫妇行礼结束后的第一个致辞者，当着满堂宾客发表一篇训诫新婚夫妇的演说，当真惊世骇俗。

各方致辞结束后，婚礼至此已入尾声，场上再次奏响祝贺乐或唱祝贺歌，主宾退席。此时宾客可以花赠予新郎和新娘，二人在傧相的陪伴中同退出。婚礼结束。

综上，我们对民国新式婚礼的流程已有基本的了解。但是必须看到，礼节单所述，只是民国新式婚礼的理想化和规范化的模式，在具体操作上，是可以灵活变通的，但总体当不出其大框架。

二　民国文明结婚礼节的其他范本

民国时期，政府并未颁布全国范围内统一的结婚礼节，社会新旧婚俗并行。除上海世界书局印行的这类新式结婚礼节单外，众多公开发行的报纸、杂志、书籍，很多都发布有文明结婚的礼节范本，对新式婚俗的普及具有重要意义。

对新式结婚仪式的记录与刊布，最早可追溯到清末。

---

① 梁启超：《与孩子们书》（1926年10月4日），《宝贝，你们好吗？梁启超爱的教育·给孩子们的400余封家书》，山西人民出版社，2012年，第346页。

如1904年《觉民》杂志对新式婚书及婚礼流程作了详细介绍①；1905年《时报》专件发布了《文明结婚礼式单》，详细记录了文明结婚中的行结婚礼、行见家族礼、行受贺礼，并附结婚证书、主婚人颂词、男客颂词、女客颂词、新人答词②。可以看到，世界书局的新式结婚礼节单格式，与之是一脉相承的。

进入民国，文明结婚越来越普及。面向社会公开发行的各类尺牍大全和应酬交际大全等，作为指导人们日常生活交际的实用性书籍，基本都有收录新式结婚的礼节范式，流程大同小异。如1932年同样是世界书局印行的《最新应用文》，详细介绍了订婚、通告、结婚、谒见的流程，其中结婚部分包括结婚地点、关系人、礼服和礼节介绍，并将结婚礼节划分为21个步骤，具体有：

一、司仪人入席；二、奏乐；三、来宾入席；四、介绍人就位；五、证婚人就位；六、主婚人就位；七、新郎新娘就位；八、全体肃立，向国旗党旗总理遗像行三鞠躬礼；九、证婚人读证婚书；十、证婚人分别询问新郎新娘是否同意；十一、新郎新娘盖章或签字；十二、证婚人介绍人主婚人以次盖章或签字；十三、新郎新娘相向互行三鞠躬礼，并交换戒指；十四、证婚人致箴词；十五、主婚人致训词；十六、来宾致贺词；十七、主婚人致谢词；十八、新郎新娘谢证婚人三鞠躬；十九、谢介绍人三鞠躬；二十、谢来宾三鞠躬；二十一、奏乐，礼成③。

可以看到，20世纪30年代的结婚礼节，与1923年初版的新式结婚礼节单基本一致，不同之处在于把新郎新娘的致谢词，改为对证婚人、介绍人、来宾的三鞠躬。所附"婚礼办位图"（图四），相比20年代礼节单上的礼堂布置，基本方位相同，只是更加完善④。值得注意的是，这里不再用"乾宅亲族""坤宅亲族"等称呼，而改称"男亲属席""女亲属席"，可见新式结婚中，传统文化因素的消减。

这类结婚礼节单，还被收入教材，成为初高中学生的应用文教本。如1943年震旦大学初中部的《初中应用文》教材就收录了"普通结婚礼节单"，介绍的实际上正是新式结婚的礼节。这份礼节单与上述30年代的基本一致，其后附小注说明了新式结婚礼节单只是提供一个范例，使用者可根据自己的需要予以变通：

结婚典礼之繁简，随时酌定，只须于礼无背，均可将

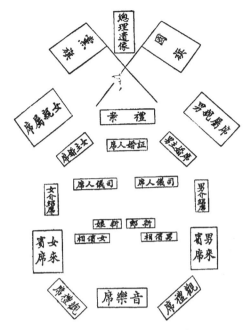

图四　民国新式结婚礼堂布置图

仪式加以变通，右单仅举其例而已⑤。

这一时期的报刊上，还常有新婚夫妇"文明结婚"的消息发布，一方面是面向亲友发布的结婚消息，另一方面也间接起到了向社会公众宣传文明结婚的效果。这些大大小小、不同类别面向公众发行的读物，均不同程度上推动了新式婚俗的普及。

三　从结婚礼节单看新式婚礼的特征

1. 礼仪简单隆重

新式结婚的仪式由来已久，早在清末民初，就有对"创新婚礼""文明结婚"⑥这类新风气的提倡和推广。在新式结婚刚刚兴起时，其表现是：

所有冠袍面红，以及拜天地、合卺、坐床，各俗例，一概屏弃，当场请见证人某君，宣读证书，男女又各设誓，男守不娶妾、不吸鸦片烟之约，女守不缠足、不迷信鬼神之约⑦。

1910年10月11日《大公报》刊布的天津本地一则文明结婚简讯，对其认知是：

不惟蛮风陋俗，概从摈弃，即繁文缛节，亦皆删除⑧。

① 军毅：《结婚之部》，《觉民》1904年第6期。
② 《文明结婚礼式单》，《时报》1905年9月1日。
③ 胡怀琛编著：《最新应用文》，世界书局1932年，第33～35页。
④ 同上，第36页。
⑤ 震旦大学初中部：《初中应用文》，大亚印书馆，1943年，第38～39页。
⑥ 《创新婚礼》，《女子世界》第11期，1905年；《文明结婚》，《女子世界》第15期，1906年。
⑦ 《时事·结婚新式》，《通学报》1906年第1卷第3期。
⑧ 《文明结婚》，《大公报（天津版）》1910年10月11日。

可以看到，早期对这类婚俗的提倡，不仅仅限于改革传统繁缛的结婚礼仪，还反对各种社会陋习，如娶妾、吸鸦片、缠足、迷信等，其与新思潮提倡的移风易俗是相一致的。

进入民国，随着社会文明的进步，新式结婚的礼仪中，不再过多强调去除封建陋习，而是强调婚姻自由与礼节简化。更有甚者，连文明结婚的礼仪都嫌烦琐，举行"开会式"的简化婚礼，即于礼堂中，请亲友略述意见后，新郎新娘致谢、摄影即可，甚至不奏乐、不鞠躬，连结婚证书也不用。他们指出，婚姻无关乎外在形式：

> 我们以性情思想的融洽，两方都订婚于精神方面；我们认为这是婚姻中最重要的目的，更无须有形式的、虚伪的俗礼繁文，所以将旧社会中订婚的手续，完全废却，而实行我们理想的、真实的手续[1]。

由此可以看到新式结婚走向的另一个极端，在民国部分前卫的知识分子看来，婚礼的简化，是"有毅力的改革旧社会"的做法，为此，他们将传统认知中属于新式结婚的部分，如奏乐、行礼鞠躬、结婚证书用印等均作为"旧社会上结婚的仪式"完全废却，"新式结婚"被更新式、更简化的礼节所取代。

但这类极端简化的婚礼毕竟不是主流，无论如何简化，崇尚"礼"的传统，使得缔结婚约必须通过仪式才能达成。在民国婚姻法中，也明确规定了"结婚应有公开之仪式，及二人以上之证人"，即：

> 无论其依旧俗（即花轿亲迎之类），或依新式（即文明结婚之类），但使其结婚仪式系属公然一般不特定之人均可共见，即为公开之仪式。至于证人虽不必载明婚书，但必须当时在场亲见，并愿负证明责任之人[2]。

可见旧俗与新式婚姻并行不悖，均已纳入国家法律的范畴。至20世纪30年代，新式结婚已经较为普及，在1930年出版的全景式展现社会图景的《中国大观——图画年鉴》中，对当时的结婚仪式有这样的总结：

> 我国旧式婚礼，礼式极繁，并重迷信，新娘乘花轿至男家，由新郎三叩轿门新娘始能出轿。花轿之装饰各有不同，四周雕有花图，衬以金箔，五色纷飞，抬以二人或四人，现时除乡间少数仍用旧式外，多行新礼矣。
>
> 迩来西风东渐，潮流一新，男女婚姻多趋自由选择。结婚仪式亦行西礼，证婚人外，又有男女傧相，礼仪简单隆重，不若旧礼之麻烦[3]。

正是因为社会的发展和思想的进步，"礼仪简单隆

重"的新式结婚已经成为"除乡间少数"外普遍的共识，上海社会书局印行的这类"新式结婚礼节单"，才有其广阔的市场。

2. 奏乐贯穿始终

新式婚礼中，奏乐贯穿始终，起着非常重要的作用。在馆藏礼节单所述的29个仪式中，就有5处奏乐，既有军乐，也有国乐、国歌，还有祝贺乐或祝贺歌。这些乐曲作用各有侧重，有的是作为仪式开始或结束的标志，如婚礼以奏乐始，以奏乐终；而行正式结婚礼前所奏国乐或唱国歌，突显出婚礼的庄重和严肃；行结婚礼前奏婚乐或唱婚歌，更多地起着承上启下的作用；行礼用印后所奏祝贺乐或唱祝贺歌，则标志着婚约的正式缔结。可见，奏乐已经是新式婚礼不可分割的组成部分。

这类结婚祝贺歌，在清末民初的女报中已有记载，如《祝文明结婚》《自由结婚》（图五）[4]等，均是在结婚仪式中所唱[5]。这些流传下来的婚礼乐歌，很多刊载于报纸杂志，如1923颍川秋水在《红杂志》发表《旧式结婚歌》和

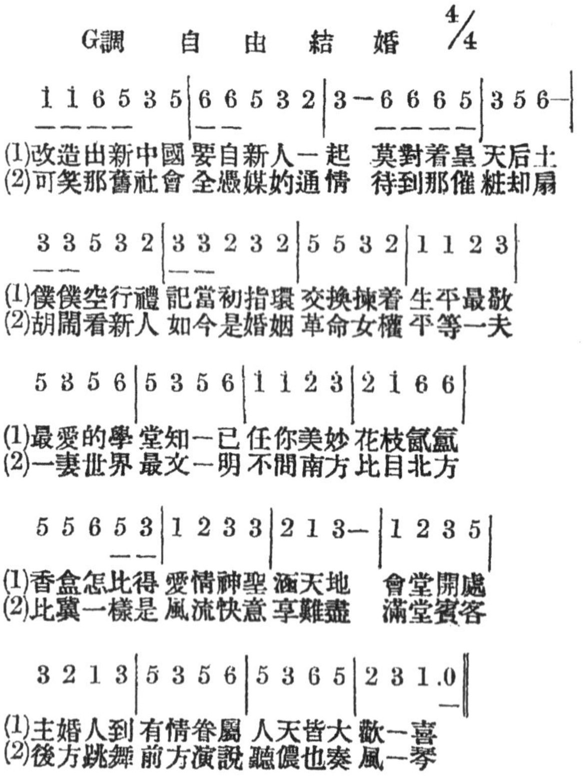

图五　清末《自由结婚》乐歌

① 顾绮仲、张勉寅：《我们的结婚》，《妇女杂志》1922年第8卷第1号。
② 曾友豪：《婚姻法》，商务印书馆，1935年，第7页。
③ 伍联德等编：《中国大观——图画年鉴》，良友图书印刷有限公司，1930年，第186～187页。
④ 《自由结婚》，《女子世界》第11期，1904年。
⑤ 夏晓虹：《女性生活中的音乐启蒙——晚清女报中的乐歌》，《晚清女子国民常识的建构》，北京大学出版社，2016年，第127～195页。

《新式结婚歌》[①]，通过对比新旧结婚歌，起到宣传、普及新式婚俗的作用。有的音乐人还顺应时代潮流新作乐歌[②]，起到传播普及和移风易俗的作用。

3. 传统文化因素的传承

礼节单的叙述及婚礼过程中，还可见传统文化的影响。一是主宾入席和用印等环节，叙述中称男家为"乾宅"、女家为"坤宅"，入席、用印顺序皆为男方在前、女方在后，仍是旧时"乾为父，坤为母"传统思想的延续；且礼堂位置细致的安排，仪节并不算简略，仍有传统的遗留。二是作为仪式核心的结婚证书，由新郎新娘、证婚人、主婚人、介绍人相继用印，以示信契。三是结婚证书祝词的格式长期较为固定，为"看此日桃花灼灼、宜室宜家、卜他年瓜瓞绵绵、尔昌尔炽，谨以白头之约，书向鸿笺，好将红叶之盟，载明鸳谱，此证"，词句之间，蕴含着传统文化中对缔结两姓之好的美好祝愿。四是所附的颂词、谢词、请帖的范本，与中国古代传统书仪一脉相承，极具中国特色，体现了对传统时代风尚和习俗的传承。

综上，结婚礼节单中，既有在西方文化影响下简化的流程，又包含了中国传统文化中对婚姻的理解与祝福，这也是民国社会处于新旧之交历史进程的形象反映。

四　余论

"文明结婚"自诞生之日起，虽然一直争议不断，如旧式婚俗的拥护者嫌它不够庄重过于自由，激进的人群又认为它是"不彻底的解放"[③]，但它毕竟是在传统与现代、西方与东方礼仪中，寻求到最好的平衡，故而在新旧交织的民国社会中迸发出强大的生命力。

就在上海世界书局初版发行新式结婚礼节单的同一年，在浙江嵊县的胡村，17岁的胡兰成始议婚事，在自传中，他这么写道：

我母亲也听人说如今作兴文明结婚，要自己看中[④]。

虽然胡兰成最终行用的还是传统婚礼，但我们可以从侧面了解到，20世纪20年代的浙东农村，即使是一位普通的家庭妇女也知道时下盛行文明结婚。而新式结婚礼节单自1923年初版，其后的持续发行，也彰显出其持续的社会影响。

自清末以来，经过近半个世纪的普及，被称作文明婚的新式婚俗，最终还是成为流行方式，正如民国晚期学者所述：

结婚手续更趋简易，六礼之名不复存在，结婚礼节，已无亲迎。仪式虽未必完全欧化，而已采取西洋婚礼格式，毫无疑义。昔时称为文明结婚，近已成为流行方式。政府尚未颁布全国统一的婚姻礼节，而社会流传，已大致趋同[⑤]。

至此，新式结婚已经成为社会主流的婚俗，而其在社会大众中逐渐传播与普及的历程，这份新式结婚礼节单便是最好的注脚。

（原载于《博物院》2020年第1期）

---

① 颍川秋水：《旧式结婚歌》《新式结婚歌》，《红杂志》1923年第2卷第4期。
② 如流行音乐奠基人黎锦晖制作的、由大中华唱片发行的《文明结婚》，歌词作"要做夫妻先要有爱情，自然成就好家庭"等语，宣传婚姻自主，见黎锦晖：《文明结婚》，《电影新歌五百首》，国光书店，1940年，第221页。
③ 陈东原：《中国妇女生活史》，商务印书馆，1937年，第402页。
④ 胡兰成：《今生今世》，远景出版事业公司，1986年，第114页。
⑤ 孙本文：《现代中国社会问题》，商务印书馆，1948年，第122页。

解析中国西南少数民族背儿带艺术

于　晖

摘要： 背儿带是西南少数民族养育孩子不可缺少的传统生活用品，是中国民族服饰文化的一个重要组成部分，其历史悠久，艺术精湛，文化内涵丰富。那些色彩斑斓、巧夺天工、形制各异的背儿带，寄托着母亲对孩子的爱与祝福，是女性勤劳智慧的象征，承载着种族繁衍和民族兴旺的美好期盼，更是一件件精美的艺术品。背儿带是连接母亲和孩子的纽带，因而也是中国妇女儿童博物馆的收藏主题，本文以该馆收藏的西南少数民族背儿带为例，着重分析背儿带的装饰技艺和纹样特点，阐述其所蕴含的工艺性、社会性及文化内涵。

关键词： 背儿带　装饰技艺　纹样图案

包括云南、四川、贵州和广西四省在内的我国西南地区，山峦陡峭、土地肥沃、田原秀美，是中国农业民族聚居之地。这里生活着苗族、壮族、侗族、瑶族、水族、布依族等少数民族，分支复杂、民族众多，占我国少数民族总数一半以上。在这片令人向往的神秘土地上，各民族生生不息、世代繁衍，文化相互渗透，相互影响，形成了丰富多样的民族风俗和具有浓郁民族风情的服饰文化。其中，背儿带代表了其独具特色的地域文化。

背儿带，是用来包裹和背负幼儿所使用的物品，又称"小孩背儿带""娃崽背儿带"或"背扇"，有辈辈（"背"）传代（"带"）之意。作为生活中不可缺少的物件之一，背儿带被赋予了更多实用之外的情感因素和文化内涵。学者方钧玮提到：在某种意义上，背儿带将原属于一，后来衍生为二的个体，透过形体上的"系绑"，象征两者血缘的一脉相承，和人类亲情印记的心理"连结"[1]。可见，背儿带作为民族服饰中最重要的类别之一，寄托着母亲对孩子的爱与祝福，象征着民族妇女的勤劳和智慧，其不仅真实体现了当地社会的民族信仰和生育习俗，更承载着种族繁衍和民族兴旺的美好期盼。

一　技艺精湛的装饰艺术

背儿带在我国古代时被称为"襁褓"，大多是自家织就的粗亚麻带子，据《博物志》记载："繦，织缕为之，广八寸，长丈二，以约小儿于背上。"这种原始的背儿带以实用功能为主。随着人们掌握织绣染技艺，小小的背儿带才逐渐被纳为女红之一，最常见的造型是"主体五十厘米左右的正方形绣花图案，左右各加一条背儿带手，下连长方形背儿带尾"[2]。而装饰技艺则多种多样。同时，女性在背儿带上所展现的精湛技艺也成为当地社会评鉴女性能力和美德的重要依据。

西南少数民族背儿带由女性亲手制成，是母爱最直接的表现，从装饰艺术看，作为寄托了母亲对孩子的全部爱意和种族繁衍的美好期望的重要载体，西南少数民族的背儿带不仅制作过程烦琐，几乎包含了当地民族所有类型的织绣染技艺，且技法极为细致讲究，并具有丰富、多变又鲜明的民族美学，在情感上更独具特殊的意义。在这些各式各样的背儿带上，女性所投入的不仅是对技艺与美的追求，更多的是一种深沉博大甚至可以说是神圣的情感，是母亲对新生命的期待和祝福。因此，背儿带代表了民族织绣工艺的最高水平。

1. 刺绣

刺绣作为西南少数民族历史悠久的民间传统艺术之一，是服饰中最突出的一种装饰技法，在背儿带上也最广泛地被运用。刺绣是用绣针引彩线，按事先设计的花纹和色彩，在面料上刺缀运针，以绣迹构成花纹图案的一种工艺，包括绣花、补花、挑花、拼布、镶边等[3]。制作刺绣的材料和工具十分常见，有时只需要底布、绣针、绣线和剪刀而已，人们会根据不同的绣种和工艺选择最适用的材料和工具。如选择绣线时必须考量底布的质感与经纬纱交织孔目的大小及刺绣纹样的需要[4]；又如金银线适合做盘金、平金、钉金绣，但由于质地较脆，故而不适合复杂的针法。

① 方钧玮：《系绑与连结——中国西南少数民族背儿带形制与装饰技法初探》，《中国西南少数民族背儿带图录》，台东史前文化博物馆，2007年，第33页。
② 丁朝北：《浅议黔南民间背儿带》，《民族艺术》1995年第1期。
③ 杨源、贺琛：《中国西部民族文化通志·服饰卷》，云南人民出版社，2014年，第104页。
④ 同①，第41页。

一般来说，西南各民族背儿带中常见的刺绣绣种有平绣、挑花、锁绣、打籽绣、马尾绣、贴布绣、绉绣等等。下面，就以中国妇女儿童博物馆馆藏为例，具体说明。

平绣，也称为"细绣"，是背儿带中最常见到的一种绣法，也是西南各民族服饰中最普遍的一种绣法。平绣主要针法以齐针（直缠、横缠、斜缠），抢针（正抢、反抢、叠抢），套针（平套、散套、集套）为主，重点表现图案的真实。图一的背儿带绣线距离均匀，绣面平整，细致入微，纤毫毕现，色调鲜明，富有质感。

图一　贵州丹寨苗族花卉纹平绣背儿带

挑花，是现今西南各民族女性掌握的基本绣法之一，也称"十字绣"，指在布料上，利用布的经纬线挑绣，反挑正取，形成各种几何纹样。挑花绣大多不事先取样，往往依靠经验来进行，借助色彩和不规则几何纹样的搭配，形成多视角的图案，从而达到"横看成岭侧成峰"的立体与平面统一的视觉效果。这件广西宾阳壮族钱形纹数纱绣背儿带（图二）以平织布为底布，利用经纬交叉的孔目作为施针依据，针法简洁、严谨，针迹整齐，行距规整，精密的绣工和绚丽多彩的配色，使整幅作品看起来规律、自然、和谐。

图二　广西宾阳壮族钱形纹数纱绣背儿带

锁绣在2000多年前的春秋战国时期就已经是广泛使用的一种技法，在西南各民族中仍然广泛使用，其是由绣线环圈锁套而成，纹样似一根锁链，清晰、工整、古朴、典雅。图三的苗族龙纹背儿带，将锁绣作为辅助工艺，在主体图案外侧加一道黄金锁绣来修饰轮廓，以细长曲折的线条象征龙纹，是一种充满丰富想象力与奔放活力的图案。

图三　苗族龙纹锁绣背儿带

打籽绣是一种采用打籽针刺绣的绣种，被认为是锁绣技法的发展，最早见于蒙古诺因乌拉东汉墓出土的绣品上。由于打籽绣能够使绣制出的图案凸显立体感，呈现一种浮雕似的效果，故很多民族的背儿带上都有运用。图四的背儿带就是非常典型的打籽绣，其先将纸膜贴在绣布上，然后以缠丝线钉在图案花纹的边缘，形成花瓣的框架，最后在其中插针刺绣。每插入一针，回针在布面上，并以丝线绕针两到三圈，再插入布中，形成打结效果。这种绣法最适合用在花朵的花蕊，以打籽表现花叶的质感，籽打得精致，色彩和谐，过渡自然。

马尾绣是用特殊的绣线为图案勾勒轮廓的一种绣法，属于钉线绣的一种，是贵州水族地区现存最古老的刺绣艺术。马尾绣沿袭了先秦刺绣工艺，先用手工将白线缠绕在马尾丝上，做成类似琴弦的特制绣线，然后将做好的绣线盘绕钉在背儿带图案的外轮廓上，再在其中用彩色丝线填绣上各种鸟兽花草，这样形成的图案构图严谨，形象生动，色彩艳丽，立体美观。图五的这件马尾绣背儿带，以白马尾毛为线骨，缠以丝线，然后再钉缝成细长线条、富有弹性且自由奔放的龙凤纹，图案精致复杂，令人赞叹。

贴布绣，也称补花、贴花。贴布绣是一种以补代绣的技法，通常将各色织物剪成花、鸟、鱼、虫等形状，补绣在布底上，然后用绣线在纹饰上及周围用针法绣制装饰点缀并固定。贴饰布料的表面可以加入各种绣纹，也可以垫入羊毛、棉花等材料。这种技法在苗族、壮族、瑶族、白族等多个少数民族的背儿带上应用广泛（图六）。瑶族饶家补花背儿带具有鲜明的民族风格和地方特色，色彩搭配协调，绣工细致精湛，有很强的实用性、观赏性和艺术价值。

图四　云南大理白族牡丹团花打籽绣背儿带

图六　云南西畴壮族涡旋纹补花背儿带

图五　贵州三都水族龙凤纹马尾绣背儿带

所谓绉绣，是将剪纸图样贴在绣布上，或是直接描绘在绣布上，然后按照图纹，以丝辫折绉作花，并用丝线钉缝在绣布上。过程中，每钉一针，就折叠一次丝辫，使丝辫折绉成花。完成时，图案就如同浮雕一般地突出。这种费工又费线的技法，有奇佳的装饰效果。因其层次突出，立体感强，运用起来，可使原本创作元素丰富多样，构图饱满吉祥的背儿带更显华丽富贵。

2. 织染

除刺绣外，西南少数民族背儿带还有织锦和染色两项主要的装饰技法。织锦是由两组或两组以上的彩色经线或纬线，用重组织形成的质地较厚实、外观丰富多彩的提花织物[1]，历史悠久，工艺复杂，种类丰富。西南地区很多民族以擅长织造织锦闻名，至今仍有壮族、侗族、傣族、苗族、毛南族等多个民族使用织锦制作背儿带或小儿包等生活用品（图七）。织锦主要通过手工织机织成，其技术发展与织锦机的发展密不可分，各民族织机无论是构造还是织造方法都独具特色，如壮族多用木架织机，景颇族和德昂族多用斜织腰机等等。

染色艺术是少数民族制作服装面料时重要的工艺之一。古老民间染色工艺，盛于唐宋，主要有印染、蜡染、

扎染、拔染、夹缬，其中印染和扎染最为突出。直到今天，西南各民族仍然在使用这些染色工艺。贵州省毕节市织金县的苗族妇女擅长制作"点蜡成纹，染靛生花，蓝底白花"的蜡染背儿带，一般包括练布、安排底样、点蜡、染色、脱蜡、清洗等六道工序，以蜡防染的染色技艺，利用蜡的防水性，使染液无法渗入点蜡处，因而产生防染的效果。脱蜡后，点蜡处与底布产生明显的色彩差异，因而形成多变的图案。图八的这件背儿带，黑、白对比强烈，充满想象，以当地妇女擅长的蜡染技艺，表现出对称和谐、结构饱满的图案之美。

图七　贵州布依族织锦背儿带

① 钱小萍：《中国传统工艺全集丝绸织染》，大象出版社，2005年。

图八　贵州织金苗族蜡染背儿带

图九　云南大理白族花鸟纹打籽绣背儿带

二　祥和吉美的图案纹样

在普遍缺乏文字记载的中国西南民族社会生活中，服饰以其传承自然、形象直观的特点，成为物质文化传承的重要载体。图案纹样作为民族服饰文化中重要的组成部分，在表现民族审美的同时，也传递着各民族不同的价值观念。西南少数民族大多是依靠图纹将民族文化展示出来，这些纹样记录着民族盛衰荣辱的历史和寻根溯源的民族情感，从中可以看见"荒古的神话、祖先的业绩、家族的宗谱以及民族的文化传统"，如苗族背儿带上常见的蝴蝶妈妈、骏马飞渡、江河波涛，就表现了苗族的族源史、战争史、迁徙史等文化内容。

背儿带纹样大多是由一些基础纹型演变而来，其取材于人与自然和谐共生的生存环境，包括山川、河流、日月星辰、花鸟鱼虫等。在不断发展、进化的过程中，这些自然界的物象通过人们加工，形成各种独具特色的图案纹样，大致可归为植物纹、动物纹、自然纹、几何纹等。

背儿带文化之所以能够传承数千年，至今仍在民族地区生产生活中发挥主要作用，这是与当地的原始信仰和育儿传统分不开的。大自然的景物带给人们无穷的艺术创作灵感，题材包括蕨类、草蔓、藤葛、树木、花卉、果子、农作物等。人们选取植物花卉作为图案的原因，除了百花争艳、赏心悦目外，最主要还是因为植物花卉具有旺盛的生命力和繁殖力，寓意女性怀孕得子，具有族群强大的象征意义。这其中，又以莲花、石榴、八角花、葫芦等纹样最为普遍。

据《中国花经》记载：石榴别名安石榴、若榴等，原产中亚的伊朗、阿富汗等中亚细亚国家。公元前1世纪前引入中国，因一果多子，古人以"榴开百子"比喻"百子同室"，是世人公认的求子图案。白族的打籽绣花鸟纹背儿

带（图九），其上绣有石榴纹样，果实与花蕾呈对称状，石榴的果实、枝梗、花叶无穷地交织、穿插、缠绕，组成了连续交织的装饰图案，寓意多子多福。

在侗族的传说里，因为竹子繁殖迅速，雨后便春笋遍地，不断地苗壮成长。因此侗族妇女常以"竹根花"为纹饰，祈求本族人民人丁兴旺。贵州黎平苗族的背儿带上除绣有花草纹饰外，还常常出现了许多盘根错节的"竹根花纹"。无论色彩搭配、花形变化都独树一格，具有鲜明的地方特色和美感。值得注意的是，苗族妇女认为一幅绣作图案太满或者过于完整，人就没有前进的空间了，因此，她们在绣作上都会巧妙地留下空隙，以象征"手艺无尽，活路无尽"的意义。贵州织金苗族妇女会以蜡染技法，染出非常单纯、素雅的百花图案，这些花形图案最巧妙的地方，是在于盖片下的背儿带主体图案，采用红色、黄色及绿色的绣线绣上花蕊，不仅在万素之中增添红色。也在色彩上与盖片上方红绿相间的平绣锦带相互呼应。

动物纹与西南少数民族的生存环境和生活习俗息息相关。大到老虎、狮子、大象、猎豹、豪猪，小到山猫、猿猴、水獭、松鼠甚至小鸟等图案都是西南少数民族背儿带上常见的主题，包括有牛、狗、兔、鸡等与人类生活紧密相连的家禽家畜也常被用来作为纹样图案。这些逼真形象或夸张变形的动物纹样，凝结着妇女对美的追求，对大自然的热爱，和对美好生活的向往。

蝴蝶纹是西南少数民族中最常见、也是最重要的纹样图案，壮族、苗族、侗族、水族、毛南族都擅长用蝴蝶纹表达对孩子美好祝愿。这种祝愿，源于一个古老美丽的传说：在古时候，太阳又毒又辣，把一个在田边玩耍的孩子晒昏了，这时飞来了一只美丽的大蝴蝶，张开翅膀把阳光挡住，孩子在蝴蝶的保护下得救了。从此，水族便将蝴蝶视为一种吉祥物，把其绣在背儿带上，以保护孩子健康

图一〇　贵州三都水族蝶纹马尾绣背儿带

图一一　广西三江侗族龙凤纹补花背儿带

成长。水族的马尾绣背儿带上常常会绣有一只美丽的大蝴蝶，图一〇收藏自贵州三都县都江镇的一名水族妇女之手，创作者在黑色的底布上，使用缜密复杂的马尾绣技艺，绣制了蝴蝶、花卉等纹样，表现出非常浓郁的当地文化及民族特色。

西南少数民族中另一个被广泛使用的纹样是鱼纹。鱼，在西南地区人们的饮食和生活中，扮演着极其重要的角色。在苗族的传统婚礼中，新娘迎娶进门前，要送新娘"酸鱼"，新娘回门时，娘家也要以"酸鱼"作为回礼。在当地风俗中，鱼一直代表丰衣足食和多子多孙，在苗族人心中，鱼拥有生生不息的力量，可庇佑他们子孙昌盛，因此每逢重大节庆日，鱼也是不可或缺的敬神贡品。背儿带上的鱼纹以写实或几何形纹样居多，也常与其他纹样组合来表达不同的吉祥寓意，包括鱼莲纹、鱼鸟纹、对鱼纹等等。贵州台江苗族的鱼纹背儿带，整体构图往往以花草纹、如意云纹来衬托双鱼的图案，并以线条加以边框，使图案更加立体生动，寓意多子多福、民族旺盛，表达着人们对夫妻和睦、多子多福、生活美满的期盼和祝福。

蜘蛛古称喜母，在中国民间一向被视为吉祥物。侗族人崇拜蜘蛛，将其视为智慧、勤勉、吉祥的象征。在南、北侗乡的背儿带上，常出现形象活泼的蜘蛛纹，随着灵感的驰骋飞舞，蜘蛛纹或写实，或抽象，或庄严，或童真，展现创作的多元趣味[①]。在广西黎平侗族的一些背儿带中，蜘蛛纹样以六个两两左右并列的几何纹形式出现，并在上方绣有"指引方向"的神鸟纹，寓意平安喜庆。

西南少数民族崇拜"龙"的历史悠久，至今在他们的服饰纹样中，仍保持着各种龙纹的图案。与中原文化中象征长寿、权威、神秘和尊贵不同，在他们心中，龙代表友善，是乐于赐福于人的神秘之物，龙不仅不会令人敬畏，反而是能够与人融洽相处的朋友。侗族背儿带上的龙纹图案，形态自由、丰富、多变，代表了侗族人民对幸福美好生活的祈愿和憧憬（图一一）。

太阳、星辰、月亮等是西南少数民族背儿带中经常表现的主题。大量的日月星辰图纹，也说明了当地民族对大地天象的敬畏和崇拜。这些千奇百样的自然纹样，不再只是视觉美观的满足，而是成为一种具有穿透力和感染力的文化图符。侗族背儿带中运用太阳纹样的情况十分普遍（图一二），有的以具体表象直接反映，或是光芒四射的八角太阳纹，或是采用太阳纹的构图，或是象征性的太阳

图一二　广西三江侗族太阳榕树背儿带

---

① 方钧玮：《系绑与连结——中国西南少数民族背儿带形制与装饰技法初探》，《中国西南少数民族背儿带图录》，台东史前文化博物馆，2007 年，第 25 页。

纹，或是取其化身的蜘蛛纹等①。侗族认为太阳是万物之灵，把光和热赐予大地和万物，把太阳纹样绣在儿童的背儿带上，是希望太阳成为儿童的保护神，保佑儿女逢凶化吉、健康成长、幸福吉祥。

铜鼓纹在漫长的历史岁月中始终作为富贵和权势的象征。通常，在铜鼓的鼓面中心，都绣有太阳图案，这是铜鼓纹最基本的装饰纹样，也是识别铜鼓纹类型的标志之一。图一三的这件蜡染背儿带，太阳纹处于鼓面中心，有光体、光芒和围绕这个中心层层散开的涟漪状光环晕圈，光芒呈锐角状，辐射散开。更富深意的是，正中央的太阳纹正好可以覆盖在孩子的头部，对孩子形成一种庇护，体现出母亲为孩子祈求庇护的细腻情感。

图一三　贵州三都水族铜鼓纹蜡染背儿带

几何纹是一种形象的或象征的表述艺术，属于原始纹样。"或记录远古的神话，或描写始祖的传说，或记述民族迁徙的历史，或展示传统文化的种种事相，具有极其深刻的内涵"②。相较于写实图纹的线条灵活、惟妙惟肖，几何纹精致缜密、工整规律，保留了文字创造之初，先民们天真淳朴的思想。如贵州从江地区的侗族，其居住于山区，井泉是供应他们日常生活的重要水源，因此天性崇水爱井，常以"井"字作为背儿带纹样的创作主题，意在祈求子孙繁衍兴旺，有如常流不息的井泉。

涡旋纹也是几何纹饰中的一种，其创作灵感来源于对大自然万物的观察。图一四的这件壮族补花背儿带，是以特殊的涡旋纹表现蝴蝶、昆虫、卷草等主题，在构图上，充分展现了对称呼应、节奏规律的"涡旋之美"。

此外，几何纹还包括神秘的卍字纹。学术界认为，卍字纹最早起源于印度或者欧洲，并被一些古代宗教广泛沿用，如婆罗门教、佛教等。到了东汉末年，随着佛

图一四　云南西畴壮族补花背儿带

教传入中国，卍字纹也一同传到了中国，并被佛经的传播者们翻译成各种不同的寓意，到了唐代武则天长寿二年（693年）将其定音为"万"，意为集天下一切吉祥功德。在众多少数民族的服饰及工艺品中，卍字纹被作为吉祥物而广泛运用。如青海互助土族有一种织毯，以红色为地，上织黄色"卍"字符，红色象征太阳红光，"卍"字符象征万能神力，包藏宇宙天地，神圣无比；贵州清水江一带的苗族姑娘出嫁必定要穿衣袖上绣有"卍"字符的衣服，袖子上的"卍"字符图案象征水车，姑娘穿此衣表示像水车一样旋转不息，滋润禾苗，寓意生活幸福；湘西苗族的一领挑花围腰的两肩、胸前和腰部绣了好几对"卍"字符与"长寿富贵""福禄寿"等字样。贵州黎平侗族背儿带还常在图案正中央的绣制大圆形纹样作为侗族人象征"万福"的符号，并在周围绣制无数细小的"卍字纹"和其反向纹（卐），寓意长寿富贵、吉祥平安。

三　结语

背儿带文化之所以能够传承数千年，至今仍在民族地区生产生活中发挥主要作用，这是与当地的原始信仰和育儿传统分不开的。在人们心中，子孙后代的健康成长关系着一个家族甚至一个民族的兴旺和发达。西南地区一些民族的民间礼俗，是在女性生育孩子的时候，母亲要赠送一条自己制作的背儿带来作为礼物，以这种移转象征，来传

---

① 朱吉英：《侗族传统文化中的日崇拜》，《民族论坛》2006年第2期。
② 白磊：《我国少数民族几何形纹样的装饰特征探微》，《兰台世界》2011年第17期。

递绵绵不绝、无可捉摸的神秘生育力量。

妇女把背儿带视为连接孩子的纽带，因此耗费在上面的精力最多，感情也最投入。背儿带上的织绣纹样，是母亲们一针一线、聚精凝神的心血结晶。妇女用她们的勤劳与智慧，在为新生命送上第一份礼物的同时，也赋予了背儿带丰富的象征内涵。美丽纹饰背后蕴含的福禄绵延、子孙满堂、代代兴旺等美好愿望，是父母对心中挚爱的殷股期盼和祝福，也是妇女勤劳智慧的象征，更体现出独特的民族情感、信仰和文化。正是这种千古不变的情感，使民族悠久古老的审美与情感在纹样图案上得以再现，使民族世代积累的智慧与勤劳在装饰技艺上得以继承。爱与信仰，也正是文化得以传承的重要依托，通过背儿带，我们可以更深入的解读西南少数民族的服饰文化，对保护和传承民族文化具有重要的现实意义。

（原载于《黑龙江民族丛刊》2015年第2期）

参考文献

[1] 吕胜中：《广西民族风俗艺术·娃崽背儿带》，广西美术出版社，2001年。

[2] 马正荣、马俐：《贵州少数民族背扇》，贵州人民出版社，2002年。

[3] 杨筑慧：《中国西南民族生育文化研究》，中央民族大学出版社，2006年。

[4] 杨国昌：《苗族服饰：符号与象征》，贵州人民出版社，1997年。

[5] 宋兆麟、高可：《中国民族民俗文物辞典》，山西人民出版社，2004年。

以观众体验为本的藏品利用新思路

张　磊

摘要：藏品利用与保护之间固有的矛盾在一定程度上影响了藏品的利用效率，随着社会发展和社会信息化程度的不断提高，藏品的利用要更加全方位、立体化。随着观众体验概念的提出和流行，藏品利用也要与观众体验相结合。在完善管理和确保藏品安全的基础上，对不同类别的藏品采用不同的利用手段，调动不同的藏品资源。让观众通过视觉、听觉、触觉等直观的感官刺激，深入了解和接受藏品信息。同时，利用博物馆网络建设、产品开发等手段广泛地将藏品信息通过新形势、新创意传达出去，让更多的观众和公众了解博物馆、了解藏品，使得藏品的利用效率最大化。

关键词：藏品利用　体验　参与　陈列　产品开发

传统意义上讲，博物馆藏品利用的目的在于更好地开展社教和科研活动，能够使观众通过参观博物馆陈列而学习到藏品的相关知识。可事实告诉我们，这或许有些太过理想化了。在这样一个信息爆炸，讲求娱乐的时代，博物馆观众中会有多少人是来学习或接受教育的呢？如何让为数众多的非专业观众更好地利用博物馆资源，如何让博物馆藏品的价值和自身拥有的信息更好地被公众所认识和接纳，这才是博物馆藏品利用所应追求的更高目标。

一　陈列

藏品是博物馆的根本，是博物馆开展一些业务活动的基础。一家博物馆所拥有藏品数量的多寡及其藏品质量的优劣，在一定程度上决定了其社会地位和影响力。同时，随我国博物馆行业发展的变革和日臻成熟，多样化和社会化成为博物馆的发展趋势。如何更好地服务社会、融入社会，发挥更大的社会作用对于博物馆来说日趋重要，以藏品利用为核心的博物馆社会教育、科学研究等职能需要得到更大程度的发挥。博物馆不再仅仅是保护文物和标本的收藏机构，一味强调藏品保护而不重视藏品利用的"只保不用"观念也早已被打破。

狭义的藏品利用与藏品保护之间的矛盾是始终存在的。从博物馆的性质和发展史上看，博物馆的首要任务即是将藏品保护好、管理好。没有了保护，利用也就无从谈起。然而一件藏品所拥有价值的体现，及其所能发挥的社会教育作用，是无法通过放在保险箱里实现的，没有对藏品的合理利用，博物馆对于社会的存在意义也就大打折扣。如何平衡藏品保护与利用这一矛盾之间的关系始终是博物馆从业者亟待解决的问题。

陈列是藏品利用最传统最常规的手段之一，然而自20世纪50年代在苏联模式基础上恢复起来的我国大部分博物馆，很多在陈列内容和形式上都非常单一，且几十年不变（中小型纪念馆、遗址保护类博物馆尤为如此）。当然，这一问题自20世纪八九十年代开始就已被博物馆的从业者们所认识，并采取了诸如"增加藏品轮换频率""丰富展览舞美效果"等一系列措施。在一段时间内，这些措施的效果是可见的，但藏品轮换次数的增加，势必造成藏品利用与藏品保护之间的矛盾更加尖锐，保管人员和展陈人员的工作量大幅提高的同时，藏品的安全系数却大大降低。这一点对于中小型博物馆或自身藏品匮乏的博物馆来说尤其如此，有些时候不是不为，而是无力为之。当资金、藏品都难以保证的情况下，这种以轮换和增加展陈频率的办法对于藏品利用来说，不是不好而是条件和各方面的限制都较多较高。同时，随着博物馆展览的日趋精品化、简约化，展陈不再是简单的堆砌。展示的藏品越多越好、价值越高越好的时代早已一去不返。正是如此，单纯的提高更迭藏品的频率对于提高藏品利用率来说效果并不理想。

二　参与

从博物馆认知规律来说，"参与"是充分发挥博物馆教育职能的重要方法，如果说简单地更迭陈列柜内的藏品很难将藏品利用率大幅提高的话，那么适当增加观众对陈列的参与性则是另一个办法。先利用声光电手段和场景的制造让观众身临其境，再用"裸展"的方式让观众可以更近距离的接触一部分藏品，并辅助一些触摸屏以扩展藏品信息。这一系列新颖的手段摘掉了隔阂在观众与藏品之间厚重的玻璃，也在一定程度上打破了观众与藏品之间无形的墙。藏品的利用不再仅仅停留在实物传达，而是可以将其外延信息和价值通过观众的参与更好地被认知和接受。我国自90年代开始流行的这种陈列方式最初效果很好，让习惯了传统展陈模式的观众眼前一亮。时至今日，这种裸展结合场景的方法已经成为常规陈列手段之一。

然而，当新的手段经过一段长时间的实践而成为常规之后，其活力势必大幅减退。

同时，随着我国社会经济的飞速发展，高科技应用的普及化程度提高，观众对于这种场景、触摸屏的方式习以为常，其兴趣点早已不在，谁能指望玩惯了IPad的观众能在触摸屏前保持多高的热情呢？当然随着时代的发展，博物馆展陈的技术含量也在不断增加，更炫更亮的声光电手段和三维全息技术的应用依然保持着藏品信息传达的活力，甚至不通过实物仅依靠陈列艺术就可以让观众参与到展览之中，充分感受到展览所要传达的信息。这就不得不涉及较之参与来说更高一级的概念——"体验"。

三　体验

自20世纪80年代"观众是博物馆的上帝"说法的提出，到90年代"观众是博物馆的服务对象"观点的流行，以人为本的理念在博物馆界被大力倡导。增加观众参与性的核心也在于让观众更好地融入展览和藏品之中，更好地体会到藏品和展览所带给自己的信息和感受。当美国人约翰H·弗兰克和林恩D·迪而金合著的《博物馆体验》一书问世之后，"体验"一词在博物馆届出现的频率越来越高。可以说，参与是体验的一部分，而大部分体验则是通过参与这一手段而实现的。

体验，是用自己的生命来验证事实，感悟生命，留下印象。体验到的东西使得我们感到真实，现实，并在大脑记忆中留下深刻印象，使我们可以随时回想起曾经亲身感受过的生命历程。体验是我们通过感觉器官对环境的了解和感知，它既包括生理上的，也包括心理上的。同时，因为体验是依靠人的感官而存在，那么对于藏品利用来说，如何以观众的视觉、听觉、嗅觉、味觉、触觉为媒介，让藏品利用充分与观众体验相结合，做到"立体化""多元化"则是新时期我国博物馆人应考虑的。

四　藏品利用

和博物馆藏品管理一样，针对不同观众的不同感官的体验方式也要基于完善的藏品鉴选和分类制度。哪些藏品可用，哪些藏品不能用；一级品怎么用，等外品怎么用；金属品如何用，纸制品如何用等等。藏品在利用前的分析与分类是前提也是基础，毕竟藏品安全是第一位的。每个馆的特点和属性不同，所拥有藏品的特点和类别也不同。为了方便论述，在此暂将藏品分为"C"（包括各馆重复品较多的藏品、等外品等），"B"（包括二级品、三级品），"A"（包括各馆镇馆之宝、一级品）三大类，较为概括的做出设想。

1. C类藏品的利用

这类藏品一般数量较大，馆内收藏数量较多，单个藏品的历史和经济价值相对较低。相对来说利用起来的风险也较低，更适用于触觉体验。心理学研究证明，对陌生事物的接受，听觉和视觉相结合的方法，其接受率能达到65%，而触觉接触到的信息暂存时间比视觉长20倍，比听觉长10倍。国外的一些博物馆已经率先采用了触觉体验的方式来利用藏品。大英博物馆这一项目的名称是"Hand On Desks"，这个每周7天每天11：00～16：00的活动可以让参观者在管理人员的指导下，亲手接触到藏品实物，并提出自己感兴趣的问题。新墨西哥自然历史博物馆中也设有"自然史家中心"，观众们同样可以用手触摸藏品。

诚然，一些展览在"裸展"时，藏品旁边没有竖立"禁止触摸"的告示牌，虽然观众出于好奇触摸了藏品，但这也是相对被动的触觉感受，是在一种紧张、好奇的心态下做出的行为，对于充分的体验和了解藏品其实是无益的。况且对于藏品安全也是不利的。我们可以借鉴国外博物馆的先进做法，更进一步地针对年龄、教育程度、生活背景来对观众进行分析和分类，再根据观众类别来利用不同类别的藏品，定期地举行触觉体验活动。值得注意的是，C类藏品在触觉体验应用时也要格外注重藏品安全问题，体验活动进行时可根据不同年龄段的人群安排管理人员进行指导（管理人员的构成，可借鉴大英博物馆的模式，由经过培训的志愿者担任）。作为保管员，自己第一次接触藏品实物时的感觉和体验是终生难忘的，这对普通观众来说想必更会如此，这一活动对于他们的吸引力无疑也是巨大的。触觉体验也使长眠于库房柜架上的C类藏品得到了充分的利用，发挥了它们应有的价值和作用。

2. B类藏品的利用

B类藏品在博物馆中处于中流砥柱和支撑展线的地位，其各方面的价值和信息量较之C类藏品要丰富得多，也更为珍贵。显然将这类藏品利用在触觉体验中并不合适，对藏品安全的隐患和风险也更大。要想充分利用这类藏品，依托的主要手段依然还是陈列，也就是使观众接受最常规的视觉体验。但常规的方式并不等于平庸，视觉体验同样可以做到惊艳。孤立的展品在陈列柜中会失去其应传达的大部分信息和意义，乏味和单调无法引起观众的注意和兴趣。没有关注就没有交流和沟通，即便是再珍贵的藏品，其蕴含的丰富信息却无法传达，藏品的利用也就无从谈起。由于受到技术、观念、场地等多方面的限制，博物馆的传统展示设计思维模式正在日渐衰落，其发展的空间越来越小，展示的效果也越来越难尽人意。展品+说明牌+图片的展览形式已很难和观众产生共鸣，这种单项的、灌输式的信息传播方式使得陈列柜中藏品的社会价值难以得到充分的发挥，观众对藏品也会毫无兴趣。

随着科学技术迅猛发展，数字媒体技术应用的日渐广泛，就要求博物馆在进行陈列设计时，充分运用艺术设计手法，运用计算机技术将藏品的空间、背景、环境有机地结合起来，运用数字化技术、网络技术，通过更具科技含量的声光电效果为藏品服务。

数字媒体交互技术对于加强展陈内容和空间的叙事性方面就有很好的效果，通过数字技术创造出的虚拟环境或场所也可以为观众创造出身临其境的参观感受。人性化的设计是交互思维的核心，人是博物馆的参观主体，藏品利用所发挥的作用终究也是作用于人，只有将人更好地引导、融入陈列之中，藏品的内涵价值和社会价值才能得到更好的发挥和作用。中国妇女儿童博物馆儿童体验馆运用的非触摸式互动投影技术使得孩子们脚下的溪流潺潺有声，鱼儿在随着脚步而产生的涟漪中穿行的效果让观众对陈列的兴趣大增。大明宫国家遗址公园、中国电影博物馆、湖南里耶博物馆等博物馆的3D、4D电影技术在宣传片中的运用，让观众对即将触碰的历史文物产生更为强烈的参观期待。

另一方面，在丰富展陈效果的同时，也要根据观众分析（观众分析是另一大问题，不妄加赘述）和构成，来撰写展览大纲，举办观众真正感兴趣的展览。在展览构思之前，首先要考虑的就是展示沟通的对象是什么，展览传达的信息如何与目标观众群体达成共识。全球经济一体化所带来的文化一体化，使得本土本地的文化记忆越来越淡薄。博物馆是了解某一地方过去和现在的窗口，而祖辈、父辈乃至我们自己都是这段历史的经历者和感受者。如果在陈列设计时充分把握这一点，构思一个能够唤起观众群体文化记忆的展览，那么观众对展览中涉及的藏品一定会充满兴趣，留下的印象一定也是深刻的。如针对五六十年代生人的中年人进行的旧时生活展览，针对80后的动画、玩具展览，再配合一些同类别等外品、参考品的触觉体验，以引起不同观众的情感共鸣，其效果是可想而知的。

再美妙的音乐让一个不懂欣赏的人去听，也只是徒劳，只有观众感兴趣，才能有欲望去体验和了解，只有体验、感受之后，藏品的信息才能被观众接受和了解，藏品的利用也就达到了应有的效果。枯燥无味的陈列，即便是把库房中所有藏品都堆砌出来展示在大家面前，同样也谈不上利用。

3. A类藏品的利用

A类藏品数量稀少，极其珍贵，即不适用于触觉体验，也不适宜长期在展柜中展出，更不应频繁的搬动挪用。但同时，这类藏品往往是一个馆的象征和标志，也是吸引观众的亮点，如何运用最恰当的方式利用这类藏品是很关键的。一方面，定期或特展时将这类藏品陈列出来，配合上文提到的陈列艺术手段，做好社会宣传，在吸引观众的同时将藏品的信息充分传达和表现。这一点，A类藏品的利用手段可以和B类藏品共通，效果也会更好。

与此同时，随着社会的不断发展和变革，藏品利用的概念也不应仅仅停留在利用实物的范畴内，藏品利用可以是传统意义上的提用、拍照、研究，更可以是数字博物馆、虚拟博物馆的建设、网络上的互动、博物馆产品的开发。通过网络虚拟技术、3D技术等高科技元素将博物馆的藏品、资源数字化地呈现在网络上，并与时下的移动新媒体结合（包括智能手机、平板电脑的应用开发，微博，微信等），突破传统的时间、空间、地域限制，让博物馆的藏品更生动、更全方位地展现在网络上。以数字博物馆的雏形——博物馆网站建设为例，虽然现阶段我国大部分博物馆的网站建设尚处于初期阶段，死链接、更新慢、内容单一的问题普遍存在，但如故宫博物院、中国国家博物馆、首都博物馆等大馆在博物馆网站建设方面已经取得了相当的成绩，无论是博物馆功能的拓展、职能的体现还是新技术的应用、志愿者活动的开展等诸多方面比国外的大馆一点不差。数字博物馆的建设和发展在这个信息爆炸的年代是必然趋势，博物馆的藏品也一定会以另一个存在状态（虚拟）走进我们的生活。

另一方面，狭义的藏品利用是利用藏品本身，而广义的藏品利用则可以是利用藏品所蕴含和衍生的更多价值。A类藏品的特殊性就更适合藏品利用的广义范畴，运用高科技和网络，将藏品的信息和价值全方位的表现出来。因为A类藏品是各馆宣传和依靠的重点，那么从书籍、音像材料的出版，再到纪念品的开发都可以说是藏品利用的衍生。如何采取创新的文化表现手段和形式，让观众体验到藏品的内涵和价值是国内博物馆亟待解决的问题之一。现在我国博物馆除却上海博物馆、陕西秦始皇兵马俑博物馆等少数几家博物馆外，博物馆产品开发都非常落后，一批批等同于旅游纪念品的粗劣博物馆产品在严重影响着博物馆的形象。基于观众感官、情感、思考而进行的，更注重个性需求的体验式产品设计和营销策略是合理开发博物馆纪念品的必备条件，藏品在知识产权和文化价值方面的利用才能够充分发挥。博物馆大可与产品生产厂家合作，举办博物馆产品设计大赛和招投标，吸引公众关注，扩大博物馆影响力的同时，集思广益的开发出更具创新意义，更实用的博物馆产品。美国早在1955年就创建了名为"博物馆商店协会"的非盈利组织，旨在提高博物馆商店的市场竞争力，在博物馆事业在我国蓬勃发展的今天我们同样可以做到。这一想法不但可以在大型综合类博物馆得以实施，同样也可以在革命纪念馆、遗址保护馆中实践。英雄的故事不是不感人，而是无人知晓，当一级品的英雄勋章在展柜里落满灰尘的时候，滞后的宣传和开发愧对先烈。切·格瓦拉的头像可以遍布大街小巷，我们那么多的人民英雄、优秀将领为什么就不可以。

五　结语

面向变革的世界和飞速发展的博物馆事业，对于藏品利用的要求，已不再仅仅是传统意义上的提用与展陈，而是应该随着博物馆社会化程度的日渐提高，随着"以观众体验为本"观念的日渐深入而逐渐立体化、多元化，开拓思路，与时俱进。在以观众体验为根本的新思路上，以完善的藏品管理为基础，将藏品的信息和价值有效、广泛的传达出去，将藏品的数量利用率和质量利用率都大幅提高。当每位观众都对博物馆的藏品如数家珍的时候，藏品的利用才真正达到了完美的效果。

（原载于北京博物馆学会编：《百年传承 创新发展：北京地区博物馆第六次学术会议论文集》，中国书籍出版社，2013年）

参考文献

[1] 史吉祥：《博物馆观众研究室博物馆教育研究的基本点——对博物馆观众定义的新探讨》，《东南文化》2009 年第 6 期。

[2] 冯林英：《藏品保护与利用矛盾之分析》，《中国博物馆》1989 年第 3 期。

[3] 杨庆昌：《浅论博物馆观众的参与》，《中国博物馆》1990 年第 2 期。

[4] 宋新平：《基于体验的博物馆产品开发研究》，《北方经济》2011 年第 12 期。

[5] 刘芳、盛海涛：《博物馆功能与观众》，《四川建筑科学研究》2006 年第 2 期。

[6] 李华：《计算机技术在博物馆陈列设计中的应用》，《科技信息（学术研究）》2008 年第 21 期。

[7] 许俊平：《博物馆藏品利用存在的问题及对策》，《中原文物》2001 年第 3 期。

[8] 黄梅荣：《多媒体交互展示在博物馆教育中的应用》，《时代教育》2011 年第 4 期。

[9] 段建华：《数字媒体艺术在当代博物馆中的应用》，《档案图书与博物馆》2010 年第 2 期。

服饰纹样在中国妇女儿童博物馆文创开发中的运用

史春晖

摘要：服饰文化是中国传统文化中的瑰宝，服饰纹样蕴含了古老的传说、吉祥的寓意和民族共同的审美追求，结合了形式美和涵义美，同时对博物馆的文创开发工作有着积极的意义。本文将分享本馆文创开发的思路和想法，也希望能从中总结出运用服饰纹样来开发文创产品的一些经验。

关键词：服饰纹样　博物馆文创

近年来国内的博物馆飞速发展，其中文创工作的发展显得尤为突出。十年前，很多博物馆还是仅仅将售卖区作为场地出租给承包者，文创产品也只是简单的印着博物馆的Logo或是印着文物图片的书籍、明信片等单一形式。而近几年，几乎有一定能力的博物馆都在努力做好自己的衍生产品开发，力争做到形式丰富多彩，不仅从审美上进行博物馆元素的提取，在功能上也更加注重设计感，使得有些文创产品不仅被赋予了文化附加值，而是从实用性、创新性上都优于同类产品。

中国妇女儿童博物馆自成立以来，一直以服务广大妇女儿童为工作目标。在文创工作中，针对以妇女和儿童为主要受众群体的现状，我们选择了博物馆馆藏的各民族女性服饰纹样，开发了一系列的文创产品。

一　服饰纹样与产品在寓意上应相得益彰

服饰纹样丰富多彩，题材广泛、造型生动、色彩美丽，并包含着各种各样的吉祥寓意。就如龙生九子，各司其职一样，不同的纹样配以与其寓意相合的产品，往往能得到更好的效果，同时也能让观众更加了解这一纹样、理解和认同其背后的文化内涵。

案例：锦绣前程·油纸伞

伞是我馆文创开发的一个重要类别，油纸伞的开发更多的是对这种传统工艺的致敬。在开发过程中，我们希望能够挖掘伞本身在中国传统中的文化意味，并据此来选择花纹。在资料的查询中，我们发现，在古时候，所有上京赶考的读书人的包裹中，都有一把油纸伞，这当然和路途遥远、生活所需的关系更为密切，但是向来有纳吉愿望的古人们，赋予了这种庇护书生免受雨雪之苦的物品更多的美好寓意。因为油纸伞都是被放在包袱里的，因此被谐音成为"保福伞"，寓意能够保佑书生金榜题名。据此，我们选择了缠枝纹与油纸伞搭配。缠枝纹是服饰纹样中非常常见的一种，其具有富贵绵延、福气不断的美好寓意，与"保福伞"的涵义正好契

合，为使花纹富有层次和变化，同时更能贴合"保福伞"得名的由来，我们将其加以变形，用一枝如龙似凤的花草纹样，来寓意一枝独秀、独占鳌头。

二　根据产品予以服饰纹样最适当的解读

在漫长的历史发展过程中，很多服饰纹样都包含了不止一个寓意，而当其与一种产品结合时，我们往往需要的是其中的某一种涵义，选择适当的解读，才能使纹样和产品被观众所接受。

案例：虎头蝴蝶伞

这是一把具有现代工艺的雨伞，设计者根据我们的要求，设计了活泼生动的儿童伞伞面，在其产品设计说明中是这样阐述的：老虎是很有力量很健壮的动物，大人们也非常喜欢称赞孩子虎头虎脑，是非常可爱的动物造型，而蝴蝶是美丽的化身，其体态轻盈，翩翩起舞，象征着豆蔻年华和青春烂漫、无忧无虑的童年。我们想，如果这是一个单纯的企业的产品，这样的说明可能是没有问题的，将老虎或是蝴蝶作为自己商品形象的企业都不在少数，他们对这些纹样有着自己的理解和解读也无可厚非，但在博物馆的文创商品中，这种解读显然是不合适的。首先我们需要的是一件适合儿童使用的雨伞，产品的纹样选择了馆藏的虎头帽和蝴蝶纹样有机组合，整体和谐美观，对产品本身我们是满意的，因此我们将重点放在了纹样的合理解读上。虎的纹样是服饰中比较多见的。在武将的官服中，虎就是代表了官阶的补子上的重要纹样，是威武刚强的象征。而另一部分虎的纹样，主要出现在儿童的服饰上。民间历来有给儿童戴虎头帽、穿虎头鞋的习俗，这是由于人们相信虎的目光如炬，能够分善恶，驱凶邪，引领孩子不走歪路，庇佑孩子健康成长，寄托了家长对孩子的殷切期望和关怀。显然在这里，后者的解读更适合这一产品。而蝴蝶的纹样涵义就更多了，一是其绚丽的身姿，受到了古今中外广泛喜爱，被赋予了各种各样的精神内涵，也涉及

了各种各样的神话故事，就我馆馆藏来说，就有很多蝶恋花题材的女性袍服，设计者也称灵感来自于袍服上的纹样。但在蝴蝶的众多解读中，我们认为水族背儿带上的蝴蝶纹样寓意是最适合这样产品的。在水族的古老传说中，蝴蝶是保护儿童的守护神，在水族的每一条背儿带上，都会织绣蝴蝶的纹样，来保佑孩子平安幸福。因此在虎头蝴蝶伞的产品解读中，我们选取了两种纹样共同对孩子庇佑祝福的吉祥寓意，使纹样和这把为儿童遮阳避雨的伞更加呼应、相称。

三　少数民族服饰纹样增添产品的独特感

在选取服饰纹样进行开发设计时，我们也会发现，由于服饰纹样在传统的使用中本来就非常的普遍，而各馆在开发时往往都喜爱运用那些吉祥美好寓意的纹样，导致很多馆的产品都有些雷同，甚至不只是国内的博物馆文创，受中国传统文化影响的邻国产品看起来也带有那么一点眼熟。

有时选用少数民族服饰上的纹样，可以使产品看起来很有特色，与众不同，同时也可以让观众了解到少数民族的文化，感受到不同的魅力。

案例：繁华·丝巾

繁华·丝巾选取了馆藏土族盘绣达博腰带的整体纹样，构图饱满、对比鲜明、色彩热烈，繁而不乱、层次突出，具有立体美感。土族被称为彩虹的民族，盘绣往往是在黑底的布面上绣上五彩斑斓的颜色，而且每一种艳丽的色彩都象征着不同的涵义，红色象征着太阳，黄色象征着五谷，绿色象征着庄稼，蓝色象征着蓝天，黑色象征着土地。而达博腰带是土族服饰中最富装饰性的，是土族姑娘盛装时必须佩戴的饰物。土族又是一个多信仰的民族，从盘绣的图案上就可以得到体现，其上下两端的图案是由佛教的"卍"字纹样通过变形形成的"富贵不断头"纹样，象征着长长久久、源源不断的幸福吉祥。而中间的部分是太阳花纹样，太阳花是土族的传统的纹样，色彩眼力，对比强烈，又被称为宇宙图案，代表了土族古老而深厚的传统文化中对"宇宙七大洲"的思考，也蕴含着幸福长久、家庭兴旺等吉祥寓意。而道教的太极纹样，在土族盘绣中，其既具有宗教符号意味，也代表了生生不息、和谐顺

遂的美好追求。达博腰带的纹样可以说包含了土族人民结合了各种信仰而体现出来的对幸福的向往，集形式美和内涵美于一体，特别适合作为文创产品的图案。

另外，少数民族纹样的配色也非常值得博物馆文创的借鉴。

案例：万福·丝巾

通过"卍"字的四方连续排列，形成富贵不断、幸福绵长的吉祥图案，是很多民族都愿意使用的纹样之一，但馆藏的剑河苗族锡绣背带片上的纹样由于金属锡与绣线的巧妙搭配，使幅面显示出典雅脱俗、生机盎然的美感，配色十分清新独特，我们将绣线和金属锡的色彩进行了像素化处理。运用少数民族的配色，使丝巾看起来别具一格，很有特色。

四　利用互联网做好服饰纹样所蕴含文化的传播

互联网平台给了观众更充裕的时间来浏览和了解对服饰纹样的解读，博物馆文创作为博物馆工作中的一环，仍是以弘扬文化内涵为核心目标的。业内有这样一个说法，文创商店是博物馆的最后一个展厅。那么在互联网平台上，每一个博物馆的线上商店，都应该是一个博物馆的数字化展厅。通过在产品页面的介绍，我们应该把更多的文物和文化的知识传达给观众，让观众能够更多地了解它们，对他们产生兴趣和亲切感。如在产品的页面中，我们应该在介绍产品的功能、样式等内容的同时，将元素取材的文物或文化的介绍放入其中，并通过文物和文化的故事，让观众在喜爱纹样的形式美的同时，能够获得精神上的满足，了解到纹样背后的文化内涵美。要让观众在轻松的购物休闲时，能够轻松愉悦的接触文化、享受文化，这也就实现了博物馆文创商品的另一层的意义，通过经济层面的工作，实现文化传播的目标。

民族服饰纹样是中国传统文化之中的瑰宝，它体现了对万事万物的观察与思考，表达了对美和善的强烈追求，是易于被广大人民接受的文化符号，在博物馆文创工作中，应该重视对服饰纹样的开发与利用，活用与巧用，使其焕发出更强的生命活力，为当代人们的生活和精神增添缤纷的色彩。

（原载于《艺术与设计》2018年增刊）

唐代的臂钏与指环

何月馨

摘要： 本文基于墓葬和遗址的考古发现，对唐代臂钏和指环作了全面梳理，在形制分析的基础上，考察其使用状况、分布地域、等级特征和文化内涵。研究表明，唐代臂钏较指环更为流行，分布地域也更广，两者作为较私密的装饰品，均不具有等级标识。

关键词： 唐代　臂钏　指环　装饰

关于唐代装饰品的研究，以往多集中在钗簪、梳篦、耳饰、颈饰等首饰领域[①]，对臂钏[②]和指环[③]虽偶有涉及，但由于其发现零散，尚无全面的梳理。本文以科学考古发掘和刊布的材料为基础，试对唐代臂钏和指环的形制及相关问题作一简要考察。

一　唐代臂钏的考古发现

考古发现的唐代臂钏已有一定数量，可以了解臂钏的形制、流行与使用情况。

据本文统计，明确出土臂钏的有墓葬和遗址，其中56座墓葬共出土92件臂钏，5处遗址共出土92件臂钏[④]。除4件完整的玉钏、2件残玉钏[⑤]外，其余均为金属质。

玉臂钏完整者仅见陕西西安何家村窖藏，为两副镶金白玉臂钏，以鎏金或金合页将三段弧形白玉衔接而成，可以自由开合。这4件玉臂钏出土时装在莲瓣纹银罐内，器盖墨书"玉臂环四"[⑥]，可知其名为"玉臂环"（图一）。这种多节衔接的臂钏在隋李静训墓中亦有出土，不

过主体材质为金。这种制作精巧的臂环十分鲜见，显然是高等级人群所使用。胡小丽通过梳理相关文献后指出，玉臂环似乎不是唐代本土的产物，其来源或为进贡或从对外战争中所得[⑦]。

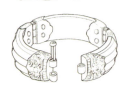

图一　西安何家村窖藏出土玉臂环（1 对）

---

① 孙机：《唐代妇女的服装与化妆》，《中国古舆服论丛》（增订本），上海古籍出版社，2013 年，第 219 ~ 246 页；扬之水：《中国古代金银首饰》，紫禁城出版社，2014 年，第 77 ~ 142 页；姚智辉：《唐宋金银发钗探析》，郑州大学硕士论文，2013 年等等。

② 《说文解字》云："钏，臂环也。"简报中有称"镯""钏""环"者，唐代文献中的"镯"指的是乐器钲，而仅有钏、臂环之名，故将这类腕饰统称为臂钏。

③ 黄正建：《唐代的戒指》，北京大学考古文博学院、大阪经济法科大学编：《7-8 世纪东亚地区历史与考古国际学术讨论会论文集》，科学出版社，2001 年，第 118 ~ 124 页。

④ 陕西西安何家村窖藏出土 7 件（4 件金镶玉钏、3 件金钏），陕西扶风法门寺地宫出土 3 副（6 件）金钏，山西平鲁屯军沟窖藏出土 15 件金钏，江苏邗徒丁卯桥窖藏出土 29 副（58 件）银钏，浙江长兴长辛桥窖藏出土 3 副（6 件）银钏。此外，在印尼勿里洞"黑石号"沉船（9 世纪早中期）亦出土有金钏残件（未纳入统计）。

⑤ 西安临潼骊山床单厂唐墓 M6 出土"残玉镯 1 件，标本 M6：5，白玉，残长 5，断面直径 0.8 厘米"，见陕西省考古研究所配合基建考古队：《陕西临潼骊山床单厂基建工地古墓葬清理简报》，《考古与文物》1989 年第 5 期；湖北谷城肖家营 M51 出土"玉镯 1 件（M51：4），较残，仅剩小部分"，见襄樊市考古队，谷城县博物馆：《湖北谷城县肖家营墓地》，《考古》2006 年第 11 期。另据《北周隋唐京畿玉器》，永泰公主墓亦出土玉钏残件，但材料未见，情况不明，见刘云辉编：《北周隋唐京畿玉器》，重庆出版社，2000 年，第 14 页。

⑥ 陕西省博物馆等：《西安南郊何家村发现唐代窖藏文物》，《文物》1972 年第 1 期。

⑦ 陕西历史博物馆等编著：《花舞大唐春——何家村遗宝精粹》，文物出版社，2003 年，第 218 页。

表一 唐代金属臂钏分型

A型		B型			C型		D型
Aa	Ab	Ba	Bb	Bc	Ca	Cb	
宁夏吴忠 M070：2	福建东清 M02：8	江苏扬州 M107	湖南保靖 M82	宁夏吴忠 M75：2	陕西凤翔 M92：16	陕西法门寺 M5：092	湖南保靖 M43：1

178件金属臂钏中，材质有金（鎏金）、银、铜，其中7件形制不明，其余171件可分为四型（表一）[①]：

A型 发现最多，以柳叶形金属片弯成椭圆曲圈状，中间宽大，两端渐变细窄，两端尖细的部分缠金属丝或刻数道横向线纹，并绕出环眼。按连接方式分两型：

Aa型 两端接口处各弯作环耳，两端不相连或以小圆环连接。截面均为薄片，展开形如柳叶，钏面饰多道顺向凸棱或錾刻纹饰，如河南洛阳龙康小区唐墓出土2件鎏金银臂钏，通体以鱼子纹为地，其上錾刻花叶及一对展翅鸳鸯[②]。此型臂钏发现数量最多，共有140件。以吴忠西郊M070：2为例，铜质，打制，钏尾两端上弯成环耳，以一直径0.8厘米的圆环连接，钏身正面中部饰0.2厘米宽的凸棱，两侧缘为凸起的细棱，下端刻横向线纹，直径4.5～5.6厘米[③]。

Ab型 接口处两端互相缠绕于钏身。仅1件，福清东张唐墓出土，银质，截面为不规则八边形，钏身弯成圆环状，两端渐细、对向缠绕于钏身，直径9.3～9.5厘米[④]。

B型 整箍圆环状。按截面形状和闭合情况分三型：

Ba型 闭合。截面近似半圆形或三角形。共9件。江苏扬州M107会昌元年（841年）魏氏墓（M107）出土1件，

断面呈圆形，包银，直径9.2厘米[⑤]。法门寺地宫出土的6件臂钏，物帐碑统称"随求"，其中4件三钴杵纹银臂钏即为此类型[⑥]。

Bb型 闭合。整箍为金属片锤鍱而成。12件。湖南保靖四方城M82出土1件，银质，圆形整箍，钏面刻多道装饰竖条纹。直径7.5、宽1.7、厚0.3厘米[⑦]。另在湖北郧县濮王李泰墓出土9件，金质，为素面圆环，边缘内卷，直径7～7.4、宽0.85～1厘米[⑧]。

Bc型 未闭合，下端空出，断面为条状。2件。均为吴忠北郊M75出土，铜质，圆环形，打制，钏截面呈扁圆形，正面等距离饰4个凸棱，直径6.6厘米[⑨]。

C型 由薄片状的圆环和外附的筒盒两部分组成，应是专为盛放陀罗尼经咒而制作，按筒盒形状分两型：

Ca型 筒盒为半圆柱形，截面半圆形，与钏主体于筒中部铆接相连。4件[⑩]。如凤翔M92：16，铜质，钏圈径7.5、宽0.8厘米，筒高5.4、径2.34厘米[⑪]。

Cb型 筒盒为扁圆形，截面为圆形，仅见于法门寺地宫，为2件羯摩三钴杵纹银臂钏，扁盒（钏面）顶面錾饰羯摩金刚杵。钏外径10.8、宽1.9厘米；扁盒纵径5.3、横径4.6厘米[⑫]。

---

① 1988年在陕西咸阳唐墓出土一件双龙戏珠金钏，直径6.5厘米，铸造成型，通过两轴扣合成一个整体。轴上下各有一个金珠，珠间为四瓣花朵，花朵两侧是两两相对的龙首。这种多节组合的金钏与李静训墓和何家村窖藏出土的金玉钏相似，本可单列一型，但作者并未找到该墓正式刊布的考古简报，故暂列于此。见齐东方主编：《中国美术全集·金银器玻璃器1》，黄山书社，2010年，第148页。

② 洛阳市文物工作队：《洛阳龙康小区唐墓（C7M2151）发掘简报》，《文物》2007年第4期。

③ 宁夏文物考古研究所、吴忠市文物管理所编著：《吴忠西郊唐墓》，文物出版社，2006年，第153～154页。

④ 福建博物院：《福清东张唐墓》，《福建文博》2005年第3期。

⑤ 扬州博物馆：《扬州城东唐墓清理简报》，《东南文化》1988年第6期。

⑥ 研究者指出其内部很可能放置有大随求陀罗尼经咒，见霍巍、朱德涛：《法门寺地宫出土"随求"与舍利瘗埋制度》，《文物》2017第2期。

⑦ 湘西自治州文物管理处、保靖县文物管理所：《保靖县四方城晋、唐、元墓发掘清理简报》；湖南省文物考古研究所、湖南省考古学会合编：《湖南考古·2002》，岳麓书社，2004年，第301页。

⑧ 湖北省博物馆编：《湖北出土文物精粹》，文物出版社，2006年，第198页。

⑨ 宁夏文物考古研究所、吴忠市文物管理所编著：《吴忠北郊北魏唐墓》，文物出版社，2009年，第156页。

⑩ 发现数量远多于此，此统计为墓葬材料刊布完整者。

⑪ 陕西省考古研究院、西北大学文博学院编著：《陕西凤翔隋唐墓——1983－1990年田野考古发掘报告》，文物出版社，2008年，第228～230页。

⑫ 陕西省考古研究院等编著：《法门寺考古发掘报告》，文物出版社，2007年，第184、187页。

D型 螺旋形，为扁圆的金属条弯成数道螺旋圆圈，形似弹簧，套于臂上。仅1件，出土于湖南保靖四方城M43，银质[1]。

形制上，A型臂钏最为常见，也是臂钏在唐代产生的新形制。出土此型臂钏的墓葬年代多在盛唐以后，目前所见最早的纪年墓为三门峡天宝元年（742年）韩忠节夫妇合葬墓，在墓室北侧女性左、右手腕处各发现一件银钏，直径5.8、宽0.5～1.5厘米[2]。A型臂钏的出土地域也较广，在宁城、和林格尔、吴忠、凤翔、平鲁、西安、三门峡、洛阳、郑州、新郑、新乡、淅川、邢台、襄阳、丹徒、长兴、福州、瑞昌等地均有发现，其来源尚待考察。B型臂钏形制较普通，与前代差别不大。C型臂钏较为特殊，附带的筒为专门盛装陀罗尼经咒而设，相关研究已较充分[3]。D型多圈臂钏，早在前代已较为流行，称"条脱（跳脱）"，多见于北方和西南地区。

使用上，有单臂戴1件者，如安阳薛家庄M5出土1件

图二 唐代墓葬和遗址出土的金属臂钏

1.金臂钏（陕西西安何家村窖藏出土） 2.鎏金银臂钏（陕西扶风法门寺 FD：085、086） 3.铜臂钏（宁夏吴忠北郊 M75：2、1） 4.铜臂钏（陕西凤翔南郊 M92：16） 5.鎏金银臂钏（陕西扶风法门寺 FD：091、092）

Ba型铜钏，发现时戴于右臂上[4]；C型臂钏一般仅出一件，显然为单臂所戴。多数为双臂各戴1件，如洛阳龙门镇C7M2668未被盗扰，墓室西部发现2件Aa型铜钏[5]；河南淅川下寨M159未被盗，为女性单人葬，2件Aa型银钏出土于墓主左右股骨外侧，显为双臂各戴1件[6]；吴忠北郊M75出土2件Bc型铜钏，女性墓主上肢骨上各套1件[7]。此外，还有戴多件的现象，如吴忠西郊M078出土3件Aa型铜钏，出土于套于墓主左右臂上，左臂1件、右臂2件[8]，湖南保靖四方城M43共出土5件臂钏，4件为Bb型、1件D型[9]。可见臂钏的戴法较多样（图二）。

二 唐代指环的考古发现

唐代发现明确的指环相对较少，均出于墓葬中，为墓主入殓时所戴。材质有玉石、金、银、铜、铅等。较明确出土指环的唐墓，共31座、50件。其中11件形制不明，余下的39件，可分为三型（表二）：

A型 正圆形。根据环体宽窄分三亚型：

Aa型 环体较宽厚，截面上下窄、中间宽，素面无装饰，无接缝，类似算盘珠，有玉、金质。3件。以上海青浦福泉山唐墓为例，玉指环1枚，玉质洁白，外径2.2、内径1.7厘米[10]。

Ab型 环体较扁薄，截面上下宽度一致，宽度小于Aa型，外部多饰刻划线纹。9件。以凤翔翟家寺M27为例，铜指环1枚，扁体环形，有接口，表面边缘装饰成凸棱状，径1.9、宽0.7、厚0.05厘米[11]。

Ac型 环体极细窄，截面圆形，无接缝。有刻纹饰，也有素面者。4件。以重庆丰都观石滩M3为例，出土银指环2枚，M3B：3为圆形，周缘刻划浅竖线纹，呈齿轮状，直径1.9厘米[12]。

① 湘西自治州文物管理处、保靖县文物管理所：《保靖县四方城晋、唐、元墓发掘清理简报》；湖南省文物考古研究所、湖南省考古学会合编：《湖南考古·2002》，岳麓书社，2004年，第301页。

② 三门峡市文物工作队：《三门峡市两座唐墓发掘简报》，《华夏考古》1989年第3期。

③ 韩保全：《世界最早的印刷品——西安唐墓出土印本陀罗尼经咒》，《中国考古学研究论集》编委会编：《中国考古学研究论集——纪念夏鼐先生考古五十周年》，三秦出版社，1987年，第404～410页；安家瑶、冯孝堂：《西安沣西出土的唐印本梵文陀罗尼经咒》，《考古》1998年第5期；霍巍：《唐宋墓葬出土陀罗尼经咒及其民间信仰》，《考古》2011年第5期；郭晓涛：《大随求陀罗尼经咒考古二题》，《四川文物》2014年第5期；郭晓涛：《凤翔唐墓出土陀罗尼经咒研究》，《考古》2015年第1期；霍巍、朱德涛：《法门寺地宫出土"随求"与舍利瘗埋制度》，《文物》2017年第2期。

④ 河南省文化局文物工作队：《河南安阳薛家庄殷代遗址、墓葬和唐墓发掘简报》，《考古通讯》1958年第8期。

⑤ 洛阳市文物工作队：《河南洛阳市龙门镇唐墓发掘简报》，《考古》2007年第12期。

⑥ 河南省文物局编：《淅川下寨遗址——东晋至明清墓葬发掘报告》，科学出版社，2016年，第94～96页。

⑦ 宁夏文物考古研究所、吴忠市文物管理所编著：《吴忠北郊北魏唐墓》，文物出版社，2009年，第156页。

⑧ 宁夏文物考古研究所、吴忠市文物管理所编著：《吴忠西郊唐墓》，文物出版社，2006年，第175～176页。

⑨ 同①。

⑩ 上海博物馆编著：《上海唐宋元墓》，科学出版社，2014年，第30、31页。

⑪ 陕西省考古研究院等：《凤翔翟家寺隋唐墓葬发掘简报》，《文博》2013年第1期。

⑫ 宁夏文物考古研究所、丰都县文物管理所：《丰都镇江镇观石滩遗址发掘报告》；重庆市文物局、重庆市移民局编：《重庆库区考古报告集·2002卷·中》，科学出版社，2010年，第1111～1113页。

表二 唐墓出土指环分型

A型			B型		C型
Aa	Ab	Ac	Ba	Bb	
上海84QFM7：2	凤翔M27：1	丰都M3B：3	偃师1902：51	朝阳M1：7	周原M2：1-1、2

B型 环形，中部有额外的指环面，显得较为宽厚，按是否镶嵌物分两亚型：

Ba型 金属质镶嵌宝石或琉璃。2件。以偃师盛唐墓M1902为例，金指环1枚，最大外径2.2厘米、重6.5克，环圈厚重，上嵌椭圆形紫色水晶，水晶上浅刻"ωL"二字[1]；研究者指出该文字为巴列维语（中古波斯语），内容可释读为"奇妙无比"之意，原是作为印章使用，为舶来品[2]。

Bb型 纯金属质，中部较宽、两端窄，或铸造成凸起，为模仿镶嵌宝石的形制。有银、铜、铅质。14件。以辽宁朝阳双塔区M1为例，出土铜指环5枚，其中M1：7[2]正面有圆形凸起，系用铜条锻制而成，直径2.05厘米[3]。

C型 扁圆形，环体较细窄，多为铜丝折合而成，下端不相接。7件。以陕西扶风周原05FQXM2为例，出土铜指环4枚，均为细铜条弯曲而成，制作不规整，粗细大小不一，如M2：1-1直径2.2、厚0.3厘米，M2：1-2直径3，8、厚0.4厘米[4]。

这些形制不同的指环，出土位置较明确的，可看出其使用情况。周原M2出土4枚C型铜指环，发现于北侧墓主手指上，左手3枚、右手1枚[5]。洛阳关林初唐1267号墓为夫妇合葬，在北侧女性骨架左手处发现银指环1件，环形无纹饰，直径2厘米[6]。朝阳双塔区M1为梯形竖穴砖椁墓、单人

葬，出土5件Bb型铜指环，左手处2枚、右手3枚[7]。宁夏彭阳海子塬M6为女性单人葬，1枚Ab型铜戒指出于墓主左手骨处，直径1.8、环体宽0.4厘米[8]。

从分布地域上，A型分布范围最广，在各地初唐至晚唐墓葬中均有发现；其中饰有刻划竖线的Ab型指环均为单件出土，很可能是女工所用的顶针（针箍），如浙江余杭闲林唐墓出土Ab型银指环1枚，发现时置于剪刀附近[9]。B型指环目前均出土于北方地区，当非偶然。其中Ba型镶嵌宝石（琉璃）者仅见2件，出土于河南偃师[10]和山西太原[11]。这类镶宝石的指环原流行于地中海地区和西亚、中亚一带，在魏晋南北朝时期的一批墓葬中已有出土，它们同金银币、金银器、玻璃杯一样，均是通过丝绸之路来到中国的舶来品[12]。唐代偃师和太原出土此类戒指，同样反映了丝绸之路往来的大背景。Bb型指环绝大多数出土于辽宁朝阳及附近地区，从形制看为仿照嵌宝石指环而制作，当是受到外来文化的影响。C型指环制作相对简单，唐代前期多发现于北方地区，唐后期在重庆巫山亦有出土，很可能是受北方的影响（图三）。

三 臂钏与指环的等级特征与文化内涵

唐代的臂钏和指环多出土于墓葬，为小殓入棺或附身

[1] 中国社会科学院考古研究所编著：《偃师杏园唐墓》，科学出版社，2001年，第61、62页。

[2] 森本公诚：《偃师杏园1902号唐墓出土的金戒指上的铭文》，《考古》1996年第12期。

[3] 辽宁省文物考古研究所、朝阳市博物馆：《朝阳双塔区唐墓》，《文物》1997年第11期。

[4] 陕西省考古研究院、宝鸡市周原博物馆编著：《周原汉唐墓》，科学出版社，2014年，第147～148页。

[5] 同上。

[6] 洛阳市文物工作队：《洛阳关林镇唐墓发掘报告》，《考古学报》2008年第4期。

[7] 同③。

[8] 宁夏文物考古研究所、彭阳县文物管理所编著：《彭阳海子塬墓地发掘报告》，上海古籍出版社，2013年，第41～43页。

[9] 牟永抗：《浙江余杭闲林唐墓的发掘》，《考古通讯》1958年第6期。

[10] 同①，第26～30、61～62页。

[11] 山西省文物管理委员会：《太原南郊金胜村唐墓》，《考古》1959年第9期。出土嵌白色琉璃的银指环1枚，环径1.7厘米，置于漆盒内。

[12] 张庆捷、常一民：《北齐徐显秀墓出土的嵌蓝宝石金戒指》，《文物》2003年第10期。

图三　唐代墓葬出土指环

1．铜指环（宝鸡周原 M2：1-1/2/3、M2：9）　2．玉指环（上海青浦 84QFM7：2）　3．金指环（广州永福路 M1：2）　4．玉指环（偃师杏园 M1902：51）

之物。虽然唐制规定棺内"不得有金宝珠玉"[①]，但入殓礼的私密性，决定了臂钏、指环此类小型饰物，即使有金玉珠宝的性质，但因其与墓主本身息息相关，难以受到制度的约束，因此反映出多样化的特征。

臂钏是女性明确的性别标识。从文献记载和考古发现来看，唐代高等级人群使用的主要是玉钏，如何家村窖藏出土的4件镶金玉臂钏，制作精美，几成孤例，当为最高等级所拥有。而金、银、铜等金属质的臂钏在不同地域、不同等级的墓葬中均有发现，可见其使用较为自由。只是高等级墓葬多出土金、银臂钏，中下级官吏及平民墓葬多出土铜臂钏，而少在高等级人群入殓礼附身之物的范畴。

出土指环的墓葬等级均不高，多为北方地区的中小型土洞墓和南方地区的长方形券顶砖室墓，而鲜见于两京地区的高等级墓葬。出土镶宝石指环的两座墓葬，偃师杏园 M1902 为竖井墓道梯形土洞墓，墓室长2.86、宽1.55米[②]；太原金胜村5号墓为斜坡墓道方形砖室墓，墓室长2、宽2.07米[③]，这两座墓时代在初盛唐时期，从墓葬形制看均为中下

等级墓葬，可见指环其同样并不标识等级。从目前的材料看，唐代指环并不算流行，而戴指环入殓，更是极少部分人群的选择。

唐代女性戴臂钏已较为普遍，《旧唐书·崔光远传》记上元二年（761年）剑南节度营田观察处置使崔光远讨平段子璋，"将士肆其剽劫，妇女有金银臂钏，兵士皆断其腕以取之"[④]，从侧面反映了臂钏的流行。在唐诗中，也有不少对戴臂钏女性的描写，既有对北方佳人"腕摇金钏响"、江南采莲女"莲衣承玉钏"、织妇"钏动应鸣梭"的赞美，也有对盐商妇"皓腕肥来银钏窄"的厌恶……在诗人的笔下，臂钏与簪钗环佩等共同构成了一个时代女性的附属意象。

后汉繁钦《定情诗》云：

何以致拳拳？绾臂双金环。

何以道殷勤？约指一双银。

何以致区区？耳中双明珠。

何以致叩叩？香囊系肘后。

何以致契阔？绕腕双跳脱。

这里绾臂的金环和绕腕的跳脱，当即本文统称的臂钏，而"约指"即指环，可见臂钏和指环，与耳饰、香囊这类贴身饰物一样，很早就是男女双方爱情的象征。到唐代中晚期，指环更明确地具有了今人常见的誓约意义。成书于晚唐的范摅《云溪友议》中，记载了一则关于玉指环的故事：韦皋曾与姜氏侍女玉箫以玉环为约，后韦皋不至，玉箫绝食而亡，姜氏"以玉环著于中指，而同殡焉"[⑤]。这里的玉指环是女性入殓所戴。常理《妾薄命》诗云"娇小恣所爱，误人金指环"[⑥]，同样是将金指环作为信物。《太平广记》卷三四〇《李章武》记贞元三年（787年），李章武客游华州，与王氏子女私好，后其告归长安，与王氏子妇惜别，章武留交颈鸳鸯绮一端，子妇答白玉指环一，又赠诗曰："捻指环相思，见环重相忆。愿君永持玩，循环无终极。"[⑦]可见指环因其圆环的形状，还被赋予了"循环无终极"的长久之愿，这与西方文化中指环印象征着完整及延续持久已渐趋一致。

（原载于《文博》2019年第2期）

① （唐）杜佑撰：《通典》卷八五《凶礼七·棺椁制》，中华书局，1984年，第2299页。
② 中国社会科学院考古研究所编著：《偃师杏园唐墓》，科学出版社，2001年，第26～30页。
③ 山西省文物管理委员会：《太原南郊金胜村唐墓》，《考古》1959年第9期。
④ （后晋）刘昫等撰：《旧唐书》卷一一一《列传六一·崔光远》，中华书局，1975年，第3319页。
⑤ （唐）范摅：《云溪友议》卷中，古典文学出版社，1958年，第24页。
⑥ （清）彭定求等编：《全唐诗》卷七七三，中华书局，1960年，第8766页。
⑦ （宋）李昉等编：《太平广记》卷三四〇《鬼二五·李章武》，中华书局，1961年，第2699页。

博物馆教育：在青少年素质培养中"发声"

梁　红

摘要：青少年素质的高低关系到国家和民族的未来。博物馆作为社会教育和文化机构，有责任、有义务在青少年素质教育中确立自己的定位，利用自己的优势，及时有效地在青少年综合素质评价体系中发挥积极作用。本文从世界各国博物馆发展的趋势和我国的教育现状提出博物馆要利用其自身的独特价值在青少年素质培养及青少年成长过程中有所作为，并且博物馆教育要在培养博物馆教育工作的专业人才、设计多维度的博物馆特色教育项目、博物馆教育评价等方面进行加强。

关键词：博物馆教育　青少年素质培养　综合素质评价

"少年智则国智""少年强则国强"，青少年素质的高低关系到国家和民族的未来。进入21世纪，随着信息技术在教育各领域的广泛应用和深入发展，世界各国对于基础教育的目的及素质培养的模式，都在不断地进行探索、尝试。美国颁布了《不让一个孩子掉队》《美国竞争力计划》等法案，日本、英国等国家相继制定了自己的教育改革政策和计划。在中国，教育问题更是牵动千家万户，备受社会关注。面对升学的激烈竞争及来自社会各方面的有形和无形的压力，学校、家庭、社会应紧密地联系在一起，发挥各自的优势形成合力，为青少年的全面健康成长提供全方位保障和多元化资源平台。博物馆作为社会教育和文化机构，既是科学与文化知识的宝库、人类社会文明教化的殿堂，又是促进和谐发展的大课堂，有责任、有义务在青少年素质教育中确立自己的定位，利用自己的优势，及时有效地在青少年综合素质评价体系中发挥积极作用。

一　世界博物馆发展的趋势和我国的教育现状都要求博物馆在青少年素质培养及青少年成长过程中有所作为

1984年，美国博物馆联盟在《新世纪的博物馆》中提出：美国的博物馆在其发展史上一直"认同这样一个理念：博物馆应该传递各种观点的本质、传授知识、激发兴趣、提高人们的审美能力"。"如果说藏品是博物馆的心脏，那么我们所称的教育——以一种内容丰富、能够激发观众兴趣的方式呈现实物和理念就是其灵魂"。英国大约有2500家博物馆和展览馆对外开放，其中大英博物馆、国家美术馆等闻名于世。博物馆在英国被视为最重要的教育机构之一，参观博物馆历来是英国基础教育的重要环节。

日本中小学从2000年开始实施"综合学习时间"，要求学校与博物馆结成伙伴关系，为学生提供免费参观或到学校为学生提供介绍博物馆知识的讲座，以达到共同的承诺和目标，在有效利用博物馆资源的基础上，对教学方式进行创新，鼓励学生参与社会实践活动，提高其独立思考和学习能力，以促进学生全面发展。近年来，世界各国的博物馆都设有面向学生的教育项目，如英国自然历史博物馆的"达尔文中心"、美国大都会艺术博物馆的"儿童博物馆"等。

我国当前青少年教育的一个突出问题是，在"一分决胜负，一考定终身"的压力下，孩子小小年纪奔波于各种课外辅导班之间，学生、家长都被牢牢地捆绑在了应试的"战车"上。家长为了不让孩子输在起跑线上，甚至从幼儿园阶段就让孩子"抢跑"，给孩子报各种早教班、学前班，这种学校教育一家独大，主导了青少年教育的整体空间的情况，对青少年成长是极为不利的。在2009年"全国青少年健康高峰论坛"上，国家教育部专业委员会公布的最新统计数据显示：目前我国青少年的心理健康水平与欧洲国家相比，自信心、自我接纳度普遍较低；焦虑、抑郁指标上升。青少年主要存在的心理及行为问题包括厌学、网络依赖、亲情冷漠、情绪障碍、社交障碍等。蔡元培于1918年谈到教育时提出："尤当养成学问家之人格"，强调学校教育的本质和核心是人格教育，即培养"全面发展的人"。国内很多博物馆根据自身特点及不同年龄段青少年的身心特点和成长规律，策划、推出了不同层次和形式的教育体验活动、项目。如内蒙古博物院的"欢乐大课堂知识竞赛"、中国妇女儿童博物馆的"感恩母亲、感知自己"系列教育活动等都是从人格的塑造着眼，以提高青少年的思想品德和文化素养。博物馆具有丰富的教育资源，在青少年综合素质培养方面具有得天独厚的优势。2015年3月20日施行的《博物馆条例》就教育行政部门利用博物馆资源开展教育教学、社会实践活动做了明确规定，并指出"博物馆应当对学校开展各类相关教育教学活动提供支持和帮助"。越来越多的学校和家长意识到了博物馆教育的重要性，加上我国博物馆免费开放政策的实施，到博物馆参观的人数日益增多。2014年9月，北京市教育委员会正式启动了北京市中小学"四个一"活动，即中小学生至少参加一次天安门广场升旗仪式，分别走进一次中国国家博物馆、首都博物馆和中国人民抗日战争纪念馆。在"四个一"活动中，博物馆研发学生实践学习任务单，引导学生带着问题进入博物馆内进行主题性学习，还专门针对中小学生的参观学习内容，用仪式教育、主题性教育等方式提升学生学习兴趣，加深实践感受。中小学生可以在庄严的纪念仪式中，在浓厚的文化氛围里，培育和践行社会主义核心价值观。

二 博物馆教育的独特价值决定了它可以在青少年素质培养中"发声"

1. 内容方面

博物馆是珍藏历史、保存人类文化记忆的地方，收藏着大量的珍贵文物和重要的自然标本，记载着人类文明发展的轨迹，保存着人类历史、文化、科技以及社会发展等诸多成果，"博物馆是历史的终点，更是历史的起点，即人类发展的驿站。它的责任是尽可能地收集、保护好人类前行中所取得的成就和过失，更要为人类走向更高的文明提供路标，同时也应是人类心灵得以净化的圣殿"。原上海博物馆馆长陈燮君先生认为，"博物馆文化拥有四大力量，即以其民族凝聚力，诉说着民族文化的博大精深、源远流长；以其历史的穿透力，演绎着漫长历史的沧桑巨变、岁月坦诚；以其文明渗透力，寻觅着中华文明的悠悠源头、绵绵根脉；以其艺术的感染力，守望着精神家园的时代传承、人文自豪。"

博物馆的文化价值在很大程度上是通过博物馆教育职能来实现的。博物馆教育工作者不是文物知识、历史文化知识的"搬运工"，而是文化的传播者，要在历史和当下、博物馆和观众之间架起一座沟通和交流的桥梁，要在深入研究文物的基础上，采用多种青少年喜闻乐见的教育形式，挖掘文物背后的文化内涵，让观众在参观过程中启迪心智。

中国是历史悠久的文明古国，有着深厚的文化积淀。博物馆在增强青少年国家认同、民族认同和社会认同方面具有重要作用，通过博物馆工作人员对历史文物、历史事件的深层文化内涵的挖掘，更好地弘扬民族传统文化和民族精神。

中国国家博物馆与北京史家小学合作推出的"中华传统文化——博物馆综合实践课程"就是一个成功的案例。课程内容包括"说文解字""美食美器""服饰礼仪""音乐辞戏"四大主题，共计32组教学内容，依托中国国家博物馆馆藏精品，以学生熟悉的汉字、饮食、服饰、乐戏为基础，通过"历史与艺术"的体验方式设计教学环节，培养学生的艺术情趣，感受中华传统文化的独特魅力，通过博物馆课程的学习让学生热爱中华文化，认知中华文明，增强国家认同感，有助于形成正确的道德观、人生观、世界观和价值观，具备一定的艺术鉴赏能力和培养良好的人文情怀。

博物馆教育的一大特点就是实证——基于实物的学习。博物馆的研究成果、陈列展览都是建立在科学研究的基础之上。这种真实与严谨，有助于青少年"独立之精神，自由之人格"的培养。

2. 实现模式方面

博物馆教育是以青少年观众为中心，采用寓教于乐、互动参与的方式，让青少年在轻松愉快的氛围中增长知识，达到深化教育的目的，使参观博物馆不流于形式。

博物馆教育与学校教育有很大的不同。博物馆教育没有统一的考试目标，没有严格的国家课程大纲，没有具体的课程进度要求。博物馆是公开展示和陈列的场所，风格各异的建筑空间、美感强烈的环境设计，给青少年美的体验，能够让置身其中的青少年身心愉悦，激发他们的好奇心与创造力。青少年观众在这样的环境下学习知识是一种主动行为，可以按照自己的兴趣、爱好和需要进行学习，易于理解和接受知识。

学校教育偏重于知识和技能的培养，博物馆教育更为开放，更多地关注传统文化的继承和价值观的培养，博物馆的学习是一种审美体验和艺术享受，可以运用的手段丰富多彩，涉及的领域也更加宽泛，更能释放青少年的天性，激发他们的创造力。

3. 家庭教育方面

博物馆是终身教育的场所，是家长与孩子共同学习、共同成长的平台，有着进行家庭亲子教育的优质资源。博物馆教育倡导亲子共同参与、让父母和孩子通过共同参与来加强沟通，促进彼此的理解，提升亲子间的幸福指数。

家庭观众可以有效地通过博物馆教育活动，在轻松愉快的教育体验中，完成对自身文化、修养等各方面的提升。在亲子共同参与的博物馆活动中，父母不再是监督者、发号施令者，而是和孩子一样，扮演学习者、参与者的角色，便于找到共同的话题，增进彼此的感情。中国妇女儿童博物馆策划实施了多项亲子共同参与的博物馆教育活动，其中具有代表性的是在"魅力永恒的童话力量——安徒生童话进入中国百年纪念展"期间，举行了以安徒生童话为主题的绘画、剪纸和中丹文化交流专题研讨会等一系列亲子活动。通过"演"童话、"剪"童话、"搭"童话、"讲"童话、"绘"童话和"读"童话等丰富多彩的公众活动，通过多层面的体验式活动，让父母重温童年的记忆，用平等的眼光、平和的心态来对待孩子，亲子双方在童话的世界里，收获知识，更收获了和谐、快乐的亲子关系。

4. 青少年能力塑造、人格培养方面

德国著名教育家雅斯贝尔斯（Karl Theodor Jaspers）曾说过："教育的本质意味着一棵树摇动另一棵树，一朵云推动另一朵云，一个灵魂唤醒另一个灵魂。"好的教育不是一场"淘汰赛"，而是促进每个孩子的心智完备、心灵充实、心地善良、长大成人的过程。博物馆教育通过情景的营造，浸入式的体验活动，鼓励青少年自主学习、合作探究、自我评价。

博物馆教育有很强的实践性，能够为青少年提供与人沟通，以及处理突发问题的机会。通过体验活动，激发青少年对学习内容的兴趣，唤起他们浓烈的求知欲望，提高自我的管理能力。通过对中国妇女儿童博物馆"小讲解员"培养项目五年的追踪，可以清晰地了解到博物馆教育对青少年社会能力提升、人格塑造等方面的影响。中国妇女儿童博物馆的小讲解员们在馆内承担讲解、接待以及社教活动的辅助性工作，他们不但给学校观众和青少年观众讲解，还给成人观众甚至重要外宾讲解，这是一种职业体验性质的教育项目。在担任小讲解员的过程中，孩子们的语言表达能力、与人沟通能力、团队合作能力等都得到了锻炼。中国妇女儿童博物馆社教部先后追踪调查了150多名小讲解员及其家长，调查结果显示：100%的小讲解员认为通过该项目自己的自信心提高了，95%的孩子认为遇事比过去从容了，100%的家长认为孩子的语言表达能力得到了提高，93%的家长认为孩子能为别人着想了，90%的孩子认为自己在学校与同学相处更愉快了，75%的家长认为孩子的性格跟原来相比有所改善，与人相处的能力增强了。小周同学是其中非常典型的案例。小周从小学四年级开始在中国妇女儿童博物馆担任小讲解员，现在已经初中二年级，他在刚刚进入该培训活动的时候各方面表现平平，不擅于当众讲话，还曾经因为能不能通过岗前考核而担心。但通过实践锻炼，小周同学对讲解和接待工作产生了很大的兴趣，开始主动查阅资料、请教老师，反复琢磨怎样讲解得更好，怎样更好地组织团队。几年下来，小周同学不但语言表达能力、沟通能力、组织能力、处理问题能力得到显著提高，而且在公共服务上所表现出的社会责任感远远超过同龄人，人们总是用"热情""成熟""懂事""有担当""为人着想"等词来评价他。在他的影响下，他的妈妈、姥姥也加入到博物馆志愿者的行列中，他认为自己在这个过程中最大的收获是找到了"为他人服务的快乐"，找到了自己感兴趣的东西。博物馆教育就是通过活动帮助青少年增加社会实践经验，让他们更好地适应社会生活，培养他们的自学、自立、自强、自律能力。通过教育活动，可以发掘青少年的潜力，鼓励和激发他们的创新精神和创造能力。

三 博物馆教育怎样更好地在青少年素质培养中"发声"

博物馆教育是一个实践性很强的工作。近年来，我国博物馆事业蓬勃发展，各种类型的博物馆不断涌现，博物馆教育活动内容丰富、形式多样。在博物馆教育活动数量大幅提升的同时，也出现了活动类型同质化、缺少具有广泛影响且可持续的品牌项目等问题，而专业人员不足、相关专业学科建设滞后等深层问题更加突出。对于如何优化博物馆教育活动、深化教育成果，更好地推动青少年素质培养，博物馆必须立足教育本身的特点，针对青少年的生理、心理特点进行更深层次的研究，本文从博物馆教育专业人才培养、博物馆青少年课程开发、博物馆教育评价三方面进行探讨。

1. 培养博物馆教育工作的专业人才

博物馆教育专业人才匮乏是制约博物馆教育发展的关键。博物馆教育人员，不但要对博物馆知识有充分的了解，熟悉博物馆藏品、展览的主题与表现手法，了解博物馆工作背后的故事、藏品管理、保管与保护。更为重要的是，要把博物馆资源与中小学课堂教学、综合实践活动的实施有机结合，增强博物馆青少年教育的针对性，掌握教育学的基本概念，了解教育发展的新趋势，懂得如何激发青少年的兴趣，引导青少年自主学习。

2. 设计多维度的博物馆特色教育项目

按照"重参与、重过程、重体验"的教育理念，为进一步突出博物馆教育特色，应设计研发丰富多彩的博物馆青少年教育项目。项目可涵盖幼儿园、小学低年级、小学中高年级、初中、高中不同年龄段，要明确每个课程的目标、体验内容、学习方式及评价办法。博物馆教育项目既要立足博物馆，也要走出墙外，把"人的教育"作为终极目标，更多地开展社会实践项目，努力在青少年生活中扮演更积极的角色。真正好的文化项目要有"生命的气息、生命的温度、生命的情怀、生命的趣味、生命的意志、生命的秩序"。博物馆的教育项目特别是青少年教育项目，更需要注重趣味性，引导青少年在快乐中参与，在交往中引发更多的情感共鸣，获得更多意想不到的教育。

3. 博物馆教育评价注意突出博物馆教育特点

博物馆教育注重过程性、参与性，在进行博物馆教育评价时要突出其特点，建立自己的评价方法、评估模式。如可以为青少年建立"成长档案袋"等，跟踪、记录青少年在博物馆的成长历程、发展状态，以便明确自己今后的成长和努力方向。有人曾这样描述文化教育的"小目标"：不是让每个人都做至善之人，而是多些厚道；不是让每个人都当道德楷模，而是要有底线；不是让每个人随时付出牺牲，而是珍爱生命；不是让每个人都成文化大师，而是心向往之。这些同样也是博物馆教育的"小目标"。博物馆教育作为社会教育的重要组成部分，要牢记自己的使命和责任，坚持正确的教育观，为提升青少年综合素质奉献自己的一分力量。

（原载于中国博物馆协会社会教育专业委员会、中国妇女儿童博物馆编：《评价：博物馆教育的影响与权重》，译林出版社，2019年）

参考文献

[1] 陈燮君：《公共文化服务体系中的博物馆文化的力量、情怀与智慧》，《上海文博论丛》2012 年第 2 期。

[2] 单霁翔：《从"馆舍天地"走向"大千世界"——关于广义博物馆的思考》，天津大学出版社，2011 年。

[3] 宋娴：《博物馆与学校的合作机制研究》，上海科技教育出版社，2016 年。

[4] ［英］艾琳·胡珀·格林希尔著，蒋臻颖译：《博物馆与教育——目的、方法及成效》，上海科技教育出版社，2016 年。

[5]《博物馆牵手学校 探索教育合作新领域》，弘博网。

[6] 严圣禾：《日本博物馆努力贴近民众》，《光明日报》2007 年 5 月 27 日。

[7] 国家文物局编：《博物馆条例释义》，中国法制出版社，2015 年。

基于社会热点开展博物馆教育的实践与思考

——以中国妇女儿童博物馆特殊困境儿童教育活动为例

郝轶超

摘要： 博物馆在当代社会中扮演着越来越重要的角色，成为促进社会可持续发展的重要文化推动力。博物馆的社会责任和社会功能正在发生变化，教育成为博物馆功能的核心。博物馆发挥其教育功能既要充分依托馆藏特色和优势资源，也必须密切关注社会环境和社会发展中出现的问题，积极服务社会、服务公众，及时回应社会热点。基于社会热点开展博物馆教育，不仅能够吸引公众的目光，扩大博物馆影响力，也能够科学引导公众理想的观察和理性的分析社会现象，充分发挥博物馆社会功能，进而满足公众的多元化需求，有助于个体成长成才与社会和谐。本文从博物馆助力社会发展的角度，浅析博物馆关注社会热点的意义和作用，并结合中国妇女儿童博物馆开展的"共享蓝天，快乐成长"特殊困境儿童教育活动为例，探索博物馆关注社会热点时怎样结合自身优势、行业特色和受众特点开展社教工作的思路和方法，以期让博物馆在服务于社会可持续发展中更好地实现自身价值。

关键词： 社会热点　可持续发展　博物馆教育　特殊困境儿童教育

随着我国经济的快速发展和人们日益增长的精神文化需求，博物馆的社会功能被不断扩展和延伸，从基础的收藏、研究、展示逐渐扩大到满足人们自身成长和发展需要的公共文化服务领域。在2015年3月20日开始施行的《博物馆条例》中，明确将博物馆教育功能列在了首位，充分彰显了教育是博物馆的灵魂。做好博物馆教育不仅要发挥馆藏特色和优势资源，还必须密切关注社会环境和社会发展。当前，社会发展的各个领域都会出现一些新的、亟待解决的问题或事件，有的影响着经济发展，有的关乎着政治改革，有的维系着民生改善。如国际关系与地区争端、生态环境治理与保护、突发灾害与公共安全、特殊人群关爱等等。这些问题或事件能否得到有效解决，很大程度上决定着社会可持续发展，是政府关切、民众关心、媒体关注的社会热点。博物馆不是独立于社会而存在的，它有责任密切关注社会问题，回应社会关切，以合作者的姿态参与社会发展计划的实施，成为呼吁为社会进步采取行动的渠道。

与其他公共文化机构相比，博物馆在传承优秀文化、凝聚民族力量、滋养道德品行、拓展观众智慧、培养理想信念等方面发挥着不可替代的作用。目前，我国博物馆数量庞大、门类丰富，展示内容几乎涵盖了社会各领域，社会热点可以进入博物馆所关注和传播的领域。研究博物馆基于社会热点开展社会教育，对于拓展博物馆社会角色，充分发挥博物馆功能，使其在服务社会可持续发展过程中更好地实现自身价值具有重要的现实意义。本文将结合笔者的工作实际，就博物馆结合社会热点开展社教工作的意义、方式进行探讨，并提出一定建议。这对于博物馆教育

是一次浅显的尝试，同时也为博物馆更好地服务于社会提供一个新的思路。

一　基于社会热点开展博物馆教育的意义

（一）有助于公众正确看待社会热点

人们关注和追踪的热点是来自于政治、经济、文化、教育、科技、体育、军事、环保等各个领域的问题、事件以及自然灾害或现象。有的直接关乎人们的生产生活，有的间接对人们的思想行为产生影响，有的则成为人们闲暇之余谈论的话题。由于每个人的文化水平、知识结构、分析理解力等存在差异，因而在面对热点时，人们往往不能理性的观察，抓不住问题的实质，也容易产生焦虑、不安、压抑、质疑等负面情绪。作为收藏保护历史发展物证的场所，博物馆真实反映了时代更迭的潮起潮落，详细记录着社会变迁的心路历程，明确标定着人类发展的相对位置，系统揭示出社会发展的客观规律。当人们迫切需要得到心灵慰藉和精神寄托的时候，博物馆可以发挥积极的作用。

这里列举台湾自然科学博物馆的做法。2009年上映的好莱坞电影《2012》，在带来高票房的同时，也曾在广大民众心中投下一个挥之不去的阴影，玛雅人的末日预言让很多人惶恐不安，人心浮动，成为当时公众最热衷讨论的话题。2012年7月，该馆推出了特展"2012世界末日——浩劫与重生"来呼应这一社会热点。展览包含玛雅文化和历法、天体撞击地球的历史和现象、众生经历浩劫和外星生命的搜寻三个部分，带领观众重返玛雅神殿，透过以玛雅

文化和历法为主题的环景剧场节目，为观众揭开末日预言之谜，希望从科学的角度为人们答疑解惑。特展期间还策划了一项活动：12月21日的下午2时，当神殿的时钟走完最后一秒，人们可以进入"末日24小时"，参加由博物馆举办的温馨守夜晚会，希望让人们能静下心来反思；次日下午2时，如果平安无事，人们就将伴随着壮丽的交响乐走出末日，欢欣鼓舞地庆祝重生①。这个展教活动在台湾当地引起了不小的轰动，参观人群络绎不绝。

事实证明，博物馆基于社会热点开展生动、直观、参与性强的主题展览或教育活动，通过正面宣传和科学引导，能够帮助公众理想的观察和理性的分析，让公众透过现象看到问题的本质，加深对社会热点的理解，拓展智慧和视野、培育道德与情操，让紧张的情绪得到舒缓，让躁动的心境得到平复，让倦怠的精神得到振奋，进而营造出和谐稳定的社会氛围。

（二）有助于促进社会热点的解决

社会热点是各领域发展到一定阶段的必然产物，它既是引起广大公众普遍关心的话题，也是影响特定领域或特定人群生存发展的关键因素。博物馆展示弘扬了国家的历史文化底蕴，承载延续着民族的精神内涵，当博物馆与社会热点二者紧密结合时，能够充分发挥博物馆的文化推动力，满足特定领域或特定人群的发展需求，拥有获得感，助力热点问题或事件的解决。如中国妇女儿童博物馆专为农村留守儿童、贫困儿童、服刑人员子女等特殊困境儿童群体举办的"共享蓝天，快乐成长"活动。该活动直接服务于特殊困境儿童群体，让他们和普通儿童一样平等的享受文化权利，感受社会的关怀与温暖，培养他们成长的自信和生活的勇气，活动也让父母与孩子的关系变得更加亲近，让家长们感悟到家庭环境和家庭教育的重要性，促进亲子关系和家庭建设得到进一步巩固。

另一方面，博物馆的功能除了收藏和教育外，还有研究。《博物馆条例》中就有提到：博物馆应当为高校、科研机构和专家学者开展科研工作提供支持和帮助②。如果博物馆立足于馆藏资源和受众特点，围绕社会热点开展观众调查和相关领域的统计研究，充分发挥自身的文化影响力，或许可以为有关部门提供数据资料或意见建议，从而对问题的解决产生积极影响，甚至成为解决问题或事件的方案依据。

（三）有助于提升博物馆业务活力，拉近与公众的距离

尽管博物馆的教育功能越来越受到重视，但不可否认

的是，在传统观念的束缚下，一些博物馆及其管理部门仍将博物馆看作是文物藏品保护和研究机构，社会教育和服务开展地比较被动，缺少和公众的互动交流，也不重视公众的需求和社会热点，有些博物馆更是习惯于坐等参观者上门，教育模式也比较单一和固化。

这使得博物馆在不少观众的心里依旧是一座象牙塔，是一种高高在上的形象，这极大制约了博物馆自身发展，也难以承担为社会发展服务的责任。

博物馆要想拓展其社会角色，改变其在人们心目中保守刻板的印象，就必须坚持贴近实际、贴近生活、贴近群众的原则，主动融入社会，与公众展开积极的互动。基于社会热点开展社会教育，可以让公众感受到博物馆与他们相同的脉动，最大限度地激发起公众的兴趣，吸引他们走进博物馆，分享博物馆知识，提高博物馆在人们生活中的曝光度，有助于提升博物馆各项业务的活力，不断拉近与公众的距离。

二 基于社会热点开展博物馆教育的实践

2015年6月，贵州发生4名农村留守儿童集体自杀事件，成为社会广泛关注的热点事件。2016年2月，国务院印发《关于加强农村留守儿童关爱保护工作的意见》，对农村留守儿童关爱保护工作进行部署。由于我国人口流动、城镇化进程、区域发展不平衡，突发事件、灾难以及个体原因导致的儿童在生存、健康、教育等方面存在差异化的问题日益凸显，出现了以农村留守儿童、流动儿童、孤残儿童等为代表的特殊困境群体。他们的物质生活和精神生活存在双重匮乏，更存在着不同程度的心理问题。这些儿童与其他儿童一样都是祖国的花朵，也同样肩负着民族的希望，应该享有快乐健康的童年，享有平等的生存权利和更多更好的社会公共文化资源。

基于这些社会热点问题，中国妇女儿童博物馆围绕馆藏资源、功能定位。结合目标人群特点，将"共享蓝天，快乐成长"特殊困境儿童教育活动确定为本馆社教工作的重点项目之一，在实施的过程中不断进行有益的探索与尝试。

（一）抓住重大时间节点，举办"共享蓝天，快乐节日"文化嘉年华活动

每年的"六一"国际儿童节是孩子们的节日。中国妇女儿童博物馆充分抓住这一重大时间节点，特别策划和邀请包括农村留守儿童、流动儿童、灾区贫困儿童、残障儿童以及"太阳村"服刑人员子女在内的特殊困境儿童群

---

① 严建强：《特展与博物馆角色拓展》，《东南文化》2013年第2期。
② 《博物馆条例》第三十六条，博物馆的科学研究及社会服务。

体来馆参加"共享蓝天，快乐节日"主题文化嘉年华活动，在博物馆里度过一个快乐、充实的儿童节。活动的形式设计突出博物馆教育特点，强调在互动中参与、体验式学习、协作中成长的活动理念，活动的内容设计包括参观展览、传统手工制作、民俗技艺体验、服饰艺术欣赏、益智玩具拼搭、趣味阅读等丰富多彩的环节于一体，让这些平日难与父母见面、家境困难、缺少社会交往的孩子享受文化的盛宴，努力解决他们在文化生活方面匮乏的现实困难，让孩子们感受到社会大家庭的温暖与关怀，彰显博物馆公益文化机构的属性。

（二）主动寻求机构合作，开展形式多样的馆外活动

本着"请进来"和"走出去"相结合的教育活动方式，中国妇女儿童博物馆寻求与有关部门和机构的合作，主动联络中国关心下一代工作委员会、青海玉树州、河南兰考县等政府部门，联络北京爱心志愿者联盟、北京听力协会、顺义太阳村等社会机构，把教育活动"送上门"，拓展关爱范围，提高服务能力。与此同时，本馆注重与新闻媒体的合作，广泛宣传和报道活动，向全社会传递关爱、互助、平等、尊重的"关注"理念，以此吸引更多的特殊困境儿童群体参与活动，吸引更多的社会力量加入到关爱队伍中来。特别是中国妇女儿童博物馆"兰考留守儿童聚爱北京"活动。该活动是我们与河南兰考县政府共同举办，引起了强烈的社会反响。值得一提的是，此项活动充分发挥馆际合作的优势，联合了中国国家博物馆、故宫博物院、中国科技馆、中国消防博物馆、北京自然博物馆等多家兄弟单位，设计了包括"梦想之旅""科技之旅""文化之旅"等多个主题日活动，丰富多彩的内容让第一次走出家乡的兰考儿童开拓眼界，增长知识，启迪梦想。

（三）立足馆藏资源和受众特点，设计丰富多彩的专题内容

1. 传统文化体验活动

博物馆具有实物性、直观性、广博性的特征。教育学者认为，体验式学习是博物馆教学的突出特色①。因此，本馆面向特殊困境儿童群体设计的教育活动也充分考虑这一点。活动中，我们围绕儿童玩具馆、民族服饰馆、女性艺术馆的展览资源，设计"玩转老游戏""剪纸我能行""情有千千结——中国结编织"等特色内容，让特殊困境儿童在互动体验的具体行为中感知中华优秀传统文化；活动的过程设计则充分考虑到孩子们由于缺少与亲人和朋友的交流，在情感和交往能力方面存

在一定障碍，因此在活动中，我们把孩子们分成若干个小组，每组3～6人合作完成项目任务，以此培养特殊困境儿童彼此间的交流沟通能力，增强他们的团队协作意识和互助友爱精神。

2. "共享蓝天，筑梦未来"主题关爱活动

该项活动是为加强特殊困境儿童群体的道德素质培养，培育理想品格而设计的。活动自始至终贯彻"平视"的关怀和"平等"的权利。这里以面对听障儿童的活动为例。根据教育心理学方面的观点，听障儿童的意志力一般比较顽强，但是思想较单纯，容易波动，强烈希望得到社会的认同，一旦受到挫折又易产生自卑心理②。为了让孩子们在博物馆有所收获的同时，避免不良情绪的产生，我们特意安排馆内小讲解员讲解。这位小讲解员自己就是一名戴着助听器的听障儿童，经过自身的努力不仅改善了口语表达能力而且能为他人讲解。这种相似的经历和相仿的年龄不仅在一定程度上提高孩子们博物馆参观学习的兴趣，也在潜移默化中让他们感受到平等和尊重，增强成长的信心与生活的勇气。

类似的设计还出现在面对彝族贫困儿童时，这些来自凉山彝族的贫困儿童都是第一次走出大山。活动的主题突出了"信心"和"温暖"理念，特意选取了同样来自彝族的著名版画家阿鸽的作品作为活动媒介，这些版画所描绘的内容都是与彝族风土人情有关，以此让孩子们产生亲切感。在活动内容的设计上，一方面通过现场体验版画的制作，为孩子们提供近距离欣赏和感受艺术魅力的机会，另一方面则通过讲述阿鸽的故事以激励他们成长，活动的最后还特别加入了"手拉手，结对子"环节，为北京孩子和彝族孩子搭建友谊的桥梁。

3. "家和万事兴"家庭亲子教育活动

家庭是人生的第一所学校，父母是孩子的第一任老师，而很多特殊困境儿童最缺乏的是父母的陪伴和良好的家庭教育环境。博物馆教育与家庭教育的共同点是都注重情感的教育，承担传播文化、弘扬民族精神的社会责任。

作为重要的社会教育机构，博物馆应该为家庭教育搭建良好的社会平台。为此，我们针对特殊困境儿童群体的家庭教育问题，策划开展了"家和万事兴"家庭亲子教育活动。活动中，我们组织留守流动儿童并邀请他们的父母来博物馆团聚。在活动内容方面，我们设计了"家庭教育讲座""乐高玩具拼搭""我演你猜"等特色环节，邀请全国家庭情景剧展演活动的获奖剧目在博物馆现场演出，用舞台剧的形式将典型的家庭矛盾和亲子问题生动的呈献给家长和孩子，科学地引导父母对家庭建设和子女教育问

---

① 宋向光：《博物馆教育的新趋势》，《中国博物馆》2015年第1期。
② 陈琦、刘儒德：《教育心理学》（第2版），高等教育出版社，2011年，第87页。

题进行反思。这种强调在游戏中学习、学习中思考、思考中增进情感的教育方式，让参与活动的父母与孩子们既学习知识，也收获快乐，更通过家庭成员间的积极交流和协作互动，营造出和谐的氛围，收获了浓浓的亲情。

三 基于社会热点开展博物馆教育的建议

目前，国内很多博物馆已经逐渐意识到关注社会热点的重要性，在开展社会教育时也进行了一定程度的探索与尝试。但不可否认的是，对于社会热点问题，我国博物馆界的整体关注意识还不是很强，业务研究有待深入，所开展的教育活动在形式和内容上也不够灵活，关注的持久性和公众的参与度还不高。结合以上的阐述和工作中的实践与思考，对博物馆基于社会热点开展教育提出几点浅显的建议，不成熟之处还望同仁们指正。

（一）加强时事敏感性和社会洞察力，及时关注社会热点

博物馆对于社会环境和社会需求的关注要做到应有的敏感，需要凭借自身独特的资源和潜力，以密切合作者的姿态参与相关社会发展计划的实施。对于每一个博物馆从业者来说，我们在努力钻研业务技能、提高文博知识水平的同时，更应该广泛关注社会生活和热点话题，辐射更广泛的社会生活领域，及时关注党和国家的大政方针和各领域的改革发展趋势，积极了解国内外政治局势，不断增强政治敏感性，提高对时事的分析判断力；要经常通过主流媒体，及时收集、整理有关社会热点的最新报道和权威解读，准确把握相关领域的行业动向和热点问题的实质；要随时关注微博、微信等新媒体社交平台，主动了解公众对于热点话题或事件的思想动向和需求变化，储备充分的理论依据和丰富的内容素材，为开展相关社会教育工作奠定良好的基础。

（二）立足馆藏资源，发挥特色优势，加强与多方机构的合作

由于每个馆在办馆理念、陈列主题、馆藏特色等方面存在差异，在结合社会热点时，博物馆应首先从本馆的功能定位、行业特色、受众特点等方面进行相应的研究，要明确"本馆的特色藏品和展览有哪些""宣传的主要内容是什么""目标受众是谁""场地及人力等方面的资源优势在哪"等问题，在实践中不断丰富教育工作的内容和形式，拓宽和创新发展思路，使社教工作具有品牌效应，尽量避免活动形式单一、内容缺乏新意，甚至出现和其他馆雷同的情况；其次，博物馆应该主动加强与社会热点紧密相关的政府部门、社会机构、兄弟博物馆开展合作，延伸博物馆社教工作的深度和广度，进一步整合与拓展社会资源，调动各方力量积极参与到助力社会发展的行动中来，

为帮助公众理想观察和理解社会热点，促进问题的有效解决提供强有力的文化支撑。

（三）与受众建立持久稳定的联系，积极做好后续跟进

中国妇女儿童博物馆"兰考留守儿童聚爱北京"活动结束一年后，我们曾与相关社会机构合作，派社教人员赴河南兰考县为当地的留守儿童捐赠图书，建立"爱心阅览室"，并把博物馆的文化体验活动送到了学校的课堂。这次"走出去"开展的教育活动，是本馆应兰考县政府的邀请，临时策划举办的。也就是说，在一年前策划开展北京活动期间并没有做整体安排和长远考虑，活动存在一定的偶然性。但也正是通过这次活动，我们发现那些曾经来过北京的留守儿童们，在活动现场表现出比其他孩子更加热情的参与精神和更突出的团队协作能力。在工作人员与孩子们互动交流的过程中，当回忆一年前到博物馆参加活动的种种经历时，孩子们表现出对博物馆文化和历史知识发自内心的喜爱，也表达出想再一次走进博物馆的期盼。

很多时候，观众参观完一座博物馆或参加教育活动后，一段时间内很少第二次再走进同一座博物馆。这种现象的发生，既有诸如地理位置较远交通不便等客观因素，但更多的情况并不是观众自己不想来或没有时间来，而是博物馆没有主动去了解观众的需求变化，缺少与公众建立持久稳定的联系，开展的教育活动往往不能持续有效地吸引公众。博物馆基于社会热点开展社教工作时，应本着"以人为本"的宗旨，活动进行中注意收集观众的评价反馈，活动结束后注重与观众的跟进与联络，及时掌握受众群体的关注点、兴趣点，不断调整完善活动的内容、形式设计，一方面为继续做好同一主题活动，不断拓展受众人群进行有益尝试，另一方面为日后结合其他社会热点开展博物馆教育提供必要的借鉴。

四 结语

博物馆不是独立于社会而存在的，它有责任密切关注社会问题，回应社会关切，以合作者的姿态参与社会发展计划的实施，成为呼吁为社会进步采取行动的重要渠道。作为博物馆从业者，我们不能对社会上出现的热点问题或事件视而不见，要具备高度的政治敏感性和敏锐的社会洞察力，要在了解公众的兴趣点和关注点的基础上，充分挖掘、研究和利用馆内、馆外资源，要积极围绕社会热点开展符合本馆功能定位和特色的社会教育工作，不断加强对公众的正面引导，扩大博物馆服务范围和影响，努力探索科学合理的社会服务战略，让博物馆在为社会可持续发展助力的过程中，更好地实现自身的价值。

希望通过本文阐述，能够增强博物馆人关注社会发展和公众需求的意识，进一步拓展博物馆的社会角色，丰富社会教育的内涵和方式。当然，以上仅仅是结合中国妇女儿童博物馆基于特殊困境儿童关爱这一社会热点开展社教工作的经验进行的探讨。我们必须清楚，每一座博物馆都有自己的个性专长和特色资源，因此在热点问题的选取、教育方式的选择、受众群体的划分、社会效果的评估等方面需要视具体情况做进一步研究和探索。

（原载于《博物馆研究》2017年第2期）

参考文献

[1] 单霁翔：《博物馆的社会责任与社会发展》，《四川文物》2011年第1期。

[2] 王宏钧：《中国博物馆学基础》（修订本），上海古籍出版社，2001年。

加强馆校合作与互动　提升青少年综合素质

——试论博物馆青少年课程开发

郝轶超

摘要： 伴随博物馆事业的发展和公众日益增长的精神文化需求，博物馆的社会责任和功能定位正在发生变化，教育逐渐成为博物馆功能的核心，是征集、保护、研究、展示等业务工作的共同目的。博物馆在发挥其教育功能时，青少年是重要群体之一。近年来，教育部门正逐步把博物馆纳入国民教育体系并推动与义务教育的有机结合。博物馆需要结合自身资源和宣教特点开发青少年教育项目，加强与学校合作，使其逐步向课程化发展。本文围绕博物馆资源课程化问题，试论课程开发需要遵循的原则、考虑的重点以及方式方法等。

关键词： 博物馆教育　青少年课程　馆校合作

一　博物馆青少年教育迎来良好发展时机

从行业内部政策导向来看。2015年3月开始施行的《博物馆条例》对博物馆三大功能做了序次调整，从过去的"研究、教育和欣赏"调整为"教育、研究和欣赏"，教育被提至首位。《条例》中还明确规定将博物馆纳入国民教育体系，鼓励学校结合课程设置和教学计划，组织学生到博物馆进行学习实践活动，馆方应对校方开展教学工作提供支持和帮助。

从行业外部社会环境来看。相关部门对于博物馆提升青少年综合素质的作用愈发重视，积极与官方开展各种形式的合作，促进博物馆资源开发与利用。以北京地区为例，市教委自2008年起实施了"中小学生社会大课堂"项目，博物馆成为青少年重要的校外教育基地；2013年起，市教委联合市文物局启动了"博物馆之春"活动，152家博物馆与学校对接，鼓励中小学生走进博物馆参加体验式学习；2014年，根据《北京市中小学生培育和践行社会主义核心价值观实施意见》，各学科平均应有不低于10%的课时在校外进行，也就是说中小学生每周至少有半天时间是在博物馆（纪念馆）中学习。

从博物馆自身发展来说。目前几乎所有博物馆都开展了教育活动，而青少年群体也是宣教工作的重点对象。如今的青少年正处在一个教育资源极其丰富、信息科技高度发达的时代。他们学习知识、掌握技能、获取资讯、参与实践的渠道多种多样，这给博物馆教育带来巨大挑战。随着博物馆需求不断增长，公众已不满足于一般性参观或偶尔参加几场活动，他们希望博物馆成为汲取知识的殿堂、愉悦身心的场所、终身学习的伙伴。

博物馆社教工作必须不断创新，促进馆藏资源的挖掘、整合与利用，积极开发青少年课程并逐步构建完整的教育体系，真正使博物馆成为提升青少年综合素质的社会大课堂。

二　开发博物馆青少年课程需要重视的问题和方法

尽管博物馆界在教育方面进行了初步的理论研究，也形成一定数量的成果转化，但大多数博物馆对于青少年课程的认识比较浅显，探索与实践处于起步阶段，课程开发的水平参差不齐。很多场馆由于缺乏必要研究、梳理与整合，青少年教育仅仅停留在讲解、文化讲座、手工坊等以单次体验为主的活动层面，这种常见的教育模式在类型上缺少创新性突破性，主题上缺乏连续性系统性，内容上缺少深入性针对性，远未达到真正意义上"课程"的概念。笔者认为博物馆青少年课程是以弘扬中华优秀文化为目标，依托馆藏资源优势开发实施的，具备一定广度和深度，并且能与学校教学有效衔接互补的综合素质教育项目。那么，开发博物馆青少年课程要从哪些方面考虑？需要注意什么问题呢？

1. 深入挖掘馆藏资源，加强"物"的研究是课程开发的前提

博物馆发展趋势表明，如今的博物馆由传统的以"物"为重向"人""物"并重转变[1]。这个"物"从某种意义上来说就是"实物"，即博物馆藏品，它是一切业务

---

① 单霁翔：《从重"物"到"人""物"并重——博物馆社会服务理念的提升》，《中国博物馆》2014年第3期。

活动的物质基础，也是与其他教育机构相比最大的优势。如果脱离了"物"，博物馆教育就失去了自身特色。正所谓：工欲善其事，必先利其器。开发博物馆课程重要的前提条件正是围绕藏品及其内涵进行的深入研究。

但长期以来，博物馆教育人员不善于对藏品信息的挖掘研究，导致很多教育活动如传统技艺类，往往以单次体验或简单的手工制作为主，缺少知识的阶梯性和系统性。尽管博物馆教育强调"寓教于乐"，但不能只考虑表面的"乐"，却忽视对深层文化的理解与传承。

这里有成功的案例可以借鉴。以中国国家博物馆为例，该馆目前已开发出包括美术、音乐、戏剧、科学4大门类的90余种特色课程，初步形成了青少年素质教育的完整体系[1]。这些课程可根据受众特点细分主题和内容，强调知识性、探究性、趣味性、灵活性。国博能开发出成熟的"历史与艺术的体验"公共教育课程体系，正是依托强大的业务研究和充分的实践积累。作为博物馆教育人员，必须不断加强理论研究水平和实践探究能力，积极挖掘藏品的历史、艺术、自然、科技等方面的价值，策划多角度、分层次、系统化的青少年课程，把简单粗暴式教育变为精细多样化教育，将浅层一般性教育变成深入针对性教育。由于研究能力和部门职责划分等因素，课程开发仅依靠社教部门人员是不够的，包括文保、研究、展陈在内的部室也要提高对博物馆教育的认识，为课程开发积极提供技术支持，协助教育人员把丰富的藏品信息及研究成果渗透到课程研发中。

2. 区别于学校教育，突出博物馆特点是课程开发的原则

一直以来，学校作为实施国民基础教育的主要阵地，承担着培养知识型人才的使命。在教会青少年如何做题、考试的同时，却忽略了个人兴趣与综合能力的培养。即教知识不教做人，重分数不重能力。尽管我国基础教育不断改革，但以升学考试为目标，偏重书本知识传授的文化课教育依然是学校教学的主要特点。教师是一种居高临下的状态，学生扮演的是被动受教者角色。受迫于学时计划和升学率压力，教学风格采取单向灌输式，教学内容仅仅完成规定动作而无暇拓展延伸，培养出的学生往往是高分数低能力，智商高情商低。

博物馆教育特点是实现教育与学习的双向互动，博物馆与观众是一种平等互动的关系。教育原为观众的自我学习服务，是文化的分享者、传递者，这点对于青少年群体更为重要。青少年走进博物馆的动力来源于自我兴趣，目的来源于自我激励，学习的深度和广度要靠自我探索。因

此，博物馆课程开发一定要以区别学校教育，提升青少年综合素质为目标，突出课程的趣味性、开放性、综合性、互动性。

首先，课程主题的选取要尽量丰富，博物馆涵盖了历史、自然、科技、艺术等多学科内容，青少年参与博物馆课程学习，既要巩固他们的校内学习，也要满足他们的兴趣需求，更要拓展他们想知道的领域。其次，内容设计上要依托丰富的藏品资源，突出博物馆教育的实物性直观性。正如柏林国家博物馆总馆长M.艾森豪尔所说：在博物馆里，一个孩子可以观察、探索一个近在眼前的实物展品，而这些知识通常只能以理论的形式出现在学校的课本里。从这一角度说，走进博物馆是补充知识的最佳途径[2]。再者课程的实现形式要遵循重参与、重过程、重体验的理念。博物馆课程目的不在于"教"，在于帮助大家"学"，不应过分看重他们的知识储备和他们知道什么、应该知道什么，而要关注他们不知道和想知道的，变"要我学"为"我要学"，培养他们主动探究意识和自我学习能力。内蒙古博物院举办的"欢乐大课堂"项目就值得借鉴。该活动以"告诉我我忘记、让我看我记住、我参与我明白"的宗旨，集知识性、趣味性、参与性于一体，以参观展厅、知识问答、互动体验为主要内容，采用动态化演示、艺术化表演、广泛性参与等手段，将丰富的历史文化知识融进妙趣横生的互动环节，从而对青少年进行潜移默化的教育[3]。既充分调动了青少年博物馆学习的积极性和创造性，也增进了教育人员与青少年的互动关系，让他们在欢乐轻松的氛围中获取知识。

3. 强调"分众式""个性化"是课程开发的关键

随着"以人为本"理念深入人心，博物馆在发挥教育功能时要突出人文关怀，根据公众年龄、身份、心理、生理、文化程度等方面的差异，有所侧重的开发满足人们个性化需求的教育课程。博物馆青少年群体从学段上划分，包括小学生、初中生、高中生等，而同一学段学生由于成长环境不同，在生理、心理及社会认知等方面也存在差异。博物馆必须站在青少年的角度去了解他们的认知规律和身心特点，以"分众式"和"个性化"理念去遴选场馆资源，合理设计课程内容和实施手段。

以小学阶段为例，我们大致将他们分为低年级（1~2年级）和中高年级（3~6年级）两个群体。他们的区别体现在认知程度、学习自主性和知识结构等方面。对于低年级，课程目标应注重培养他们在玩中学的兴趣、持久的注意力和博物馆意识，充分发挥博物馆知识的趣味性丰富性。对于课程所涉及的实物要选取他们看得见、摸得着且

---

① 黄琛：《博物馆教育资源的课程化开发》，《中国文物报》2015年1月20日。
② 纪双城：《向国外博物馆同行学"竞争"》，《环球时报》2011年4月22日。
③ 乌兰托娅：《关于对博物馆是学校"第二课堂"的商榷》，《博物馆与儿童教育》文物出版社，2013年，第118页。

在颜色、纹饰、形状上吸引他们的藏品。学习的步骤应包括引导式观察、故事性引入、趣味性问答等环节。如果与校本课程进行关联，可以多结合德育、美育课程。对于中高年级，课程目标在于让他们体验知识的逻辑性和严密性。在挑选辅助教学的实物时，不仅要考虑那些在颜色、纹饰和形状上有特点的藏品，更要从提高学生归纳总结能力的角度出发，选取存在某种关联性的一组或多件藏品，以鼓励学生对知识点的主动思考、发现规律、总结归纳。而课程的实施手段可考虑分小组项目制或课题研究的方式，提高学生积极性和参与性，培养团队协作意识。以上是根据年龄对小学阶段进行划分和课程设计，而不同门类的课程在学习目标和内容上存在差异，在研发时还要具体问题具体分析。

除针对受众特点对课程进行分众式、个性化设计外，博物馆还应从本馆特色出发，充分考虑包括镇馆之宝是什么、特色展览有哪些、场地或人力资源相较于其他馆的优势在哪，不断创新课程的内容和形式，拓宽研发思路，使课程具有品牌效应。如北京大葆台西汉墓博物馆立足于遗址环境特色，推出"考古小奇兵"项目，通过在场内设置模拟考古探方，让青少年了解文物发掘的过程，体验考古乐趣。

4. 推进馆校合作，是课程开发的有效途径

博物馆教育与学校教学存在着相互补充、延伸的关系，很多博物馆与所在地区的学校确立了资源共建关系，形成了馆校合作开发青少年课程的成功案例。如中国国家博物馆与史家小学共同研发了《漫步国博史家课程》，首都博物馆联合三里河三小开发了《博物馆寻美之旅》课程，北京汽车博物馆与丰台七中共同开设《汽车与生活》校本课程。馆校合作已成为博物馆青少年课程开发的有效途径。双方应怎样合作？主要形式有哪些？

通过初步的研究分析，目前馆校合作开发课程主要有三种方式。其中由博物馆和学校共同成立项目组是比较成熟有效的。即博物馆了解学校教学内容，学校明确博物资源优势，在此基础上进行课程的联合开发。馆校双方共同成立课程开发小组，吸纳包括双方领导、学校教研组长、教师、博物馆教育人员在内的骨干力量加入[1]，就课程开发的可能性、发展方向、资源条件等问题进行深入研讨。

具体来说，学校首先要把教育改革的最新状况和学生素质教育的内容介绍给博物馆，而博物馆则要把自身的办馆理念、主题特色和馆藏优势资源等信息提供给校方，以达到统一资源认识、明确课程方向的目的。其次，校方要把教学需求、班级特点、教师和学生对博物馆资源的认识理解等信息告知馆方，馆方应从教师处了解教科书内容和

学校课程设置，全面把握学校教学进度，努力寻找藏品或展览与校本课程的结合点，促进馆藏资源与校本课程的有效衔接。再次，馆校双方应该积极探讨课程的利用方式，如既可存在于学校已有的历史课、自然课、美术课等课程体系中，也可在学生的课外兴趣小组或社会实践课中发挥作用，或开设专门的博物馆艺术沙龙、历史文化鉴赏课等。在初步达成合作意向后，馆校双方可以通过签订诸如《博物馆青少年课程联合开发意向书》的形式，正式确立项目合作关系并按协议进行课程的设计与研发。

馆校合作开发青少年课程还可有另外两种方式。一是由博物馆占主导开发。由馆方设计课程的基本架构和内容，学校根据教学计划选择课程并担任具体执行者。二是由教育主管部门或学校占主导，博物馆配合完成。教师根据教学计划和场馆资源自主设计博物馆学习课程后向馆方提出具体需求，由官方提供包括教育人员、藏品实物（或复制品）、研究成果等给予支持。如2012年市教委基础教育处、市教育科学研究院牵头，多所学校和场馆参与的《博物馆学生教育计划书》中的很多课程就属于此种方式。

当然，无论哪一种方式在课程开发的具体环节上都需要双方不断沟通磨合，增强合作的主动性和责任感，促进课程内容与学校教学完美契合。馆校双方可定期举办双师学习班、研讨会或文化沙龙等，既丰富博物馆人员教育学的专业知识和实践能力，也可提高学校教师对场馆资源的熟悉程度和有效利用。

需要强调的是，博物馆青少年课程开发是一个长期而系统的工程，无论是教育或文物主管部门，还是博物馆与学校，都应制定课程开发和实施的长期规划。要明确各学段所要达到的学习目标和任务，细化课程的学科分类和内容设计，充分考虑课程开展的周期性和持续性；要重视建立课程效果评价体系或信息反馈机制。在某项课程开发后经过一段时间的沉淀和实操，原先设计的主题内容、实施手段、人员配备、经费保障、预期效果等方面可能出现一些问题（前期开发时往往很难预见），这需要做好观众调查和学习效果测评，组织博物馆人员和学校教师举办研习会，对课程教学效果进行评估，对课程设计的优缺点进行总结反思，对未来发展趋势进行预判和分析。一方面找出问题的原因，完善现有的课程内容；另一方面可以不断拓展和促进新课程的设计研发。此外，为便于课程的推广传播，围绕课程内容适当进行图书、音像、网络课件等产品的研发，提升博物馆青少年课程的覆盖面，满足不同地域、不同特点的青少年博物馆需求，从而充分享用博物馆的学习资源，感受博物馆的文化魅力。以上这些问题都应该在课程开

---

① 吴镝：《馆校携手合作 构建实践课程》，《中国校外教育》2011 年 4 月下旬刊《学科教育》。

发时进行考虑。

三　结语

2015年6月，国家文物局和教育部联合下发《关于加强文教结合、完善博物馆青少年教育功能》的指导意见，为构建青少年利用博物馆学习的长效机制，促进博物馆资源课程化发展指明了方向。博物馆人必须深入挖掘馆藏资源与学校教学的结合点，积极与教育主管部门、学校、社会机构等各方力量合作开发青少年课程。随着教育资源的整合利用，博物馆教育功能将得到充分发挥，服务边界将得到更大拓展，真正实现博物馆从"数量增长"走向"质量提升"、由"馆舍天地"步入"大千世界"，这正是博物馆可持续发展的必然要求。

（原载于《中国校外教育》2017年7月上旬刊）

基于观众心理需求分析的博物馆文创产品与服务拓展思考

——以中国妇女儿童博物馆为例

季文燕

摘要：本文介绍了博物馆文创产品与服务的国内外研究与实践现状，结合妇女儿童博物馆的特殊性，分析了不同类型观众的心理需求因素。在此基础上，提出了中国妇女儿童博物馆文化产品开发的三个策略：主题展览设计、藏品品牌与内涵发掘、热点创新。同时，也为文创产品与服务的运营策略提出了建议。

关键词：心理需求　妇女儿童　博物馆　文创产品

近年来，博物馆界掀起了一股开发与研究文化创意产品与服务的热潮，如故宫博物院、湖南省博物馆等的文创产品都颇具新意，收获了不俗的社会效益与经济效益。2015年初，国务院颁布了《博物馆条例》，明确鼓励博物馆多渠道筹措资金促进自身发展；鼓励博物馆挖掘藏品内涵，与文化创意、旅游等产业相结合，开发衍生产品，增强博物馆发展能力。该条例的颁布，为博物馆通过规范经营谋求发展提供了法律与制度上的支持。在现阶段，博物馆文创产品与服务对提升博物馆社会影响力、满足公众文化需求，甚至在通识教育等方面都起到了重要的作用。但纵观全国，在博物馆事业快速发展、建设力度不断加大的环境下，文创产品与服务仍存在产品质量粗糙，服务水平偏低等问题。本文拟结合国内外博物馆文创产品现状及观众心理需求分析，探讨中国妇女儿童博物馆的文创之路。

一　博物馆文创产品与服务的现状分析

（一）国外博物馆文创商品与服务现状

以大英博物馆、纽约大都会艺术博物馆、卢浮宫、维多利亚和阿尔伯特博物馆、史密森学会等为代表的博物馆文化产品开发理念与经营模式，受国际博物馆学界普遍认可。下面我们选择具有代表性的博物馆及其文化产品与服务进行分析。

1. 大英博物馆

大英博物馆的整体经营状况可以从文化产品的开发、文化产品的销售、经营模式等三个方面来进行分析。

大英博物馆文化产品的设计有两种方式[①]：一种是自身主导方式，即产品由9名全球采办组成的部门负责设计或者寻找设计并联系生产；另一种是直接从固定厂家进货的方式。在第一种方式中，工作人员必须具备一定的设计能力，在必要的时候可以自行设计和开发，并通过各国驻英国使馆了解合适的厂家，根据使馆提供的该国厂家的产品图片和信息来订货（生产）。第一种方式下，博物馆自己设计的专门产品由博物馆负责成本。在第二种方式中，获取文化产品采取的方式是直接采购，这类产品的设计费和制作费用等都由厂家自行负担，因此避免了销售的风险。其中有的产品是博物馆向世界著名设计师提供设计内容，由设计师设计，并寻找厂家进行生产，最后运输到大英博物馆进行销售。在临时展览中销售量好的产品还会作为长期产品进行销售，著名设计师的声誉促进了博物馆产品的销售，而产品的销售又会提高设计师的知名度，达到一举两得的效果。大英博物馆的大庭院商店有一处正好对着埃及馆的入口，而埃及馆的入口处就摆放着知名的埃及罗塞塔石碑。博物馆考虑到该石头的重要性和商店的位置，请纽约的著名设计师根据该石设计了各类产品，由该设计师用自己在中国的厂家制作产品，最终运送到大英博物馆进行销售。博物馆了解到大多数人购买此类商品都是为了留作纪念或者说此石知名度很高，人们可以轻易辨认出哪些人来过大英博物馆,加上好的位置好的设计和重点展品的突出地位，这类纪念品销量很好。

在销售方面，大英博物馆也是煞费苦心。该馆有4个商店用以销售文化产品，三个位于入口走廊处，一个位于中心位置。基本都是人流密集的地方。在文化商品摆放布置方面，也充分考虑观众的心理，将"家庭商店""儿童商店""高档商品店""综合商品店""书店"逐一布置开来，让不同年龄、不同国籍、不同目的的游客都能找到自

[①] 杨帆：《浅议博物馆文化产品的开发及营销》，《故宫博物院院刊》2013年第4期。

己心仪的文化商品。

在经营方面，大英博物馆所有销售商品由博物馆自主经营，授权下设的公司专门负责具体运营事宜。销售公司的管理全部按照现代企业管理制度设计，刺激销售人员提高销量，增加盈利。

2. 纽约大都会艺术博物馆

该馆的特点可以从展馆设计、会展设计、文化产品设计等方面分析。

纽约大都会博物馆是美国最大的博物馆，建于1880年，整个博物馆是一幢大厦，占地8公顷，为故宫博物院的1/9，但展出面积很大，不下24公顷，反而是故宫博物院的两倍。仅画廊就有200多个，藏有36.5万件各类文物和艺术品。位于纽约中心公园第五大道82街①。该馆的展览大厅共有3层，分服装、希腊罗马艺术、原始艺术、武器盔甲、欧洲雕塑及装饰艺术、美国艺术、古代近东艺术、中世纪艺术、远东艺术、伊斯兰艺术、19世纪欧洲绘画和雕塑、版画、素描和照片、20世纪艺术、欧洲绘画、乐器和临时展览18个陈列室和展室。服装陈列室是从原来的服装艺术博物馆发展而来的，1946年并入大都会艺术博物馆，单独成为一个部门，藏有17～20世纪世界各地服装1万多件，并设有图书资料室和供专业服装设计研究人员使用的设计房。

在会展设计方面，大都会艺术博物馆具有针对性地组织了多次展览并获得巨大成功。如近年组织的"水墨：中国的书写艺术"可谓别具一格，展览组织者特地挑选了6位当代中国书画艺术家的作品与黄庭坚、赵孟頫等8位古代书画家的作品放在一起，展示了中国书画艺术的发展脉络。

在文化产品设计上，该博物馆一直秉承文化产品开发与营销与藏品保护、展览、教育功能并行发展的宗旨。成立至今，大都会博物馆已累计开发各类文化产品万余种。按产品性质分，可分为常规文化产品和特展文化产品两类。常规文化产品即常年可购买的普通商品；而特展文化产品则针对某一展览或活动特别开发，具有针对性、独特性的特点，一般都是限量版，价格也高于普通商品。按产品品类分，则可分为复仿制品、出版物、文具、服饰、家居装饰、玩具、珠宝配饰等七大类。博物馆的文化产品都是由大都会的艺术史学家，设计师和手工艺大师们在尊重藏品、理解藏品、了解消费者需求的基础上自主研发、专业制作的。具有代表人类最高水平的审美价值，从而广泛受到收藏家与爱好者的热捧②。

3. 卢浮宫

该博物馆的特点可以从文创产品的研发组织、经营模式等方面来分析。

卢浮宫的对于博物馆的产品开发，主要强调的不是规模的扩大而是产品的更新。产品的研发则由法国的博物馆协会来负责。法国设立国家的博物馆协会，负责所有博物馆的产品研发，包括普遍性产品和专门产品的开发。作为其中一个博物馆，卢浮宫应与博物馆协会定期举行会谈，博协提供商业化产品的方案，由卢浮宫的业务人员来提供意见，负责产品的把关，更要尊重原创艺术家的观念和创意。

卢浮宫在产品内涵延伸方面做到了极致。为了强调卢浮宫内大量玛丽·安托瓦内特文物藏品的艺术倾向和历史时代特色，同时满足广大玛丽·安托瓦内特的狂热爱好者的需求。卢浮宫博物馆迄今为止共计开发了100多件精美绝伦的玛丽·安托瓦内特系列文化产品。玛丽·安托瓦内特水滴形吊坠，细节处理精致、唯美，是卢浮宫博物馆根据馆内藏品并结合历史名人故事设计出的玛丽·安托瓦内特系列珠宝之一。该吊坠的原型是玛丽·安托瓦内特最钟爱的一对水滴形钻石耳坠。最早出现于由法国女画家玛丽·路易斯·伊丽莎白为玛丽·安托瓦内特绘制的两幅肖像画中的佩戴。分别是《法国绝代艳后玛丽·安托瓦内特和她的四个孩子》和《玛丽·安托瓦内特画像》，这两幅原作均为现卢浮宫的著名肖像艺术品收藏。玛丽皇后在暴动中上了断头台。关于玛丽·安托瓦内特肖像画中的钻石耳坠的音讯也随之石沉大海。终于在一个多世纪以后，这对钻石耳坠曲折辗转、经历了许多不为人知的故事后才奇迹般的得以与世人见面。法国国家博物馆协会联合法国最著名的人造水晶品牌拉力克莱丽卡对这对耳坠进行仿制，并相应开发了玛丽·安托瓦内特水滴项链吊坠、手链等系列产品。受以上两幅著名油画在世界范围内的知名度影响，该实物珠宝的稀世罕见以及关于原佩戴者的历史故事背景，使得玛丽·安托瓦内特水滴系列的首饰成为大部分女性参观者最喜爱的卢浮宫博物馆文化产品之一③。

（二）国内博物馆文创商品与服务现状

1. 博物馆界的学术讨论

关于国内博物馆文创产品与服务的论述颇多。《博物馆条例》颁布之前，关于博物馆如何提高经营收入的论述已经广泛开展。经笔者总结，目前讨论的热点基本集中于以下几个方面：

（1）博物馆文化产品营销市场化的运作模式研究；

（2）我国博物馆商店的现状与问题研究；

① 百度百科数字博物馆，2015年10月8日。

② 葛偲毅：《国外博物馆文化产品开发与营销对我国的启示》，复旦大学硕士论文，2012年。

③ 乔雪华：《博物馆服务质量评价研究——青岛市博物馆的实证研究》，中国海洋大学硕士论文，2014年。

（3）博物馆商店与文化产业的合作联动研究；

（4）博物馆经营宏观政策与方律法规研究。

2. 国内博物馆文创产品与服务实践

我国目前共有各类博物馆3000多座，政府拨款和门票收入仍是主要经济来源。在实际运作过程中，上海博物馆、故宫博物院、中国国家博物馆、南京博物院、湖南省博物馆等十余家单位在文创产品与服务方面做了很多有益的尝试，也取得了一定的成绩，限于篇幅，不再一一分析，在后文中将会部分提及。

（三）中国妇女儿童博物馆的特殊性

1. 妇女儿童博物馆的特殊性，首先在于其服务于特定的观众

中国妇女儿童博物馆的陈列与展览，反映了各个历史时期中国妇女儿童的生存状态、地位变化、文化习俗、杰出人物和社会贡献，构成一幅纵贯五千年历史，涉及各个领域的妇女儿童社会和家庭生活全画卷。对于希望了解历史变迁中的中国妇女和儿童的女性观众、青少年观众和各界观众，中国妇女儿童博物馆是百科全书；对于妇女儿童工作者和关心妇女儿童事业的人士，中国妇女儿童博物馆是研究过去、把握今天、探索妇女儿童事业发展未来的资料库；方方面面的专业人士和研究者，可以从中国妇女儿童博物馆和妇女儿童的角度，得到新的启示、获得新的发现。

2. 中国妇女儿童博物馆还具有位于首都的地缘优势

地缘，是指由地理位置上的联系而形成的关系。由于对某个地区历史、文化和人群生活习惯等方面的熟悉和了解，特别是在区域内具备相应的人脉资源，所形成的相对外来个人或群体的优势，就称为地缘优势。北京作为古都和很多历史时期的大城市，充分保留了各个时期妇女儿童文化资料档案。新中国成立后，作为首都，北京一直重视妇女儿童事业的发展，因此，位于北京的中国妇女儿童博物馆必将是全国参观旅游者的重要目标以及国外研究者、参观者的重要目标。

通过以上分析，我们可以看出中国妇女儿童博物馆的观众来自于全国各地，世界各地，在年龄、性别、目标、行为上存在一定的区别，因此，要对他们进行必要的分析。对观众进行心理需求分析，是进一步提出文创产品策略的必要条件。

二 妇女儿童博物馆观众心理需求分析及其分类

心理学认为人的行为是由人的动机引起的，而人的动机又产生于人的需求。当个体感到某种东西缺乏时，会产生一种紧张感，这种紧张感会成为一种内在动力，促使个体采取行动去满足需求，达到生理上或心理上的平衡。观众由其个体不同而有不同的心理需求，即使同一观众在不同的情况下其心理需求也会发生变化。

（一）观众身份特征：妇女、儿童与陪同者

女性的心理活动有许多地方不同于男性。在知觉方面，女性高于男性，她们阅读、领会快，但对细节的知觉不如男性准确。在记忆方面，女性胜过男性，但在缓慢逻辑性理解上，如推论或归纳，女性不如男性。女性具有较大的耐性和良好的直觉与记忆，她们的教学成就优于男性。因此，女性参观者往往更能对某种展品或其衍生品产生情感反应，从而产生购买行为。如卢浮宫玛丽·安托瓦内特水滴项链吊坠仿品，就受到全世界女性的追捧。

儿童参观者往往处于娱乐的目的，而其陪同者则希望儿童在参观中能够获得相应的知识，增长见识、陶冶情操。儿童一般会对游戏性和趣味性的产品或活动感兴趣，而陪同者一般都会满足儿童常规性的购买需求。

（二）观众的目的：娱乐休闲、旅游观光与学习研究

对于本地居民而言，参观博物馆的基本目的是娱乐休闲。本地市民一般对本地文化设施都存在着浓厚的兴趣。他们或结伴而来，或举家而出，博物馆是其徜徉流连的重要场所。因为比较熟悉环境，所以他们不会轻易消费，其购买目的实用性往往超过了纪念性。

对于旅游观光的外地游人，购买旅游地的纪念品司空见惯。但是，越来越多的游客也开始注重纪念品的品味与格调。他们更追求纪念品背后的文化内涵，一段历史，一个故事往往是触动他们购买行为的关键因素。

对于学习研究者来说，深入挖掘，从显性知识挖掘出隐性知识是他们的目标。因此，他们可能对简单的仿制品不感兴趣，而书籍、地图、照片、档案等是他们首选。

（三）各个类别的交叉组合形成的买方市场

当然，并非每个人都一成不变地按照以上归类进行自己的购买行为。人的心理需求总是在不断变化，同时购买意识也会不断改变：一个儿童的看护者忽然发现了自己感兴趣的展品；一位女教授忽然发现了自己中意的仿真饰品；休闲娱乐的观众突发研究学习的兴趣等等。这些心理变化会增加购买行为，形成一个角色交叉的买方市场。

三 妇女儿童博物馆文创产品与服务研发

立足现阶段中国妇女儿童博物馆文化产品开发的现状，通过对欧美发达国家博物馆相关经验的学习与考察，我们可以发现博物馆文化产品想要取得突破性的成果，必须立足自身藏品，加大研发力度，深度挖掘内涵式产品开发，注重品牌建设，注重经营管理，才能最大限度发挥文创产品与服务的价值。

（一）主题展览设计

主题展览是博物馆利用馆藏，进行专题服务的一项重要功能，结合当前观众需求，大有文章可做。

首先是博物馆陈列展览的主体化。目前博物馆的陈列展览比较单调乏味，还经常可见"不许拍照""请勿触摸"的警示牌，让人毫无亲切之感。要改变现状，博物馆的陈列展览要由封闭逐步向互动、开放的动态形式转变。增设互动项目，让观众零距离接触一些展品，从而把参观变成一种交流、娱乐活动，应该成为博物馆陈列展览追求的目标和发展方向。

其次，可通过一系列充满人文情趣的设计理念，把历史、文物等专业知识通俗化，打破历史类展陈采用通史体例的传统做法，在遵循科学性的前提下，挖掘展陈的趣味性，达到寓教于乐的目的。如青岛市博物馆为迎接2008年奥帆赛，在青岛历史陈列的改陈中，摒弃大而全的通史体例，依据青岛地区历史文化发展特点，采用"一线串百珠"的陈列理念和史话风格的陈列语言，展示青岛历史进程中的重大历史事件、重要历史人物和珍贵历史遗存。

最后，可以开展系列衍生活动，在三八妇女节、六一儿童节举行常规活动外，参照当前"爸爸去哪儿""跑男"等流行节目，开发自己的特色活动。如水立方在儿童戏水游乐场地就地举办亲子活动，增加了游客兴趣，也吸引了更多的游客。妇女儿童馆可根据自己的实际情况，开展"博物馆寻宝""大手牵小手学知识"等活动。如果将这些衍生活动形成品牌，那么对全馆的文创产品与服务是大有裨益的。

（二）藏品品牌设计与内涵发掘

博物馆文化产品开发要立足于本馆独具特色的收藏品，要"从藏品中获得灵感"。博物馆收藏的丰富的文物艺术品是博物馆文化产品开发的宝库。无论是复制品还是衍生产品的开发，哪怕是一个装饰的开发，其灵感都来自于本馆的藏品，特别是那些或具有独特性、或具有故事性和名人性、或具有很强观赏性的收藏品。大英博物馆根据一个摔碎的中国花瓶最后复原的故事，开发出了一个儿童拼图，这个拼图游戏让儿童在游戏的同时了解了中国文化。故宫博物院利用自身的优势，推出了自己的吉祥物"壮壮""美美"，也让游客趋之若鹜。南京博物院在文化创意衍生产品创意设计大赛中，推出的《富春大岭图——画意倒流香炉》《牛角耳勺》《十二生肖挂历表》

等获奖作品凭借新颖的设计和巧妙的构思迅速走红，引发众多网友追捧。

妇女儿童博物馆也具有自己的优势，可以在中华杰出女性、历史早慧儿童等藏品上进行挖掘，力图打造为人们喜闻乐见的文化产品。目前而言，北京故宫、上海博物馆等少数几家博物馆拥有自己的创意设计团队，其他馆很难企及。因此，可以采用"艺术授权+招标"的模式，寻求外界力量的支持。

（三）结合热点需求，开发创新服务

随着社会多元化的发展，人们的需求也向多极化发展。个性化需求、参与式需求也越发突出。商务印书馆在整理自己的数据库并对外发行后发现，很多读者对一些早年断版的图书仍有需求，于是他们开展了按需出版服务，满足了读者的个性化需求。张裕公司红酒博物馆在游客参观、试饮后，会推出各种个性化产品，如以自己照片为Logo的瓶装红酒等。

妇女儿童博物馆可以开发系列个性化的服务，尽力将观众加入到产品或服务中来，增强其参与感、画面感。如参加活动后，参加者的作品可以在展馆陈列；会员制的活动中，会择期宣传优秀的会员；推出具有妇女儿童特色的个性化知识服务等等。

总之，妇女儿童文创产品与服务一定要符合受众的心理特征，满足其心理需求。产品与服务应有所区别，如设立珠宝首饰复制品为主的区域，供妇女观众消费。也可以设计"一元区"等便宜产品的陈列区为儿童提供服务。

四 妇女儿童博物馆文创产品与服务运营策略

（一）利用互联网（移动互联）开展服务

通过互联网可以把信息与服务推广开来。尤其在移动互联网急速发展的今天，微信、微博的推广作用越来越大。公众号、大V的影响力不容小觑。妇女儿童博物馆也要建立自己的公众号，扩大宣传推广力度。同时，也开展网络营销、网络支付，让观众更方便地获取自己需求的产品与服务。

（二）合作营销策略

作为本馆拥有知识产权的产品与服务，在市场化的初期，可以和一些有实力的营销商合作，做出适度的让利，共同推广产品与服务，力求快速打开市场。这种借船出海的模式必须建立在双赢的基础上，而知识产权必须牢牢抓在我们自己手里。

（三）授权

选择一些信誉较好、实力较强的文化企业进行深度合作，授权许可。即将我们拥有商标、冠名等知识产权权利，根据双方的权利义务约定，授权给企业使用的行为。授权的成本是让渡了我们的知识产权，而最大的好处是降低了运营的成本，同时可以分享企业的收益。

（四）建立会员制度

会员制度可以提高参与者的忠诚度，是经营活动中一项重要的客户关系策略。妇女儿童博物馆的会员，可以是赞助企业家、可以是巾帼楷模、可以是优秀学生，也可以是任何关注妇女儿童事业的人。可以通过即时通讯手段，为会员提供打折、优惠、活动信息等。通过会员制度，可以将更多力量加入运营行列，为博物馆发展贡献力量。

博物馆就其性质而言，是一个公共文化性服务机构。而博物馆文创产品与服务的开发与经营，是建立在公众服务基础上的，其目的也是为公众提供更好的精神享受与文化消费环境。作为文创产品与服务主导者，必须要提供制作精良，服务专业细致，将文化内涵深深渗透到产品与服务中。作为产品与服务的提供者，必须要开拓创新，力争为博物馆文创事业撑起一片蓝天。

（原载于中国博物馆协会文创产品专业委员会编：《2015中国博物馆文化产业研究》，湖北人民出版社，2015年）

参考文献

[1] 蒋晟：《博物馆商品营销研究》，复旦大学硕士论文，2012年。

[2] 国家文物局博物馆与社会文物司：《新形势下博物馆工作实践与思考》，文物出版社，2010年。

探索博物馆文创发展之路

史春晖

摘要: 随着中国经济的结构性分化趋于明显,国家对经济结构做出了战略调整,推行供给侧结构性改革,旨在调整经济结构,使要素实现最优配置,提升经济增长的质量和数量。在这一时期,国家大力扶持博物馆行业发展,推动博物馆文创工作进行。那么博物馆文创在肩负起开拓博物馆职能的社会效益、促进以文养文的经济效益的同时,在整个社会的经济发展中又扮演着怎样的角色,应起到怎样的作用呢?作为一个国家文明文化根基的守护者,在文化强国的重要时期,博物馆文创的重要使命,还应定位于文创行业的引领者,在如何将文化与生活融合的探索中做出表率。

关键词: 博物馆 文创 发展 引领

近几年,由于博物馆文创工作的缘故,笔者对一些经济上的名词变得耳熟起来,"新的经济增长点""增加产品的附加价值"等等说的也很顺口,然而,对博物馆为什么要搞文创的认识,还停留在完善博物馆社会职能、更好地对优秀文化进行深入推广等这些大家广泛认可的层面上,但我们以文化为目的在进行一个经济活动,对经济本身有着怎样的意义呢?这一点笔者很少去想。文创工作除了对博物馆自身来说是发展的需求外,对国家经济发展应该肩负着怎样的使命?这不单单是对博物馆的意义和对社会效益的体现,而且是对社会经济意义的责任。同时,在这种责任和使命之下,博物馆的文创应该是什么样子,应该实现怎样的理想。

一 供给侧结构性改革的必要性

供给侧结构性改革是指用改革的办法推进结构调整,减少无效和低端供给,扩大有效和中高端供给,增强供给结构对需求变化的适应性和灵活性,提高全要素生产率,使供给体系更好适应需求结构变化。其具体内容包括调整完善人口政策,夯实供给基础;推进土地制度改革,释放供给活力;加快金融体制改革,解除金融抑制;深化简政放权改革,促进供给质量;构建社会服务体系,推进配套改革。重点解决产业结构问题、区域结构问题、要素投入结构问题、排放结构问题、经济增长动力结构问题和收入分配结构问题等六个方面的问题。

笔者的老家是一个三线城市,前段时间回去,惊讶地得知堂弟前不久辞职了。几年前他所在的工厂曾在市里赫赫有名,为不少国产汽车的大厂专门生产电机,福利待遇都非常好,当然工人们都很忙,周末堂弟也总要加班。然而现在已经几乎没有生产的订单了,工人每天只是去厂里待着,当然也只能拿很少的基本工资。

当文件、报道上的文字、图形变成了身边如此近距离的实例时,笔者很受震动,并确实感受到了,市场是残酷的。生产的最终价值实现,要落在被需求上。科技含量、质量中下的产品的市场需求正急剧下降,相关从业人员和整个社会,都需要在新的经济结构中获得新的机会与发展。

根据资料和各方专家、媒体的解读,我国目前经济结构存在的问题是不容忽视的。总的来说可以分内外两部分。一是国际经济形式的影响。随着经济开放的不断深入,国外资本大量流入,弥补了国内经济发展资金短缺问题,但是也让我们和国际经济形式结合的更为密切,随着国际经济和贸易的日渐低迷,我国也不可避免的会遭受一定程度的影响。同时,国外的资源产业和本土产业的经济利益也会发生必然的矛盾,特别是在成本、质量与品牌的较量中,我国部分行业在市场冲击下落于下风。二是国内本身经济结构存在不利于长期发展的问题,如传统高耗能高污染的产业比重偏高,而部分这样的产业所生产出来的产品往往没有那么高的市场需求量,造成了大量的产能浪费,还有劳动密集型产业偏多,人才、信息、技术等在产业的投入偏低等等。

然而,在市场需求和国家的发展需求方面来说,现有的产业结构不能满足。我国现在的产品大多停留在低端定位上,满足使用而不满足追求。我们的消费者利用旅游和代购,横扫各国的产品市场,日本的马桶盖和电饭煲、韩国的化妆品、澳洲的保健品和奶粉、欧美的服装箱包手表,甚至很多国家都为此做出了"限购"。由此可见,不是市场不需要产品,而是随着收入水平的整体提高,很多人对消费的眼界也高了起来,对产品的质量、产品的性能、产品的安全、产品的品牌有更高要求,国内的生产满足不了这一部分人的市场需求。这是市场上一个直观的表现。此外,更重要的结构问题还体现在其他方面。如在现有的产业结构中，落后地区、农村地区很难在经济增长过程实现收入增长，区域发展和分配结构中存在的不平衡、不平等，与我们全面实现社会主义小康社会的目标是不符的，高污染的产业比重偏高，导致排放结构存在的问题与可持续发展战略不符，还有体制上的结构问题等等。因此，供给侧结构性改革势在必行。

二　博物馆在此进程中的价值判断

笔者在博物馆这个行业听有些专家说过，听有些领导说过，也听有些同事们说过，博物馆不应该做文创，在经济领域，博物馆很难具备相关的业务人才，同时，经济运营的理念也与博物馆整体的理念有矛盾。在与他人讨论辩解的过程中，笔者也经常自问，为什么博物馆要作为主体来进行文创工作？直接来卖与本馆相关的市场现有产品不是更为简单便捷？况且又有哪家博物馆真的可以靠文创经营来支持全馆的运营？如果只注重社会效益的话，那文创活动和社教活动是否可以只是不同领域的相同行为？

每个机构在社会中都有自己的定位，需求是其存在和发展的根本基础和动力，笔者认为目前国内的博物馆的角色定位不在商业领域。但同时这并不妨碍博物馆可以在这一领域大有所为，成为国家经济发展、供给侧结构性改革的一大助力。

知己知彼，百战不殆，想找到博物馆文创工作的方向，首先应该对自身和市场进行分析。这里并不能说的全面，同时每个博物馆的资源和情况也不尽相同，本文也只能以本馆为例，粗谈一下中小博物馆的资源现状。

博物馆在经济活动中的劣势大致包括人才短缺、机制欠缺、宣传推广手段与经费不足、生产成本高昂、市场敏感度缺乏等。

人才短缺。目前除一些大馆和少数中小馆外，由于编制待遇等限制，大部分博物馆不具备自己的设计人才、营销人才、经营人才、法律人才等团队，人才的短缺使博物馆的文创工作一开始就注定面临着合作、购买服务等方式进行。当然还有现有商品叠加文物或馆标图形、文字等生产出更偏向纪念品的这种开发方式。然而这些模式下，很少有博物馆能够做出特别符合本馆心意和完美体现文化内涵的文创商品，同时由于博物馆进行文创工作的资金来源局限，能够支付的设计费用无法太高，因此那种"一拍即合"的幸运机会寥寥无几。这是由于外来的设计团队无法真正了解到本博物馆文物所传达的文化内涵和情感。当然就这个问题，台北故宫的老师在几年前的一次授课中曾传授经验说他们的合作厂商和设计商都要在他们馆进行长时间的文化培训，以期到达产品设计时精神文化的正确把控。关于这一点，目前与本馆合作的公司还没有哪一家愿

意为如此小的订单做出如此诚意的姿态。

机制欠缺。不仅仅是人员设计生产的工作机制和奖励机制的问题，而是对于一个博物馆来说，其非营利的性质决定了，除非馆领导的高度重视，否则文创工作很难成为其他工作的引领者。如本馆的文创产品开发，在去年主要选取了馆内女性服饰馆为主要元素来源，然而在销售中发现由于展品在展线中并不突出，大部分观众其实不能识别出来，在提出希望能够突出展示已选取的文物进行展示并增加介绍的建议被毫无悬念的否决后，笔者在几个月后惊奇地发现，由于本馆下一个五年展览计划的实施，女性服饰馆已经撤展了。同样的，各个临时展览，能够在早期计划时想到文创工作的加入已经不易，更不可能在展览大纲制定和展览设计时，将文创商品开发销售宣传纳入其考虑范围。

宣传推广手段与经费不足、生产成本高昂主要是由于博物馆大部分的经费来源依靠国家和地方财政拨款，其中文创工作的预算有些馆完全没有，有的馆数额较小，加之销售情况并不乐观，很少有中小馆会生产数额庞大的文创商品，因此单一商品的成本价格就不可避免的上升，如果还要进行创新尝试，其费用则更为客观。而为了只生产了几千件甚至几百件（我们还有几十件的产品）而投入大量宣传推广很显然是不现实不理智的。由于博物馆自身体制的限制，宣传推广手段无法像社会企业那样自由肆意，同时，经费也成为限制手段的另一层枷锁。

市场敏感度缺乏既是人才短缺的另一体现，也是博物馆特别是国有博物馆制度的局限。对市场热度的判断，是建立在对经济活动极度熟悉的基础之上的，然而行政决策者一般很难具备这样的敏感度，很难做出预判，更不可能盲目跟风，这也让博物馆的文创工作很难在内容和形式上走在市场前端。当然，一些大馆自身就有带动市场的能力，这并不完全是经济行为上的判断体现，更多地可以理解为公众对文化的深度需求。

博物馆在经济活动中的优势大致包括能够赋予产品的文化内涵丰富、在公众心中信赖度较高、基于受众定位有一定目标消费群、对产品文化内涵的阐述更加深刻专业、不以营利为最终追求等。

能够赋予产品的文化内涵丰富。这基于博物馆对文物的深入研究。文物、文化本身就承载着历史渊源的传承动向，其造就者和接受者的精神追求和归属感。将博物馆研究所获得的文化元素附加到产品上，使产品本身就具备了除实用价值外的文化价值，而具备这样附加属性的产品无疑是目前市场所亟需的，是能够满足追求更高品质商品的消费者的需求的。

在公众心中信赖度较高。这不仅仅是某一个博物馆单一个体的形象树立问题，而是博物馆作为一个整体，在公众心中原本就具有权威、博学、严谨、诚信等优良印象。因此，博物馆的文创商品在消费者心中有着质量会有保障

的信心。这可以说是博物馆履行社会职能获得社会效益中的衍生品，却对博物馆文创工作至关重要，因为这种信赖可以在商品有了形式上的被认可后，发展成为一种品牌认可，从而具备强大的市场竞争力。特别是如果文创产品是书籍、动漫、影视作品等面向儿童或家长的形式时，竞争优势更为明显。

基于受众定位有一定目标消费群。来参观博物馆的观众大部分还是带有目的性来的，也许是想了解某一个知识，想了解某一段历史，或是只为了见一见某样文物，既然会喜欢这些，那么对它们所衍生出的文创产品当然就不会过于厌恶，如果在参观或其他过程中，把"有兴趣"变为"很喜欢"，那么，观众就成为了对购买附加了相关文化文物属性的产品有购买需求的消费者。作为博物馆的文创开发，无论是出自自身的文化传播需求，还是客观上的销售情况，将观众的受众定位和消费群的目标定位趋同是一条显而易见的捷径。

对产品文化内涵的阐述更加深刻专业。在高附加值商品被消费者接受的过程中，文化内涵阐述可以说非常重要。这也是为什么广告创意如此受到企业重视的原因，让消费者记住、认可，是其商品得以打开市场的关键环节。在这一方面，博物馆在创意方面未必领先，但在深度上占有绝对优势。一种文化或文物元素，博物馆的专业研究可以给出一个故事、一份情怀，这是能够打动消费者情感认同的诠释。同样，博物馆因其本身的深厚底蕴，在进行阐述时，几乎不会给人流于表面、简单粗暴甚至扭曲的不良感受。

不以营利为最终追求。其实真正优秀的企业都应该是具备情怀和理想的，然而在现今社会，物质利益的诱惑、现实生存的压力，让很多企业在追求眼前利益的同时，对长远的计划和可持续发展考虑并不多，甚至有些企业置诚信于不顾。而博物馆不以营利为目的的属性，让其在市场中，能够保持一份从容保持一颗初心，看得长远，走得稳健。

由此可见，博物馆的优势在于精神层面的、文化层面的，劣势在于物质层面的、实际操作层面的，因此，在博物馆不提升短板，补齐不足之前，杀入市场与现有企业进行竞争，很显然并不合适，也很难取胜。那么既然无法抢下这块蛋糕，而且博物馆的机构职责也并不包括一定要吃上这块蛋糕，那么我们站在"厨房"（市场）里干什么呢？当然是和企业——特别是国有企业（因为笔者认为国有企业更能真正意义上的接受传统文化的精神内涵，将文化价值真正的在商品上体现出来，而不是藉由传统文化元素的卖点，架空中国式文化的真正价值），一起来将这块蛋糕做大了。也许享用这块蛋糕的主体会是就业者、消费者、企业、国家……笔者相信这可以说是博物馆进入市场后，在经济领域所肩负的真正使命。

三　从经济角度看博物馆文创应实现的目标

从供给侧结构性改革角度来说，博物馆文创所能直接涉及到的领域主要是产业结构问题和要素投入结构问题。

1. 营造整体文化氛围，培养整体市场

可以说，在文化作为产品附加价值出现在经济领域中时，它既是一种经济上的竞争，同时更是文化本身的竞争。特别是在现今情况下，西方文化价值观的强势入侵，让中国传统文化自信受到威胁。在市场表现上来说，如在装修时，我们很容易发现"欧式家具""日式极简风""美式田园风"等等都很受欢迎，当然有中式风格一般占地比较大，成本也比较高的原因。但是中国的传统文化的设计和审美又并不是只有那一种，而家作为每个人最有归属感的地方，其实往往也最能体现出一个人的审美取向和文化需求。由此可以看出，传统文化在现今生活的实际参与还存在缺失，传统文化在市场领域占有率还不高。这也正是博物馆在参与市场行为时应该注重的目标之一。这种目标的实现不仅仅可以通过文化的宣传推广，还可以通过增添附加有中国传统文化并能切实打动消费者的大量高质产品，使消费者对用中国传统文化元素构成当下生活环境拥有足够的选择和组合方式，借助博物馆的明星文物打造具有中国传统文化的明星产品，带动市场对此类产品的广泛需求，并借助博物馆自身的信服力和品牌力，打造高质量文创产品，使带有中国文化属性的产品在消费者心中形成高品位、高质量的定位，从而培养带有中国传统文化属性的商品的整体市场空间。

2. 提供文化引导与精神支持

博物馆是文物的保管和研究场所，其最终目的是服务于人民、服务于社会，利用博物馆的文物、文化开发相关文创产品，不应仅仅是博物馆的特权，博物馆更应该成为文化元素的基地和源泉，为希望增加商品附加文化属性的企业提供文化元素并予以推广助力，同时打造文化宣传平台，扶植民族品牌，增强中国品牌的诚信度、内涵。通过博物馆的努力和资源共享，将博物馆的研究成果与商品市场相结合，拿出真正能够体现文化核心竞争力的产品来，而不是有一些青花瓷花纹、绘着龙凤就可以当作实现了深层次的文化属性附加。真正的高品质商品，从设计理念、使用方式等方面都应该体现出文化的协调性和统一性，并为公众被激发起的文化热情找到落脚点。如香道文化，中国的熏香，与西方的香水文化强烈的冲击力不同，那种若有似无的味道正是中国含蓄、包容文化的一种审美体现。然而现在市场上，几乎找不到具有大范围知名度的中国熏香品牌，很多喜爱香道文化的人要去买日本的熏香。那么在市场有这种需求时，我们的博物馆应该扶持有能力、重品质的企业，以中国香道文化为依托，增添香型产品，并

为每种产品找到文化支撑，如香型的起源、制法，代表的气质和传统代表人物等等。让消费者闻得到味道，忆得起家国。从而既满足消费者喜爱文化基础上的享用文化，同时又可以将传统中国文化以市场的形式传承发扬下去，而建立在这样文化背景下的企业，则具备了与国际企业的市场竞争力。

3. 依托系统资源，为区域结构调整助力

博物馆文创在区域结构中发展不平衡的问题上，也可以有所作为。首先博物馆本身就在为推进文化传播、降低区域文化接受机会不平等而努力，流动博物馆、博物馆文化下乡等工作也一直在进行中，而博物馆文创工作，在此基础上，不但可以使落后区域的公众成为文化精神上的享受者，同时也可以成为文化所创造的价值的受益者。本馆是全国妇联下属博物馆，在系统资源上，可以说得天独厚，因为妇联基层组织广泛、深入，并与群众建立密切的联系。在文创工作中，这份系统资源不仅仅可以成为一个推广通道，还可以也更应该成为一套参与平台。可以统计调研全国各地的文化资源优势、人力资源优势等信息，使落后区域、农村区域的妇女成为高文化附加值商品的生产者，先进区域、城市区域的妇女成为此类商品的推广者、购买者，从而提高落后区域妇女收入水平，使其借助系统平台改变在分配结构中的不利地位。

本文在这部分的讨论尚粗浅鄙薄，只希望能够换一个视角，抛砖引玉，博物馆在文创工作中，在经济方面如以以上目标为前进方向，为国家供给侧结构性改革提供强力支持，也许不失为另一种发展之路。

（原载于中国博物馆协会博物馆学专业委员会编：《中国博物馆协会博物馆学专业委员会2017年"经济环境变化与博物馆应对"学术研讨会论文集》，中国书店，2018年）

互联网税务对博物馆运营机制及服务创新的应用与发展

高　航

摘要："互联网＋税务"概念的提出，是基于智能化时代的网络便民服务，改变当代税务工作模式，"互联网＋税务"对博物馆的运营与服务产生了较大影响。本文谨以此为基础，探讨"互联网＋税务"环境给博物馆运营与服务带来的机遇与挑战，并探讨"互联网＋税务"环境下博物馆运营与服务的创新与发展路径。

关键词："互联网＋税务"　博物馆　运营机制

博物馆是现代社会中重要的公益性组织，而博物馆的运行也需要一定的经营收入来加以支撑，在承担社会效益与教育职能的同时，博物馆也需要作为一个纳税人，承担相应的税务责任。近年来，我国的税务工作发生了很大程度的调整，如营业税改增值税等，同时也基于"互联网＋"的概念，逐渐向"互联网＋税务"的方向发展。

一　"互联网＋税务"给博物馆运营带来的机遇

"互联网＋税务"的应用有效突破了传统税务工作中对于时间与空间的限制，可以通过网络途径，以信息化的形式完成网上办税或自主办税，以这种更加便捷与智能的服务方式，减少博物馆在办税中所需要消耗的时间及人力成本。另外，目前我国"互联网＋税务"发展下，部分地区开始试点运行增值税发票系统的电子发票，可以自动存储纳税人的具体信息，并具备身份验证功能，从而给博物馆税务工作的安全性提供了保障。"互联网＋税务"具备实时监控功能，可以实现电子发票及申报云数据的在线对比，比对网点交易数据及发票数据，如果出现涉税疑点信息，则通过税源管理部门加以管理，以保证征管手段的有效性。

对于博物馆这种富有公益性质的组织而言，"互联网＋税务"不仅可以有效减少博物馆在办税方面的成本投入，更加便捷地进行税务工作，还通过"互联网＋税务"实时监控以保障社会税务工作的科学性，保障了博物馆的税务公平。我国对于博物馆有一定的税收优惠，但相较于部分发达国家，博物馆的税收优惠并不突出，还存在优惠力度不足等缺陷，通过"互联网＋税务"减少博物馆在税务办理工作中所投入的费用与时间成本，也可以作为一种加大博物馆税收优惠的措施与策略。

二　"互联网＋税务"给博物馆运营带来的挑战

首先，目前的"互联网＋税务"还没有实现真正的网络办税平台，大多只是具有信息查询、咨询服务、政策公布、税企交流等功能，或者通过一个与税务局相关联网站的接口，所谓的"互联网＋税务"实际上功能有限。目前的"互联网＋税务"平台的建立，还缺少相对健全而完善的业务流程，许多业务还需要线下进行办理，如许多涉税事项还需要线下亲自签字完成这一流程。

基于这一情况，从税务工作的层面来讲，需要对"互联网＋税务"加以健全和完善，不断推动我国税收业务新变革的进程，积极转变思路，打造电子税务局，向广大纳税人提供"互联网＋税务"服务，不断提高纳税服务质效[①]。从博物馆的层面来讲，可以建立税务信息数据库，为博物馆税务工作提供数据基础。实际上，随着科学技术的高速发展，"互联网＋税务"工作存在的缺陷与不足，必将得到很好的弥补与完善，大数据与云计算技术在"互联网＋税务"的应用必将不断提升，此时博物馆税务信息管理数据库就可以起到非常重要的基础性作用。另外，如果为税务博物馆，还可以充分利用博物馆自身的知识优势，建立税务知识管理数据库，及时收录新的政策与措施，建立图谱系统，为博物馆的税务政策查询与政策利用提供帮助，便于博物馆及时掌握税收政策变化，并采取有效的避税措施。

三　"互联网＋税务"下博物馆运营服务的创新

在"互联网＋税务"下，博物馆的运营机制与服务模式也需要加以创新及优化，充分利用现代化的网络途径及

① 卢晓晨、屈震、马泽方、张帆：《论"互联网＋大数据算法"在税收工作中的应用》，《税务研究》2017第2期。

信息技术，为博物馆的网络缴税等活动提供帮助。博物馆可以充分利用信息技术与网络途径，收集税务工作相关数据信息，包括博物馆的门票收入信息、博物馆经营活动及捐赠数据、博物馆经营收入与销售收入等，充分运用先进的信息技术与网络途径保证信息数据收集的实时性，为博物馆税务活动提供支撑。

博物馆，尤其是国有博物馆，通常涉税政策范围较广，在"互联网+税务"环境下，博物馆的运营与服务，也需要会计核算与税务筹划工作，以减少博物馆的税务支出，保障博物馆的经济效益。如上文所述，博物馆在"互联网+税务"下的运营与服务创新，需要充分运用现代化的网络平台及信息技术，比如创建博物馆税务信息管理数据库、博物馆税务知识管理数据库等，还应当充分运用网络平台及信息技术，为客户提供优质的博物馆服务，如网上购票等，将网络售票平台与税务信息管理数据库相连通，实时收集相应售票信息与数据，保证会计核算与税务筹划等工作的精准性。

为了适应网络时代的发展，博物馆还应当充分利用各种途径强化博物馆的宣传与推广，以吸引更多的游客到访，提高博物馆的门票收入，或可强化与文化机构、知名学者之间的交流与合作，利用博物馆的场地优势举办讲座、展览等，或结合博物馆的馆藏优势，举办专题展览，通过网络途径进行宣传与推广，扩大博物馆宣教范围，并吸引更多的游客到访，提高博物馆的经济收入，以更好地应对博物馆税务工作[1]。

四　结语

"互联网+税务"环境下，博物馆的税务工作面临一定的机遇与挑战，在这种环境下，博物馆也需要大力推进现代化博物馆的创新与发展，不断强化博物馆的现代化发展与建设，帮助博物馆结合现代化的发展路径，与"互联网+税务"的税务环境，创新运营服务模式，在承担社会责任的同时，提高经济收入，减少税务支出。

（原载于《纳税》2018年第28期）

---

[1] 连颖：《移动互联网时代博物馆宣教工作的新机遇》，《科技传播》2017年第9期。

中国妇女儿童博物馆论丛

博物馆建设新方向：减少碳排放，做一家低碳环保的绿色博物馆

——以中国妇女儿童博物馆为例

吴　迪

摘要：减少碳排放、节约能源、修建绿色博物馆已经成为博物馆建设的一个新兴方向。本馆属于碳排放比较高，能源消耗比较大的博物馆。由于是玻璃幕墙设计没有保温层，导致夏季高层炎热，冬季底层寒冷，既对馆藏文物造成了损害，也无法给观众提供一个舒适的参观环境，为了维持馆内温度需要消耗大量的能源。如果针对本馆幕墙进行合理的改造和规划能源使用，将会大幅度减小本馆的能源消耗和碳排放水平。

关键词：绿色博物馆　碳排放

一　背景

大气污染、温室效应成为了全球最热的话题。雾霾也成为了京城百姓最讨厌的问题。由于美国的拒签，《京都议定书》成为了世界上最著名的环境保护公约。"碳排放"这三个字开始进入了人们的视野。到底什么是"碳排放"呢？"碳排放"是关于温室气体排放的一个总称或简称，简单来说就是二氧化碳的排放。虽然不太准确，但是大多数科学家和政府认为温室气体将会给地球和人类带来巨大的灾难，而且是全球性的、毁灭性的。所以"碳排放"这个简单的术语就这样被全球民众理解、认同，然后付诸行动。

2014年11月，北京经历了几天APEC蓝后，在中美新闻发布会上，习近平主席和奥巴马总统首次达成了全球最大两个经济体之间的碳减排协议：中国承诺到2030年前停止增加二氧化碳排放，美国承诺到2025年减排26%。作为全球第一和第二大经济体，中美两国同时也是全球碳排放量最大的两个国家。根据全球碳计划公布的数据，2013年全球人类活动碳排放量达到360亿吨，中美分别占29%和15%。应对全球气候变化，中美两国责无旁贷。

政府都这么认真了，作为社会公共机构的博物馆来说，是不是也要开始认真一下了。作为公益单位，花着纳税人钱的我们，是不是也应该在完成本身职责的同时，更多地为社会做一些贡献呢。

二　碳排放

下面我们先来熟悉一下碳排放。

1. 到底什么是碳排放

碳排放是关于温室气体排放的一个总称或简称。温室气体中最主要的气体是二氧化碳，因此用碳（Carbon）一

词作为代表。我们的日常生活一直都在排放二氧化碳，而如何通过有节制的生活，如少用空调和暖气、少开车、少坐飞机等等，以及如何通过节能减污的技术来减少工厂和企业的碳排放量，成为本世纪初最重要的环保话题之一。

我们的日常生活中，需要各种能源，如电能、天然气、汽油柴油等。像天然气、汽油柴油这类燃料本身就是有机碳氢混合物，与空气中的氧气发生燃烧化学反应变成对人体和环境基本无害的水和二氧化碳（但二氧化碳正在被认为是对全球大气环境有危害的温室气体）。有人会说用电不就不燃烧了吗？电属于二次能源，需要由一种能源转换一次生产，主要方式有水力发电、火力发电、核能发电。中国属于火力发电大国，我国70%以上的电为火力发电，需要燃烧大量的煤炭资源。而且国际上大部分国家的电力来源还是依靠火力发电，所以用电也会有碳排放。只有少数的清洁能源不会产生碳排放，不过目前技术有限，科学家还在努力研究如何能大规模应用。所以基本上，所有的生产生活包括人的呼吸都会产生碳排放。碳排放不仅仅是燃料燃烧会产生，人口的增加、经济的增长也是会使碳排放增加的原因。

2. 如何计算碳排放

碳排放和我们每天的衣食住行息息相关。至于碳排放量有多少，有关专家给出碳排放的计算公式：

家居用电的二氧化碳排放量（公斤）=耗电度数×0.785；

开车的二氧化碳排放量（公斤）=油耗公升数×0.785；

坐飞机的二氧化碳排放量（公斤）：

短途旅行：200公里以内=公里数×0.275；

中途旅行：200～1000公里=55+0.105×（公里数-200）；

120

长途旅行：1000公里以上=公里数×0.139。

火车旅行的二氧化碳排放量=公里数×0.04

家用天然气二氧化碳排放量（千克）=天然气使用度数×0.19

家用自来水二氧化碳排放量（千克）=自来水使用度数×0.91

此外，还有人发布了肉食的二氧化碳排放量——

肉食的二氧化碳排放量（公斤）=公斤数×1.24。

这些计算公式是如何得出的？

据了解，碳足迹计算国际上有很多通用公式，这些公式是由联合国及一些环保组织共同制作的。在这些公式的基础上使用中国本土的统计数据和转换因子，使计算更符合中国国情，也更准确地反映你的实际碳足迹。

3. 碳排放过多的后果

如果人类无休止的发展经济，不控制碳排放，将最终导致全球变暖。全球变暖的主要原因是人类在近一个世纪以来大量使用矿物燃料（如煤、石油等），排放出大量的CO_2等多种温室气体。由于这些温室气体对来自太阳辐射的可见光具有高度的透过性，而对地球反射出来的长波辐射具有高度的吸收性，也就是常说的"温室效应"，导致全球气候变暖。全球变暖的后果，会使全球降水量重新分配、冰川和冻土消融、海平面上升等，既危害自然生态系统的平衡，更威胁人类的食物供应和居住环境。科幻片里出现的场景也许将真的出现，我们这个蓝色的星球变成了灰的或者黄的，人类将亲手制造自己的末日。

三　博物馆的碳排放

博物馆的碳排放主要来源就是每天的日常开放。每个博物馆最主要的消耗就是电能。滚梯需要电，设备需要电，空调需要电，展品也需要电。观众来参观也会产生大量垃圾、用水等等，都会产生碳排放。办公需要的各种设备设施，纸张的消耗，展陈的布置，也会产生碳排放。我们的博物馆跟其他的商店、酒店一样无时无刻不产生着碳排放。其实减少碳排放说的最通俗就是节约能源，减少浪费。既然现在不能大量使用清洁能源，那么就只能减少对现有能源的使用。

四　如何有效减少博物馆的碳排放

1. 建筑节能减排

建筑节能指在建筑材料生产、房屋建筑和构筑物施工及使用过程中，满足同等需要或达到相同目的的条件下，尽可能降低能耗。在发达国家最初为减少建筑中能量的散失，普遍称为"提高建筑中的能源利用率"，在保证提高建筑舒适性的条件下，合理使用能源，不断提高能源利用效率。目

前我国社会的总能耗中，建筑能耗占总能耗的30%，比同等气候条件下的发达国家高出2～3倍。自哥本哈根大会以后，我国日益重视建筑节能问题，建筑节能的政策不断推出，旨在提高建筑行业使用节能建材的比例和促进节能技术的发展，降低建筑能耗，从而降低单位GDP能耗。

作为一家美丽的博物馆，本馆的建筑设计并不是很环保。拱形玻璃幕墙与钢结构形成的外立面，没有保温层，不能有效地保证建筑内部的温度。在夏季和冬季，由于室内外温差大加之没有保温措施，热交换过程迅速，为了保证博物馆的温度便加大了制冷和供热的力度。无形中就加大了建筑能耗。

夏季空调制冷系统由3台约克螺杆机组、7台冷冻水泵、3台冷却水泵和3台冷却塔组成，提供7～12℃冷水，制冷季节，室内没有新风。新风机组处于关闭状态，组合式空调机组的新风阀处于关闭状态。一层大厅与共享空间相连，受烟囱效应产生的对流影响，热气上升，加之幕墙没有遮阳措施，夏季阳光辐射强烈，导致上部4～6层温度偏高，三伏天6层展馆内温度超出各层很多，最高达到28～30℃，严重影响展馆使用，4、5层稍好一些，但也相对较热，1～3层较好，温度不平均现象比冬季还要严重。

冬季供暖由市政供应高温热水110～70℃，总入口处设有计量表，并设有温差控制仪表，实际运行回水温度按不大于50℃控制。经换热器换出50～40℃热水，供暖季节，为节能和防冻，室内没有新风。新风机组处于关闭状态，组合式空调机组的新风阀处于关闭状态。一层大厅与共享空间相连，受烟囱效应产生的对流影响，一层大厅热气上升，加上冷风渗透，导致一层环境温度较低，体感较冷，同时热气上升又导致上部4～6层温度偏高，因此在冬季供暖期这几层的空调机组基本不开。这是建筑设计共享空间带来的，一定会存在上热下冷温度不均现象。

由于冬夏两季室内没有新风，所以热负荷减少很多，因此总体能耗指标比较好。但不利的是会导致室内空气质量较差，展厅空气环境较差，参观时会有憋闷的感觉，也不卫生，达不到展览馆的空气设计标准。

对部分围护结构采取保温隔热措施，降低能耗节能，主要针对6层展区和共享空间玻璃幕墙（西侧弧形玻璃幕墙）。

6层展区屋顶原设计有光带自然采光，但展馆在使用时，因展品和光线设计的要求，将采光全部遮挡，因此光带反而是要处理的。由于光带隔热和光线辐射，会给展区带来很大冷负荷，所以可以将光带采取密闭保温处理，减少冷热负荷，缓解室内温度过热问题。6层自1～4轴右侧屋顶采光带部分采用燃烧性能等级为A级的带铝箔岩棉板，厚度不小于100mm，密度不低于140kg/m³，导热系数和蓄热系数均符合节能要求。外面覆盖不小于12mm的铝塑板，铝塑板与原弧形钢结构连接牢固，铝塑板分格和安装要求

另详二次深化设计。

共享空间玻璃幕墙部分，阳光辐射严重，尤其是处于西侧，夕晒情况尤为严重，导致博物馆西侧的共享空间（4～6层）夏季异常炎热，建议采用贴玻璃防爆隔热膜加部分隔热封堵办法处理，或者采用外面再覆盖一层阳光板，以降低热辐射的影响。玻璃防爆隔热膜隔热系数和透光率均符合节能要求。

在顶部侧墙可增设排风风机，定期排风，缓解过热。

初步计算这样的设计可以有效减少20%～30%的能源消耗。根据本馆的实际能耗情况一年大约可以减少碳排放将近200000千克。

其实在建筑节能这一项上面还有很多方面可以改善。比如在小环境内添加碳汇植物，可以有效改善温度湿度和二氧化碳浓度。如使用更节能更环保的建筑材料，这些材料在生产的时候就已经按照节能标准制作，减少了大量的碳排放。最重要的就是要有一个合理的设计方案，我们的设计师已经开始从只注重建筑的外表慢慢发展到注重建筑的内在功能和节能上了。

2. 用电减排

节约用电其实在还没提出碳排放的时候就已经深入民心了。很小的时候我们就知道要做到人走灯灭。作为一家博物馆我们怎么做到节约用电呢，还是以本馆为例。

首先要明确大的耗电项目都有什么。本馆有三大耗电项目：空调、电梯、照明。

空调。这里所指的并不是简单的家用空调，而是复杂的中央空调系统，它包括很多的设备和结构。由于建筑本身就有一些设计问题，加之当初设计之时节能环保的概念还没有深入民心。所以我们的空调系统一直存在一些能耗问题。首先要新建一套建筑能效管理系统，实现对冷冻机、空调机组、水泵、冷却塔的自动控制，通过对实际负荷的实时动态调整节能。当室外温度变化时，机组负荷也相应变化，根据室外温度、湿度和照度等参数，计算建筑群所需负荷，并将负荷分配模块分解下发至机组控制器。控制器通过计算自动给出运行曲线，系统运行过程中可根据实际运行情况进行实时调整或修改，以更好地满足节能需要。其次可以增加冰蓄冷设备，夜间使用低谷电蓄冷，最大可能降低运营成本。按冷冻机型号对照，机组属于双工况机组，如果有蓄冰池的空间，采用冰蓄冷，利用峰谷电价差来节能，效果是非常明显的。最后对水泵及各层空调机组电机进行改造，更换高效节能电机，同时实现电机调速来实现双重节能，更换下来的电机可作为备件。此项的改造初步计算可以节能30%左右，以本馆实际使用能耗计算可以减少二氧化碳排放将近400000千克。

电梯。现代建筑越来越高，电梯的使用也越来越多，

经过调查当今在建筑内部电梯的耗电量占到总耗电量的17%～25%，是仅次于空调用电的项目。本馆一共有10部自动扶梯、3部直梯。开馆之时本馆的10部自动扶梯并未加装任何节能设施，每天消耗大量电能。去年我们已经将10部自动扶梯全部加装变频系统，有效地减少了电梯的耗电。根据实际情况电梯的运行时间至少减少了40%以上，尤其在周二至周五的工作日参观人员较少的时候。不仅节约了能源，还延长了电梯的使用寿命。据不完全统计，电梯变频节能一年能够减排约80000千克。

照明。照明也是一项非常消耗能源的项目。本馆目前使用普通节能灯具。随着科技的发展，LED灯具已经越来越普及，本馆计划根据实际情况逐步更换普通节能灯具为LED灯具。当然首先要满足博物馆照明的需求和要求，对于文物和展陈的照明需求还有要以行业标准严格执行。对于普通照明用灯在满足条件的情况下可以更换为LED灯具。根据计算，1盏18瓦的筒灯整体更换为6瓦的LED筒灯，1年下来可以节省70%的能耗，而且LED灯的寿命在50000小时左右，是普通节能灯的50倍。按照1盏普通节能灯1年要更换1次计算，更换LED灯1年能够大约减少35千克的碳排放。全馆有上千盏灯1年节省下来的电能和减少的碳排放将是非常可观的数字。

3. 日常节能减排

在日常工作中，也有很多点滴之处可以做到。加强宣传，让观众和工作人员都有节能环保的意识。增加提示性的标语和标识，如节约用水、人走灯灭、节约用纸等等。从小处做起，能少用点就少用点。每天都省一张纸，一年就能省下一本纸。其实节能减排就是从我们身边的一点一滴做起。

五　结语

减少碳排放不是一个短暂的行为，而是一个长期的全球化的关乎全人类未来的工作。作为博物馆这样一个承载人类历史文明的单位，就更应该有责任、有义务去带头减少碳排放。不要让我们的蓝天、白云、青草、绿水成为历史、成为文物。这些东西不属于博物馆，它属于全人类。其实减少碳排放并不是说能节约多少钱，节约本身就是一种美德，更是一种责任。一种对子孙后代负责的责任，一种功在当代、利在千秋的责任。我们每天在创作着未来，也在书写着历史，不要让我们的未来没有未来，也不要让我们的历史真的成为历史。节能减排利国利民，让我们每一个博物馆人从自己做起，保护我们的环境，爱护我们的未来。希望中国能够出现越来越多的绿色博物馆，把自然还给自然，把历史留给后人。也祝我们的博物馆事业越办越好。

（原载于博物馆发展论坛组委会编：《博物馆发展论丛（2014年）》，北京联合出版公司，2015年）